蔣介石／毛澤東的談打與決戰

蔣永敬 著

臺灣商務印書館

蔣介石、毛澤東重慶會談
（1945 年 8-10 月）

蔣介石與毛澤東舉杯照
（1945 年 9 月 2 日晚宴）
提供者：中國國民黨黨史館

赫爾利、蔣介石、毛澤東等六人合影

（前排右起赫爾利、蔣介石、毛澤東，後排右起蔣經國、張群、王世杰，1945 年 9 月 17 日）

提供者：中國國民黨黨史館

蔣介石伉儷於機場親迎美國駐華特使馬歇爾
（1945 年 12 月 21 日）
提供者：國史館

緒言

一九四五年八月，日本投降，中國抗戰勝利，中共領導人毛澤東就一口咬定國民黨總裁蔣介石，要發動「內戰」，且以最狠的話語，說蔣是「中國法西斯頭子獨夫民賊」。「按照蔣介石的方針，是要打內戰的。」因此：「我們的方針是針鋒相對」。[1]所以指示軍事部屬：「你們回到前方去，放手打就是了」。[2]

蔣對毛也沒有好話，說「共毛」是「惡貫滿盈，死有餘辜。」[3]「何能革命，怕死取巧，實不值一笑。」[4]「昨夜共毛談話。……乃覺共黨不僅無信義，且無人格。誠禽獸之不若矣。」[5]這是把毛比作「禽獸之不若」，也是最狠的話語。蔣也指示東北保安司令長官杜聿明，說「在共軍根基未固之前，一舉剷除。」[6]

---

1 中共中央文獻研究室編，《毛澤東年譜》一八九三～一九四九。（北京：人民出版社，中央文獻出版社出版，一九九三年）。一九四五年八月十三日。下卷，頁四至五。（以下簡稱《毛澤東年譜》）

2 《毛澤東年譜》，一九四五年八月二十四日。下卷，頁一三。

3 蔣中正總統檔案，《事略稿本》（六二），（台北：國史館出版，二〇一一年），民國三十四年九月二十日。頁六一八至六一九。（以下簡稱《事略稿本》）

4 《事略稿本》（六三），（台北：國史館出版，二〇一二年），民國三十四年十月一日。頁〇〇八。

5 《事略稿本》（六三），民國三十四年十月十一日。頁一一三。

6 《事略稿本》（六四），（台北：國史館出版，二〇一二年），民國三十五年一月四日。頁三一七。

戰後國共雖有和談，也是邊打邊談，雙方各不讓步，當然談不攏，只有打而不談了。最後必求完全打敗對方，取得全面勝利為止。但就國民黨方面而言，無論為勝為敗，戰是絕對不利，敗則固敗，勝亦非勝。這是因為經過八年抗戰，國力消耗至鉅，民窮財盡，民心厭戰，無不渴望和平，休養生息。如繼以長期內戰，真是不堪負荷！此一不幸之後果，早在當時各方人士預料之中。毛澤東看準了蔣介石這一「死角」，抓緊不放。雖與國方談和，卻是談而不和，是把談判作為準備決戰；作為宣傳，教育人民，目的是把談判不成和內戰的責任，歸諸蔣氏。[7] 致蔣在被動的形勢下，以戰逼和，但又戰而不決，和則無成，戰爭持續拖延，以至拖垮為止。

從國共重慶會談，毛澤東於一九四五年八月三十日，提出「擁護蔣先生，承認蔣先生在全國的領導地位」。[8] 其代表周恩來、王若飛則於九月三日向重慶會談正式提出「擁護蔣主席之領導地位」[9] 到一九四六年十一月二十一日，毛澤東在延安提出「打倒蔣介石的工作」。[10] 而至一九四九年一月二十一日，蔣氏「引退」。[11] 其間過程，曲折變化，殊值探討。此為本著之目的也。

本著《蔣介石、毛澤東的談打與決戰》，其過程與變化，分為以下七章探討之：

---

7 中共中央文獻研究室編，《周恩來年譜》一八九八～一九四九。（北京：中央文獻出版社，人民出版社出版，一九八九年），一九四六年十一月二十一日。頁七〇六。（以下簡稱《周恩來年譜》）

8 《毛澤東年譜》，一九四五年八月三十日。頁一八。

9 〈中共代表團周思來王若飛提出之談判要點〉，民國三十四年九月三日。中國國民黨中央委員會黨史會編，《中華民國重要史料初編》——對日抗戰時期，第七編，戰後中國（二），頁三九。（以下簡稱《戰後中國》）

10 《毛澤東年譜》，一九四六年十一月二十一日。下卷，頁一五一。

11 秦孝儀主編，《總統蔣公大事長編初稿》，民國三十八年一月二十一日。卷七，下冊，頁二三九。（以下簡稱《大事長編》）

一、重慶會談蔣毛握手

日本投降，抗戰結束，國共兩軍為爭奪日軍受降，內戰有一觸即發之勢，此非國人所能承受。蔣介石因於日本宣佈投降之日（一九四五年八月十四日），電邀延安毛澤東來渝會談，二氏雖然握手言歡，惜未能化干戈為玉帛。毛氏之志，在與蔣氏平分天下；蔣則堅持政令、軍令的統一。談判雖無結果，但願繼續商談。

二、先安關內再圖關外

重慶會談未能獲致協議，國共兩軍大動干戈，關外東北問題，尤為嚴重。進據中國滿蒙的蘇聯紅軍，扶植共軍，控制東北，阻止國軍的接收。蔣氏決定「先安關內，再圖關外」之策，即關內對共攤牌，關外停止接收。蘇聯及中共態度，迅有改變，由硬變軟，國共和解，呈現轉機。惟因美國總統杜魯門發表對華政策，情勢為之改變。

三、美馬調停三大協議

杜魯門為執行其對華政策，以馬歇爾將軍為特使，來華調停國共問題，從一九四五年十二月底到一九四六年二月下旬，僅近兩個月的時間，達成國共和解三大協議：軍事停戰，政治協商，整軍方案。但也不到一個月的時間，這三大協議便告失效。主要原因，是三大協議中軍事停戰，助蔣先圖關外，把蔣的「先安關內，再圖關外」之策，倒轉過來，名為助蔣恢復東北主權，實際則是將美國勢力，介入東北。同時拉攏中共，免為蘇聯之傀儡。此皆犯了蘇聯之大忌。蘇方最有效的報復方法，就是加緊扶助中共，鼓勵中共放手大打，使馬之調處任務，為之落空，三大協議，為之失效。

四、協議無效以戰逼和

馬氏主導的三大協議，既告失效，蔣氏唯有自行其道，採行以戰逼和之策。一九四六年五月十九日四平街之戰，擊敗共軍林彪部隊，繼於二十三日進據長春。蔣介石告知馬歇爾，國軍進入長春，實於和平統一，只有效益，而毫無阻礙；則關內之軍事，必易處理。這就是說：他的以戰逼和之策成功了。毛澤東則指示林彪，爭取時間，休整補充，恢復元氣，再行作戰。蘇軍代表建議中共開闢關內戰場，紓解關外軍事壓力，並由蘇方充分供應武器。毛氏即令共軍實施報復作戰。從此關內關外，均成戰場。蔣氏關外既未圖成，關內更是不安，被動走上戰爭之路，這是最不利的途徑。

五、邊打邊談談判決裂

蔣在被動形勢下，繼續以戰逼和。毛則戰而不和，周恩來則扮演談而不和的角色。迨國軍於一九四六年十月十一日進據張家口，這是蔣氏到達軍事勝利的最高峯，打的方面，雖佔優勢，談則無成。馬歇爾奔走其間，以周恩來之斥責，退出調停地位。而由第三方面人士調解，終無所成，談判決裂。蔣氏以戰逼和之策，再度失效。解決了毛氏打與不打的問題，提出「打倒蔣介石的工作」。

六、只打不談挫折頻仍

一九四六年，是邊打邊談的一年。到了一九四七這年，只打不談了。只打不談這年，打的方面，國方則由優勢降為劣勢矣。雖欲談和，籌碼不再。這一年，國方不僅在軍事上，連遭挫敗，復以政治的腐化，通貨膨脹與經濟恐慌，以及學潮洶湧而至士氣低落，軍紀敗壞。這個仗實在打不下去了。因此，即有人以為過去如不與共黨決裂，或者和平有望；即不然，亦不致經濟、事事敗壞至此。似在追悔莫及。

七、內外夾攻全面崩潰

進至一九四八年，內戰已達三年，國方已是精疲力竭，士氣消沉，每戰皆北，尤其遼瀋、淮海、平津三大戰役之敗，精銳盡失，不堪再戰。而共方以戰勝之威，士氣旺盛，窮追猛打，不使國軍有喘息時機。國方更以金融崩潰，物價飛漲，人民痛苦，已達極限。以為只要蔣氏下野，和平立可實現。反蔣倒蔣之聲，為之升高。共黨與黨外人士倡之於先，黨內一些同志應之於後。毛澤東完成打倒蔣介石和國民黨的工作，便指日可待了。

此外，本著除上述七章外，另增附錄〈從「抗日反蔣」到「擁蔣抗日」〉一篇。探討抗戰前至抗戰發生時中共統戰方針的變化，國共由戰而和，兩得其利。與本著由和而戰，恰恰相反。兩者對照，以供思考與參考焉。

目次

第一章
重慶會談蔣毛握手

一、戰不利和為貴

對日抗戰八年（一九三七～一九四五），國共合力抗戰，但亦不斷發生摩擦。戰後為爭奪日軍受降，內戰一觸即發。此一問題，如何解決，實為當時中外人士最關切的問題。實際言之，不外和、戰兩途。惟以經過長期抗戰，國力消耗至鉅，民窮財盡，人民流離失所，無不渴望和平，厭懼戰爭。因此，戰，對中國及執政的國民黨絕對不利。唯一途徑，只有和而已矣。論者至多，舉其要者如下：

⑴毛澤東之言曰：

> 「蔣介石要放手發動內戰，也有許多困難。第一，解放區有一萬萬人民、一百萬軍隊、二百多萬民兵。第二，國民黨統治地區的覺悟的人民，是反對內戰的，這對蔣介石是一種牽制。第三，國民黨內部，也有一部分人不大贊成內戰。」[1]

---

1 毛澤東，〈抗日戰爭勝利後的時局和我們的方針〉，一九四五年八月十三日。《毛澤東軍事文集》（北京：軍事科學出版社、中共文獻出版社出版，一九九三年）。第三卷，頁一五。

⑵史大林（Joseph Stalin）以俄共中央的名義致電毛澤東說：

日本投降，國共應言歸于好，共商建國大計。如果繼續打內戰，中華民族有毀滅的危險。[2]

⑶蔣介石在其《日記》中記曰：

「審察俄共與東北形勢，及國際大局，再三考慮，未得和平妥協之道。如有萬一轉機，決不願冒此艱危，使人民再受戰亂苦痛；而國內經濟與幣制狀況，如再兵連禍結，社會將起不安，共匪更可乘機煽亂矣。」[3]

⑷張治中致蔣〈反對內戰萬言書〉最為肯切，其中畧云：

現在國際關係，雖然複雜，但無論何國，似均不願於此時發生戰爭。我國如欲憑借任何一國（按：應指美國）之力量，企圖促使國內問題之解決，自非任何友邦所希望。我國經歷八年餘之苦鬥，始獲得今日之國際地位，如於抗戰甫告勝利結束之今日，內部再有戰爭；且為一時不易結束之戰爭，國際友人對我國之觀感如何，不難想像。

我國經八年之長期抗戰，民窮財盡。今戰爭結束，舉國人民所歡欣仰望日夜祈求者，休養生息，恢復元氣；倘戰爭再度爆發，必益增人民之痛苦，違反人民之願望。今日人民之厭惡戰爭，渴望和平，將匯為不可遏止之時代巨流。

以今日之國軍士氣與態度而論，亦不能繼續作戰，以職（張自稱）所接觸之若干將領中，其不願戰爭之心理，甚為普遍；且今日

---

2 中共中央文獻研究室編，《毛澤東年譜》一八九三～一九四九。（北京：人民出版社出版，一九九三年），下卷，頁一三。

3 蔣介石，《蔣介石日記》（未刊稿，存美國史丹佛大學胡佛研究所）。民國三十四年十一月九日。

多數之國軍，實亦不能作戰。[4]

⑸國民黨重慶《中央日報》社論：

「假如中國真的發生內戰，那就是悲劇的演出。這一來，不止望和平建設如凶年望歲的四萬五千萬同胞，將陷於絕望的深淵，中國本身的安定，固將無法確保，同時全世界也將蒙其惡劣的影響。我們過去五十年的革命流血，和八年餘的抗戰犧牲，也就換不到任何代價了。」[5]

⑹馬歇爾（George C. Marshall）向蔣介石的建議：

「政府在軍事上有確切而嚴重的弱點，共軍則佔戰略之軍事優勢；且中國人民渴望和平，而世界各國人士亦均渴望和平。……余（馬）謹提供此一意見；即某種妥協，必須獲得；且應迅速獲得。否則，中國無論在軍事上、財政上，及經濟上，將陷於混亂之狀況。」[6]

⑺毛澤東在重慶各界歡送會中的談話：

「中國今天只有一條路：就是和，和為貴。其他一切打算，都是錯的。」[7]

---

4 張治中，《張治中回憶錄》（北京：文史資料出版，一九八五年），下冊，頁七三五至七三六。

5 重慶《中央日報》社論，一九四五年十月十二日。中共重慶市委黨史工作委員會等編，《重慶談判紀實》（重慶出版社出版，一九八四年）。頁二六三。

6 馬歇爾，〈馬歇爾特使上蔣委員長陳述對於停止東北衝突協定之可能原則備忘錄〉，一九四六年五月十日。中國國民黨中央委員會黨史會編，《中華民國重要史料初編——對日抗戰時期》，第七篇，《戰後中國》（三）。頁一二三至一二四。（以下簡稱《戰後中國》）

7 《毛澤東年譜》，一九四五年十月八日。下卷，頁三一至三二。

因此，就國民黨而言，戰是絕對的不利。唯有和，才是國民黨的迫切需求。但就中共而言，並非如此。國方如欲求取和平，得其所需，必須付出重大的代價。即如毛氏所言：「不能否認，困難是有的」。[8]

二、毛澤東志在華北與東北

（一）國共各有「盤算」

一九四五年八月九日，日本決定投降之前一日，蘇聯對日宣戰，其數十萬紅軍，迅即進據中國之滿蒙。毛澤東通告所屬：「蘇聯參戰，日本投降，內戰迫近，……準備對付內戰。」[9]蔣介石則曰：「今日接俄國已對日宣戰之消息，憂慮叢集，而對國家存亡之前途，與外蒙今後禍福之關係，以及東方民族之盛衰強弱，皆繫於一身。能不戰慄恐懼乎哉！」[10]於此可見毛、蔣二氏對蘇聯參戰，進兵中國滿蒙的心情，完全不同，一則以喜，一則以憂。此乃蔣、毛二氏立場與性格之不同也。

為應付蘇聯對日參戰，及其進兵中國東北，中國根據是年二月美、英、蘇三國《雅爾達密約》，於八月十四日與蘇聯簽訂《中蘇友好同盟條約》。這天，蔣介石亦電邀延安毛澤東來渝，商討各種重要問題。[11]顯然認為此約擺平了蘇聯，毛亦不難就範。但毛的直接反應，則斥之為「完全欺騙」。[12]且於八月十六日由朱德致一長電給蔣，提出六項要

8 《毛澤東年譜》，年月日及卷同上。頁三二。

9 《毛澤東年譜》，一九四五年八月十日。下卷，頁一。

10 蔣中正總統檔案，《事略稿本》（六二），民國三十四年八月九日。（台北：國史館出版，二〇一一年）。頁六一。（以下簡稱《事略稿本》）

11 秦孝儀主編，《總統蔣公大事長編初稿》，民國三十四年八月十四日。（台北：中正文教基金會出版，民國九十二年）。卷五，下冊，頁七九九。（以下簡稱《大事長編》）。

12 楊奎松，《中共與莫斯科的關係》（一九二〇～一九六〇）。（台北：東大圖書公司，民國八十六年）。頁五二四。

求。同日，毛亦電蔣，要蔣對朱的電文先表示意見，彼始「考慮會見的問題」。六項要求中之五項，皆要求共軍參加受降，第六項是要求成立聯合政府。八月二十、二十三日，蔣再電邀毛來渝。[13]直到二十四日，毛始復電應邀赴渝，說：「鄙人（毛自稱）極願與先生（蔣）會見，商討和平建國大計。俟飛機到，恩來（周）同志立即赴渝晉謁。弟（毛）亦準備隨時赴渝。」[14]

這中間相持十天，毛為何轉變由拒而諾？這是因為史大林以俄共中央名義給毛一通電報，要他與蔣合作，毛則大發雷霆，說莫斯科為什麼不許他革命！[15]經過再次研究，反復權衡利弊，始決定應蔣之邀。[16]在美國駐華大使赫爾利（Patrick J. Hurley）的奔走陪同下，毛氏終於八月二十八日到了重慶，進行四十二天的重慶會談，到十月十日簽訂《國民政府與中共代表會談紀要》（簡稱《雙十協定》。

蔣則認為毛之來渝，乃因中蘇「盟約發表，共毛落膽，幾乎無所措手足。而俄史（大林）亦令其來渝談商。故其不得不有此一行。」[17]

重慶會談之前，雙方各有「盤算」，毛的盤算在其離開延安前，告知劉伯承及鄧小平說：承認解放區和軍隊為最中心的一條；要向日軍佔領地區進軍，擴大解放區，取得在談判中的有利地位。中共中央政治局會議決定：充分估計到蔣介石逼城下之盟的可能，但簽字之手在我。必須作出一定的讓步，在不傷害雙方根本利益條件下，才能得到妥協。讓步的第一批是廣東至河南；第二批是江南；第三批是江北。隴海路以北迄外蒙，一定要由中共佔優勢。東北行政大員由國民黨派，中共去幹

13 《事略稿本》（六四），民國三十四年十二月十六日。頁一六四至一六五。
14 《毛澤東年譜》，一九四五年八月二十四日。下卷，頁一二。
15 楊奎松《中共與莫斯科的關係》，頁五二四。
16 《毛澤東年譜》，一九四五年八月二十五日。下卷，頁一三。
17 《事略稿本》（六四），民國三十四年十二月三十一日〈記三十四年大事表〉。頁二七五。

部。如果這些還不行，那末城下就不盟，準備坐班房（按：監牢）。[18]

依毛及中共此時的底限，隴海路以北到外蒙邊界，是其控制的地區，東北則派行政幹部，這是考慮到《中蘇友好同盟條約》的蘇聯態度，是要交給國民政府接收的。但其如能控制華北，東北也就不難成其囊中之物了。因此，中共中央認為：「我黨我軍在東三省之各種活動，只要他不直接影響蘇聯在外交條約上之義務，蘇聯會採取放任的態度，並寄予偉大之同情。」而蘇聯「紅軍將於三個月內全部撤退，這樣我黨還有很好的機會，爭取東三省和熱、察。」為了造成既成事實，中共中央即指示晉察冀和山東方面的負責人，迅速派遣幹部和部隊到東三省，以控制廣大鄉村及中小城市，建立地方政權及地方部隊。[19]遂即提出了「東北為我勢必所爭，熱、察兩省必須完全控制」。確定了「向北推進，向南防禦」的戰略方針。[20]

國方情治機構對毛氏在渝動態及其對和談的態度，亦作充分的監控，憲兵司今張鎮報告毛於八月二十九日在重慶化龍橋的中共辦事處高級幹部談話內容，大要如下：

⑴今後中共對蘇聯之希望與援助，在中蘇條約內雖明定蘇聯之援助為國民政府，似對共黨為不利，其實蘇聯今後將更積極支持中共，扶持建立民主之新中國。此次本人（毛自稱）來渝與國民黨商討，亦為蘇聯之暗示。

⑵與國民黨談判之預測：國共兩方面均確具相當誠意，談判前途比較樂觀，但亦不可理想太高。觀測蔣主席此次之談判目的有二：1.希望

---

18 《毛澤東年譜》，一九四五年八月二十六日。下卷，頁一四。

19 中共〈中央關於迅速進入東北控制廣大鄉村和中小城市的指示〉，一九四五年八月二十九日。中共中央檔案館編，《中共中央文件選集》（北京：中共中央黨校出版社出版，一九九一年）。第十五冊，頁二五七。（以下簡稱《中共文件》）

20 中共〈中央關於確定向北推進向南防禦的戰略方針致中共赴渝談判代表團電〉，一九四五年九月十七日。《中共文件》，第十五冊，頁二七八至二七九。

本（共）黨能接納其條件，彼以全國領袖自居，俟國內安定，逐漸趨獨裁之路。2.如談判無結果，內戰不免發生，此時兩方犧牲必相當重大。

此次本人與蔣主席商討，一方面可以說蘇聯之暗示；一方面為打破蔣之企圖，以爭取國際國內之輿論。但此次本黨所擬條件，願作相當讓步，如聯合政府之提議，可以取消；但其他重要談判原則，將不予更改。[21]

軍統錢大鈞、戴笠的報告：毛澤東在此次談判中之主要問題，即希望國民政府能承認現狀，對中共軍隊所佔領之地區，不予攻擊；中共軍隊對國民黨軍隊已佔之地區，亦不搶奪。雙方各就其軍事力量，盡量發展擴佔地區。至於中共佔領地區今後如何辦法，可交政治會議（後稱政治協商會議）商定之。[22]

重慶會談正式開始之前一日（九月三日），由中共代表周恩來、王若飛提出書面《談話要點》十一項，政府代表亦以書面逐項答覆之。[23]其中成為談判基礎而爭執較大的，則為第九、第十兩項。

第九項：

⑴政治民主化必要辦法：召開黨派協商會議，討論：1.和平建國大計，2.民主實施綱領，3.各黨派參加政府問題，4.重選國民大會等。

⑵省縣自治，實行普選。

⑶解放區解決辦法：

1.山西、山東、河北、熱河、察哈爾五省主席及委員，由中共推薦。

2.綏遠、河南、安徽、江蘇、湖北、廣東六省，由中共推薦副主

---

21 〈張鎮呈蔣委員長有關毛澤東於重慶第十八集團軍辦事處談話內容報告〉，民國三十四年九月一日。《戰後中國》（二），頁三五。

22 〈錢大鈞、戴笠呈蔣委員長有關毛澤東來渝態度報告〉，民國三十四年九月一日。《戰後中國》（二），頁三六。

23 中共代表之《談判要點》及政府代表之答覆，民國三十四年九月三日。見《戰後中國》（二），頁四一至四四。

席。

3.北平、天津、青島、上海四直轄市，由中共推薦副市長。

4.參加東北行政組織。

第十項：軍隊國家化必要辦法：

1.中共部隊改編為十六個軍，四十八個師。

2.中共軍集中淮河流域（蘇北、皖北）及隴海路以北地區（即中共現駐地區）。[24]

蔣介石的「盤算」，在毛澤東抵渝之日，即八月二十八日，其自記曰：

> 「正午會談，對毛澤東應召來渝後之方針，決以誠摯待之。政治與軍事應整個解決，但政治之要求，予以極度之寬容，而對軍事則嚴格之統一，不稍遷就。」

次日，又自記其考慮與中共談判方針云：

> 「⑴不得於現在政府法統之外，來談改組政府問題。⑵不得分期或局部解決，必須現時整個解決一切問題。⑶歸結於政令、軍令之統一，一切問題，必須以此為中心。」[25]

又記：「此時對共黨應以主動與之妥洽，准予整編共軍為十二個師，如其真能接受政令、軍令，則政治上當準備委派共黨二人，並予以一省之主席，以觀後效。」[26]

看來蔣之期望過高，條件亦較苛嚴，與共方差距至大。「妥洽」難矣！

---

24 〈中共代表周恩來、王若飛提出之談判要點〉，民國三十四年九月三日。《戰後中國》（二），頁三九至四一。

25 《大事長編》，民國三十四年八月二十八、二十九日。卷五，下冊，頁八一五至八一六。

26 《大事長編》，民國三十四年九月二日。卷五，下冊，頁八二〇。

（二）讓虛取實與拒實納虛

會談開始之前，於九月二日由政府代表王世杰與毛澤東商談，共方代表周恩來、王若飛同時在座，談話完全由毛主持，未作筆錄，談後由王世杰自行紀錄，呈報蔣介石。雙方代表正式會談，自九月四日開始，到十月五日，共進行十二次談判。政府代表為張群、邵力子、張治中。共方代表為周恩來、王若飛。另蔣、毛的直接會談，則有八次。[27]

雙方代表在談判中，各有長篇大論，更有針鋒相對的爭論。一般而言，共方之論，較重實際，志在維持現狀，求其合法化。在談判方式上，表示有讓有取；實際則為讓虛取實。而國方有納有拒；實際則為納虛拒實。

說到「讓」，周恩來說：「我等在延安時，即預先考慮此次談判，我等究竟可能讓步至何種程度？第一、認為聯合政府既不能作到，故此次並不提出，而只要求各黨派參加政府。第二、召開黨派會議產生聯合政府之方式，國民黨既認為有推翻政府之顧慮，故我等此次根本未提黨派會議。第三、國民大會之代表，中共主張普選，但王雪艇（世杰）先生與毛先生（澤東）談話時，既認為不可能，中共雖不能放棄主張，亦不反對參加。現在亦未打算在北方另行召開會議。」[28]

講到「取」，周恩來說：我們提出解放區解決辦法的四點（見前），有兩個原因：⑴我黨對國民大會之選舉現已讓步，我黨僅為少數黨。⑵國民大會以後無論在政府在議會，我黨亦必仍為少數黨之地位。如此，我黨幹部之安插與黨的政治地位之保持，俱發生問題。所以我黨主張凡一省一市我黨佔多數者，其省主席與直轄市市長由我黨推薦，佔

---

27 蔣、毛直接會談八次，據《毛澤東年譜》記載，為八月二十九日，九月二日，九月四日，九月十二日，九月十七日，十月九日，十月十日，十月十一日。

28 〈會談經過紀錄，第一次談話紀錄〉，民國三十四年九月四日。《戰後中國》（二），頁四七。

少數者，由我黨推薦副主席或副市長。[29]

政府代表邵力子認為周恩來「以此方式提出要求，無怪乎社會評論將形成南北朝。」張治中更譏諷周恩來說：「吾人一切措施，決不可再蹈軍閥時代的覆轍」[30]

講到「納」，對共方提出的「擁護蔣主席之領導地位」，國方代表答覆說：「承明白表示，甚佩。」[31]

講到「拒」，政府代表邵力子答覆周恩來提出的解放區問題說：「關於解放區問題，我認為此為戰時之狀態，現在戰時已經結束，此事不應再提出。」[32]

由於雙方的條件相距過遠，談判之不能順利，自非意外，共方則認為國方沒有誠意，中共中央於九月十三日通知其各地黨委說：

> 「⑴我們與國民黨初步交換意見的談判，已告一段落，國黨毫無誠意，雙方意見相距甚遠，談判將拖延一時。
>
> ⑵蔣對具體問題表示：政府法統不容紊亂，軍令政令必須統一，國大要速開，舊代表有效，但可增加名額，容納各方，容納各黨派參加政府。
>
> ⑶關於兩黨關係的重要問題：對軍隊只允編十二個師，需完全服從命令，按指定地區集中。對解放區民主政府，則表示含糊。」[33]

---

29 〈會談經過紀錄，第一次談話紀錄〉，頁五〇。

30 〈會談經過紀錄，第一次談話紀錄〉，頁五一至五三。

31 〈政府代表對中共代表所提談判要點之答覆〉，民國三十四年九月三日。《戰後中國》（二），頁四二。

32 〈會談經過紀錄，第一次談話紀錄〉，《戰後中國》（二），頁五二。

33 中共〈中央書記處關於和國民黨談判情況的通知〉，一九四五年九月十三日。《中共文件》，第十五冊，頁二七六。《毛澤東年譜》，一九四五年九月十三日。下卷，頁二三。

（二）共方的底牌

共方為配合其「向北推進、向南防禦」方針，毛與周恩來、王若飛研究談判新方案，表示對國方的讓步，於九月十九日向國方代表提出，要點是：

⑴國、共軍隊的比例為六與一之比。

⑵關於軍隊駐地和解放區，第一步，撤退海南島、廣東、浙江、蘇南、皖南、湖北、湖南、河南等八個地區之共軍，集中於蘇北、皖北及隴海路以北地區。第二步，再將蘇北、皖北、豫北地區之軍隊撤退。所有共軍集中於山東、河北、察哈爾、熱河與山西之大部分，綏遠之小部分，及陝甘寧邊區等七個地區。解放區亦隨軍隊駐地之調整而合併。

⑶山東、河北、察哈爾、熱河與陝甘寧邊區之主席，山西、綏遠兩省之副主席，天津、北平、青島三個特別市之副市長，由共方推薦。北平行營由中共主持，並仿東北行營例，設政治委員會，由中共負責。[34]

共方讓出上項八個地區的原因，毛澤東的說明是：

> 「因為國民黨不安心。人家（指國民黨）要回南京，南方的一些解放區，在他的床旁邊，或者在他的過道上，我們在那裡，人家就不能安心睡覺。所以無論如何也要來爭。在這一點上，我們採取讓步，就有利於擊破國民黨的內戰陰謀，取得國內外廣大中間分子的同情。」[35]

毛氏之言，對國民黨頗有輕蔑之意味。

國方代表張治中對共方上項新方案，首作長篇大論，最後的結論，

---

34 《毛澤東年譜》，一九四五年九月十九日。下卷，頁二七至至二八。會談第七次談話紀錄，民國三十四年九月十九日。《戰後中國》（二），頁八六至八七。

35 〈毛澤東關於重慶談判的說明〉，一九四五年十月十七日。《戰後中國》（二），頁一八。

可以說是點出了中共的意圖。結論說：

> 「此何異乎割據地盤，是否中共欲由此四省以北聯外蒙，東北聯東三省；果如此，則兄等（按指共方代表周恩來等）究係作何打算，作何準備。」[36]

談判陷於僵局，休會五天。赫爾利找毛澤東談話，要求中共交出軍隊，要麼破裂。毛說還要討論。[37]

其後，九月二十七日、二十八日，及十月二日、五日，先後進行四次會談。十月八日，雙方代表就周恩來起草的《會談紀要》交換意見，十日，雙方代表簽字，十二日公佈之。《紀要》規定：「和平建國的基本方針」，「在蔣主席領導之下，長期合作，堅決避免內戰」，「由國民政府召開政治協商會議」；「關於雙方軍隊整編問題」，「中共願將其所領導的抗日軍隊，由現有數目縮編至二十四個師；至少二十個師」。關於解放區政權和國民大會問題，提交政治協商會議解決。[38]

《紀要》冠冕堂皇，實際問題並未解決。毛澤東回到延安的當日（十月十一日），主持中共中央政治局會議時，報告重慶談判的經過說：

> 「國民大會與解放區問題未解決，對我們重要的是和平與解放區問題。蔣介石不給解放區幾個省主席，省以下可以給。我們乃提出維持現狀，將來解決。」[39]

---

36 會談第八次談話紀錄，民國三十四年九月二十一日。《戰後中國》（二），頁九一。

37 《毛澤東年譜》，一九四五年九月二十一日。下卷，頁二八至二九。

38 中共中央文獻研究室編《周恩來年譜》一八九八至一九四九。一九四五年十月十日。（北京：中央文獻出版社、人民出版社出版，一九八九年）。頁六二二至六二三。（以下簡稱《周恩來年譜》）

39 《毛澤東年譜》，一九四五年十月十一日。下卷，頁三三。

另據國方情治機構的情報，毛返延安後即召集中決政治局委員聚會，報告其在重慶談判情形，略謂：

「此次談判，涉及問題很多，均以黨中央所提之十二條原則為依據。我們認為爭取我黨的合法地位很重要，國民黨則注重於我黨的軍隊和政權兩項，所以一再堅持軍令政令的統一，以求達到取消我黨的軍權和政權。史大林同志的話很正確：『中國的革命，是革命的武裝，反對武裝的反革命。』如果我黨的軍隊和政權被取消，即使黨能合法存在，又有什麼力量呢？所以軍隊和政權，是絕對不能放棄的。」[40]

第二天，毛為中共中央起草給各地黨委的指示說：「解放區問題，未能在此次談判中解決，還須經過嚴重鬥爭，方可解決。……解放區軍隊一槍一彈均必須保持，這是確定不移的原則。」至於「東北問題，未在此次談判中提出，我黨一切既定計劃，照樣執行。」[41]

這是說，縱然談不攏，還是要按照本身的需要去幹。

三、爭執的焦點：解放區與軍隊問題

會談中雙方爭執的焦點，為解放區與軍隊問題。共方提出的解放區，即前述九月三日提出的山西等五省的主席和綏遠等五省副主席，由共方推薦。軍隊為四十八個師。九月十九日讓出山西，改為副主席，增加陝甘寧邊區主席，軍隊為國共六與一之比。

---

40 《事略稿本》（六四），民國三十四年十二月六日。（台北：國史館，二〇一二年出版），頁五四至五五。

41 《毛澤東年譜》，一九四五年十月十二日。下卷，頁三四至三五。並見《中共文件》第十五冊，頁三二四至三二五。

國方對於解放區問題，不能同意。理由是：

⑴「如認解放區為國家內部另外一種政權，致將國家領土分割，人民分裂。」[42]

⑵「解放區作風不同，全國各省都奉行保甲制度，而解放區獨異，因而要求劃出五省歸中共。此種辦法，實在違反現代國家之要求。」[43]

⑶「中共要求分劃省區，殊與國家之統一原則不符。」[44]

⑷「如依中共之辦法（分劃省區），則非為謀軍令政令之統一，而完全為分裂。所謂民主，乃分裂之民主；所謂統一，乃分裂之統一。……兄等（指周恩來）試思中共軍隊，悉數撤退至黃河以北，而據有黃河以北之地區，是無異分疆而治，欲分天下三分有其一。」[45]

共方堅持解放區之理由：

⑴「我黨對國民大會之選舉，現已讓步，我黨僅為少數黨。……如此，我黨幹部之安插與黨的政治地位之保持，俱發生問題。所以我黨主張凡一省一市我黨佔多數者，其省主席與直轄市長由我黨推薦。……此係為讓步合作設想，在使兩黨不致對立。」[46]

⑵「兩黨皆有軍隊（中共有軍隊一二〇萬人），皆有政權（中共有十九個解放區），而且作法不同，此事實擺在面前，人所共知。……..要求政府承認我黨解放區與軍隊，彼此互相承認，正視現實，始能求得

42 會談第一次談話紀錄，民國三十四年九月四日，張群發言。《戰後中國》（二），頁四九。

43 會談第二次談話紀錄，民國三十四年九月八日。張治中發言。《戰後中國》（二），頁五八。

44 會談第二次談話紀錄，邵力子發言。《戰後中國》（二），頁五九。

45 會談第七次談話紀錄，民國三十五年九月十九日。張治中發言。《戰後中國》（二），頁八八。

46 會談第一次談話紀錄，周恩來發言。《戰後中國》（二），頁五〇。

問題之解決。」[47]

⑶「關於解放區問題，我等（周恩來）本來有一民主的方案，與我黨主張的聯合政府的精神，是一貫的；但因聯合政府之議，不為中央（國民黨）所採納。而且蔣主席一再指示：我等應以革命者精誠坦白之精神，切實解決問題，故直率的提出有關解放區之幾點。」[48]

關於中共軍隊問題，兩方爭執雖甚激烈，尚可討價還價。國方代表在會中表示：

⑴「就軍隊之數字而言，二十六年（一九三七）中共要求編為三個師，以後到三十二年（一九四三）要求增為十二個師，去年（一九四四）增至十六個師，事隔一年，現在復要求增至四十八個師。較之抗戰初起之三個師，已增加十六倍。……兄等去年尚只說所有官兵不過四十餘萬人，今則忽增至一二〇餘萬人。未及一年時間，而中共之軍隊，何來如許官兵。」[49]

⑵「中共要求如此多的軍隊，所需軍費必多，軍費多，即人民之負擔重。尤其中共以一在野黨之地位，將來參加政府，亦係以政黨之地位，而須擁有軍隊，且要求多量軍隊。其予國民與國際人士之觀感，實至為不智。」[50]

⑶「我們談到軍隊問題，不可將軍隊駐地與省區和省之行政混連一起。過去我們為要改革各省軍隊防區制度，不知費了多少努力。到了現在，我們只能有國軍，不能有省軍；只能有國防，不能有省防。……中共軍隊經此次協商，由政府整編之後，可以決定幾個駐防地點，但不可

---

47 會談第二次談話紀錄，王若飛發言。《戰後中國》（二），頁五七至五八。

48 會談五次談話紀錄，民國三十四年九月十二日。周恩來發言。《戰後中國》（二），頁七七。

49 會談第七次話話紀錄，張治中發言。《戰後中國》（二），頁八八至八九。

50 會談第八次談話紀錄，民國三十七四年九月二十一日。張治中發言。《戰後中國》（二），頁九〇。

專劃省區。否則，如將軍隊與省區及省地方行政混而為一，則對外間割據之譏，將何以自解。」[51]

共方之意見：

⑴「兄等（指張治中）以封建軍閥來比擬中共，我不能承認。我們兩黨之擁有武裝，且有十八年之鬥爭歷史，此乃革命事實發展之結果。」[52]

⑵「以軍隊而論，現在國民黨有二六三個師，而中共只要求四十八個師，尚不及六分之一。⋯..故國民黨亦必須為我黨打算，方能使我兩黨各得其所。我方一二〇萬軍隊，若要一旦即裁減為十二個師，實不可能，故必須分期實施。」[53]

⑶「關於軍隊數目，赫爾利大使擬議中央與中共軍隊之比數為五分之一，我方依此比例考慮，願讓步至七分之一，即中央現有二六三個師，我方應編有四十三個師，較九月三日所提方案，讓步五個師，以後中央軍隊裁減縮編，中共亦依此比例裁編，如中央軍隊縮編為六十師，中共應為十師，中央軍隊如縮編為一二〇師，中共應有二十個師。」[54]

至此，張治中以為中共「要求太過，不必討價還價」。共方代表王若飛發言曰：

> 「現在我方官兵都極憤慨，漢奸軍隊都已獲得中央之委任，而中共抗日部隊，反不能得到中央之承認。須知中共軍隊即令不獲中央之承認，不獲中央之接濟，亦必能生存發展。」[55]

---

51 會談第八次談話紀錄，張群發言。《戰後中國》（二），頁九四。

52 會談第一次談話紀錄，周恩來發言。《職後中國》（二），頁五五。

53 會談第六次談話紀錄，民國三十四年九月十五日，周恩來發言。《戰後中國》（二），頁八二至八三。

54 會談第七次談話紀錄，周恩來發言。《戰後中國》（二），頁八六。

55 會談第七次話話紀錄，王若飛發言。《戰後中國》（二），頁八九。

「軍隊國家化，所謂「國家」，乃人民的國家，而非一黨的國家。……國民黨所謂「統一」，乃是服從。」

「你們國民黨作了些什麼？今日的問題，要看全國的民主實行到何程度；如能實行民主，問題即易解決。」[56]

至此，張群問：「你（指王若飛）的意思，你們中共解放區一切都不能改動，中央一切法令規章都不能進去？！」

王若飛此時血脈憤張，握拳擊椅有聲說：「你們國民黨政府。是什麼政府？是墨索里尼政府，是希特勒政府。」

邵力子勸曰：「兄等（指王）以為你們纔是民主，而我們政府與國民黨乃非民主。這個觀念我勸兄等必須改變。」[57]

雙方代表之爭，至第八次會談終了。國方據理，似不免高調。共方憑勢，似不免情緒化。解放區問題未能解決，軍隊問題獲致協議。實際上，最後決定者，則為蔣介石與毛澤東二氏。

四、蔣毛八次面談未能化異為同

重慶會談未能解決實際問題，蔣介石與毛澤東的態度與堅持，至關重要。兩人的態度與堅持為何？這從兩人八次直接面談情形，可見梗概。茲就雙方記述，整理如下：

第一次，八月二十九日。毛方記曰：

「下午，同蔣介石第一次直接面談。蔣介石表示一切問題，願聽取中共方面意見，並重提所謂中國無內戰的說法。毛澤東列舉十

56 會談第八次談話紀錄，王若飛發言。《戰後中國》（二），頁九三至九五。

57 會談第八次談話紀錄。邵力子發言，《戰後中國》（二），頁九四至九五。

年內戰和抗日戰爭中的大量事實指出，説中國沒有內戰是欺騙。最後蔣介石提出談判三原則：⑴所有問題整個解決；⑵一切問題之解決，均須不違背政令軍令之統一；⑶政府之改組，不得超越現有法統之外。」[58]

蔣方記曰：

「七時（下午），再赴蓮屋親訪毛澤東，約談一小時，普通應酬也。」[59]「考慮與中共談判方針，公自記曰：⑴不得於現在政府法統之外，來談改組政府問題。⑵不得分期或局部解決、必須現時整個解決一切問題。⑶歸結於政令、軍令之統一，一切問題，必須以此為中心也。回訪毛澤東於蓮屋，與談約一小時而別。公自記曰：『普通應酬也』。」[60]

蔣方之記，略去毛之意見。毛之反駁蔣不承認內戰。意在指蔣「昧於事實」。蔣記「普通應酬」，似有「避重就輕」之意。

第二次，九月二日。毛方記曰：

「晚八時半，與周恩來、王若飛去林園赴蔣介石的晚宴，在座的有孫科、吳鐵城、張群、王雲五、張伯苓、傳斯年等。宴會後，同蔣介石就中共領導下的軍隊編組數目和駐地、解放區、政治會議、國民大會代表等問題，直接商談。」[61]

蔣方記曰：

---

58 《毛澤東年譜》，一九四五年八月二十九日。下卷，頁一七。

59 《事略稿本》（六二），民國三十四年八月二十九日。頁三七八。

60 《大事長編》，民國三十四年八月二十九日。卷五，下冊，頁八一六。

61 《毛澤東年譜》，一九四五年九月二日。下卷，頁二〇。

「晚宴毛澤東後，並與之單獨談話。」[62]

「余日前（九月二日）與毛談話要點如下：

⑴軍隊問題：關於中共軍隊之編組，去年張文白（治中）王雪艇（世杰）兩氏與中共代表林伯渠（祖涵）在西安商談時，已允予整編為八個師至十師。嗣後余因顧念事實，復於去年冬國民參政會議席上，允予整編為十個至十二個師。現在抗戰結束，全國軍隊均須縮編，情勢已不相同。但予之諾言，仍為有效。不過此十二師之數，乃中央所能允許之最高限度。至於軍隊駐地問題，可由中共方面提出具體方案，經雙方商討決定。

⑵解放區問題：中共方面所提解放區，為事實所絕對行不通者。吾人應本精誠坦白之精神與態度，來解決這一問題。只要中共對於軍令政令之統一，能真誠作到，則不僅各縣行政人員，中央經過考核，可酌予留任，即省行政人員如主席，中央亦必本「用人唯才」之旨，延引中共人士參加。

⑶政治問題：日前談話中，毛澤東詢余對此一問題如何解決，余答以現在戰事完結，擬改組國防最高委員會為政治會議，由各黨派人士參加，共同參與政治。至於中央政府之組織與人事，刻因國民大會即將召開，擬暫不變動，俟國民大會集議，新政府產生之時，各黨派與無黨派人士，均可依法參加中央政府。但中共方面，如現在即欲參加中央政府，中央亦可予以考慮。

⑷國民大會問題：毛澤東氏詢及國民大會將如何召開。余答以已經當選之國民大會代表，仍應有效。中共方面如欲增加代表，則除已當選者外，可以酌量增加名額。」[63]

第三次，九月四日。毛方記曰：

---

62 《事略稿本》（六二），民國三十四年九月二日。頁四二三。

63 《事略稿本》（六二），民國三十四年九月四日。頁四六三至四六六。

「下午五時，應蔣介石邀請，參加在軍委會舉行的慶祝抗戰勝利茶會。會後，毛澤東和蔣介石直接商談。」

「同日，蔣介石將其自擬的《對中共談判要點》交張群、王世杰、張治中、邵力子，正式指定他們四人為談判代表，要他們擬具對中共九月三日所提方案的復案。」[64]

蔣方記曰：

「約見共黨毛澤東在辦公室談話片刻，直告其周恩來所提方案（按指中共九月三日之方案）與態度，皆應根本改變也。彼諾之。」[65]

按毛氏之「諾」，不過敷衍蔣氏耳。並非真正接受蔣之所謂「根本改變也」。因為共方的「底牌」，非九月三日之方案也。

第四次，九月十二日。毛方記曰：

「同周恩來應蔣介石之邀，去林園共進午餐，餐後與蔣介石直接商談。」[66]

未記商談內容，可能對蔣之言，不感興趣或非重要。

蔣方記曰：

「正午，約毛澤東談話，約半小時，余示以至誠與大公，允其所有困難，無不為之解決。而彼要求編其二十八（個）師之兵數耳。」[67]

---

64 《毛澤東年譜》，一九四五年九月四日。下卷，頁二〇至二一。

65 《事略稿本》（六二），民國三十四年九月四日。頁四六七。

66 《毛澤東年譜》，一九四五年九月十二日，下卷，頁二三。

67 《事略稿本》（六二），一九四五年九月十二日。頁五三一至五三二。

第五次，九月十七日，毛方記曰：

「應邀赴林園同蔣介石共進午餐，張群、吳國楨、赫爾利在座。餐後，同蔣介石直接商談，雙方的爭執，仍在軍隊和政權問題。」[68]

蔣方記曰：

「正午，約毛澤東、赫爾利談話，並攝影。據岳軍（張群）言：（周）恩來向其表示者，前次毛所對余言可減少其提軍額之半數者，實乃指其四十八（個）師之數，已照共匪總數減少一半之意也。果爾，則共匪誠不可與言矣。以當時彼明言減少半數為二十八師之數字也。其無信不誠，有如此也。」[69]

蔣在此稱共曰「匪」，對共方討價還價及反覆，顯有厭惡之意。

第六次，十月九日。毛方記曰：

「同周恩來、王若飛應蔣介石夫婦邀請，赴林園共進午餐，宋子文、王世杰、張群、張治中、邵力子等在座。餐後，毛澤東與蔣介石直接商談。蔣介石仍然提出要中共放棄軍隊和解放區，毛澤東表示不能同意。」[70]

蔣方記曰：

「毛澤東來辭行。公自記經過及所感曰：『毛澤東今日來作別，與之談約一小時。先問其國、共兩黨合作辦法及其意見如何？彼吞吐其詞，不作正面回答。余乃率直告他：國、共非徹底合作不

---

68 《毛澤東年譜》，一九四五年九月十七日。下卷，頁二五。

69 《事略稿本》（六二），民國三十四年九月十七日。頁五八八。

70 《毛澤東年譜》，一九四五年十月九日。下卷，頁三二。

可，否則不僅於國家不利，而且於共黨有害。余為共黨今日計，對國內政策應改變方針，即放棄軍隊與地盤觀念，而在政治與經濟上競爭，此為共黨今後唯一之出路。第一期建設計畫，如不能全國一致努力完成，則國家必不能生存於今日之世界，而世界第三次戰爭亦必由此而起。如此，吾人不僅對國家為罪人，而且對今後人類之禍福，亦應負其責也。彼口以為是。』」[71]

蔣氏言畢，復自問「果能動其（毛）心於萬一否？但余之誠意，或為彼所知乎？」[72]

梟雄如毛氏者，未必「心悅誠服」也。

此時雙方談判，已告一段落。在此之前一日（十月八日），國共雙方代表就周恩來起草的《會談紀要》交換意見，並修改定稿，預定十月十日簽字。[73]

第七次，十月十日。毛方記曰：

「晚上，同周恩來、王若飛赴林園蔣介石官邸辭行，毛澤東與蔣介石直接商談。當晚毛澤東宿林園。」[74]

蔣方記曰：

「翌（十）日午，親至其（毛）寓所話別時。毛忽要求准彼於當晚來宿林園。公料知其必另生枝節，但仍表示歡迎之意，略談辭出。當晚九時許，毛果來宿林園，又與談約半小時。」[75]

---

71 《事略稿本》（六三），民國三十四年十月九日。頁八〇至八一。

72 《事略稿本》（六三），日期同上。頁八一。

73 《毛澤東年譜》，一九四五年十月八日。下卷，頁三一。

74 《毛澤東年譜》，一九四五年十月十日。下卷，頁三二。

75 《大事長編》，民國三十四年十月十一日。卷五。下冊，頁八四八。

「昨夜（十）毛共談話，忽提政治協商會議以緩開為宜，並稱回延安準備召集其所謂『解放區民選代表會議』後，再定辦法。又稱國民大會提早至明年召開亦可。余聞之，殊為駭異。乃覺共黨不僅無信義，且無人格，誠禽獸之不若矣。余於此不能不和婉明告其果如所云而行，則國民大會無期延誤，我政府勢必因此失信於民；但如政治協商會議能在本月底開會協商，則國大會議，政府可遷就共意，改期召開，然至十一月十二日，不能不下召集明令，確定會期，示民以信也。余又明示其政協會即使不能如期開會，則政府不能不於十一月十二日下召集令也。余談至此告辭，約其明晨再談而別。」」[76]

這是毛氏企圖對《會談紀要》的翻案，蔣氏不以為然也。

第八次，十月十一日。毛方記曰：

「晨同蔣介石作最後一次直接商談。蔣介石表示在解放區問題上不再讓步。毛澤東告訴蔣介石：周恩來、王若飛將在重慶繼續商談。」[77]

蔣方記曰：

「今晨八時，約毛澤東早餐後，余再與之懇切對談，闡明數次談話要旨，明告其所謂解放區問題，政府決不能再有所遷就；否則，不成其為國家之意，堅決表示望其了解也。客去後，……甚歎共黨之不可與同群也。」[78]

---

76 《事略稿本》（六三），民國三十四年十月十一日。頁一一二至一一三。

77 《毛澤東年譜》，一九四五年十月十一日。下卷，頁三二。

78 《事略稿本》（六三），民國三十四年十月十一日。頁一一三。

從以上八次直接面談的情形看來，蔣、毛二氏歧見至大。兩人會見，在表面上客氣之至！但在內心上，亦必仇恨之至！「化異為同」，難矣！

這一會談，對中共而言，實質的問題雖未獲得解決，但據周恩來的分析，也有幾項重要的收穫：⑴承認了中共的地位。⑵承認了各黨派會議。⑶承認了共軍的地位與數目。[79]

毛澤東也認為這次談判是有收穫的，即是「國民黨承認了和平團結的方針，和人民的某些民主權利，承認了避免內戰，兩黨和平合作建設新中國。」但不過「祇是紙上的東西。紙上的東西，並不等於現實的東西。」[80]

對國方而言，也有其成就，據張治中的分析：⑴中共始終表示願意接受蔣的領導，實行三民主義，此為國民黨內多數人所滿意的。⑵政治協商會議終將召開，即可協商國是，討論和平建國方案。⑶軍隊數字始終是棘手的問題，但也有了結果，中共願意由四十八個師減到二十個師。⑷解放區問題雖未解決，但雙方都表示願意繼續商談的誠意。[81]

---

79 周恩來，〈一年來的談判及前途〉，一九四六年十二月十八日。中共中央文獻研究室、中共南京市委員會編，《周恩來一九四六年談判文選》（北京：中央文獻出版社出版，一九九六年）。頁七〇二至七〇三。以下簡稱《談判文選》

80 毛澤東關於重慶談判的說明，一九四五年十月十七日。《戰後中國》（二），頁一六。

81 《張治中回憶錄》，下冊，頁七二八至七二九。

第二章

先安關內再圖關外

一、重慶會談後國共大動干戈

國共重慶會談不成，雙方乃大動干戈。國方的戰略目標是進取華北，接收東北。共方的戰略目標是控制華北，獨佔東北，阻止國軍的進取和接收。因此發生軍事衝突。共方的準備和行動，顯然較國方為充分而迅速，在山西上黨和河北邯鄲兩次接觸中，國方吃了大虧。

上黨之戰，共方參戰的兵力為三萬一千五百人，並有五萬民兵助戰。國方部隊（屬閻錫山，第二戰區司令長官、山西省主席）十三個師，三萬八千人。從八月下旬到十月八日，經過四十天的戰鬥，國方除四千餘人逃走外，其餘全部被殲滅。被俘官兵一萬七千人，其中有軍長史澤波及副師長以上將領十餘名，並攻佔縣城六座。共方傷亡四千人。[1]

邯鄲戰役，為國方第十一戰區司令長官孫連仲指揮下的冀察戰區司令高樹勳（兼第十一戰區副司令長官、新八軍軍長），率領其新八軍和

1 中共〈軍委關於上黨戰役通報〉，一九四五年十月十五日。並附劉伯承、鄧小平〈關於上黨戰役總結的報告〉，一九四五年十月十三日。《中共文件》，第十五冊，頁三四一至三四三。毛澤東，〈關於重慶談判的說明〉，一九四五年十月十七日。《戰後中國》（二），頁一〇六。

兩個縱隊及河北民兵萬餘人，於十月三十日在河北磁縣馬頭鎮投共，成立民主建國軍，高為總司令。致在磁縣以東、漳河以北地區之第三十軍、四十軍於十月三十日至十一月二日被殲，第十一戰區副司令長官兼第四十軍軍長馬法五，以及副軍長、四個師長以下官兵二萬餘人被俘。另傷斃第二十七師師長以下官兵二萬餘人。孫部之第三十軍三個師，均美式裝備，全被共軍繳械，副長官及五個師長無一逃脫者。[2]

惟據國府軍令部長徐永昌之記述：平漢路我軍新八軍、四十軍、三十軍，十月二十五日進至馬頭鎮（磁縣境內）之線，連日遭共軍百團之攻擊。三十日，新八軍突變。四十軍、三十軍即夜後撤，十一月三日，在三十二軍掩護下渡過漳河。該兩軍損失約五分之二。但高樹勳之新八軍（不及兩師）亦退回約三千人以上。高本人所部三、四千人，受共黨委為和平（民主）建國軍司令。四十軍軍長馬法五及其副軍長、參謀長均失蹤。[3]

蔣介石分析國軍在馬頭鎮失敗之原因，並非兵力不足，亦非共軍兵力之強大，而完全是由於我軍高級將領指揮的錯誤和疏忽。我軍自磁縣向北推進時，完全採取平時行軍的方式，不顧及後方，以六個師同時向馬頭鎮推進，磁縣竟不留重兵據守，一經共軍襲擊，前方所有的部隊為之動搖。而高部叛變者，只是一個團長，以致其他各團，亦為之懾伏。[4]

蔣認為高樹勳叛變，造成國方北上之三個軍，全被阻止，不得不向漳河以南撤退。窺共方之用意，乃為囊括熱察綏內蒙全境，及盤踞華北五省，與東北打成一片。[5]

---

2 中共〈中央轉發晉冀魯豫局關於邯鄲戰役的通報〉，一九四五年十一月九日。《中共文件》，第十五冊，頁四一七至四一八。

3 《徐永昌日記》，民國三十四年十一月四日。第八冊，頁一八二。按馬法五當時被俘，次年二月被釋，去重慶。先後出任軍政高職。一九九二年在台北病故。

4 《事略稿本》（六三），民國三十四年十一月十六日。頁五五二至五五三。

5 《事略稿本》（六四），民國三十四年十二月三十一日「記三十四年大事表」。頁二七六至二七七。

共方對於此役影響的評估，與蔣之上述判斷略同。認為這一戰役的勝利，對於打破國民黨軍北進的戰略企圖，保障共黨「向北發展，向南防禦」戰略方針的貫徹與實施，起了十分重要的戰略作用。[6]

中共擴展的地區及軍隊，及國共衝突情況，據毛澤東十月二十五日在延安抗大七分校報告說：

> 「我們解放區，華北、華中、東北、陝甘寧邊區共有一萬萬五千萬人口地方，一百三十萬軍隊，二百五十萬以上民兵。國民黨進攻解放區的軍隊共有八十萬，包圍陝甘寧邊區的還不算在內。已經打了好幾仗，頭幾仗他們都沒有爭到面子，仗還要打下去，恐怕半年還說不一定。」[7]

二、蘇聯幫助中共控制東北

國方最大的困境，是東北接收問題，此不僅受阻於中共，而蘇聯的佔據，益為重大。緣自蘇聯於一九四五年八月九日對日宣戰後，即以遠東軍外貝加爾方面軍司令馬林諾夫斯基（R. Y. Malinovsky）為統帥，指揮數十萬紅軍進入中國東北及外蒙。日軍毫無抵抗，八月二十一日，其關東軍在哈爾濱向蘇軍投降，五十九萬四千餘人悉被蘇軍俘走。[8]蘇軍分為三路進入滿蒙，右翼兵團攻向張家口，中央兵團進至承德及平地泉，左翼兵團沿中東路南下長春、瀋陽，一支入旅順，一支進抵山海關。[9]

---

6 李壯，〈影響全局的關鍵一戰〉，《從延安到北京》（北京：中央文獻出版社出版，一九九三年）。頁八二。

7 《毛澤東年譜》，一九四五年十月二十五日。下卷，頁四一。

8 《事略稿本》（六二），民國三十四年八月二十一日。頁二八六。

9 《大事長編》，民國三十四年十一月五日。卷五，下冊，頁八七三。

在蘇軍出兵東北時，毛澤東就興奮地說：「現在同蘇聯紅軍配合作戰，是痛快的。」遂令靠近東北地區的呂正操、張學詩、萬毅、李運昌等部準備向熱河、遼寧及吉林等地進軍。[10]進入東北地區的中共軍，即與蘇軍取得聯絡。馬林諾夫斯基派貝魯羅索夫（Belunnosov）中校為代表到瀋陽，偕同中共瀋陽衛戍司令曾克林（冀察熱遼十六分區司令）於九月十四日飛抵延安，向朱德轉達馬林諾夫斯基的通知，要他們已到瀋陽、平泉、長春、大連等地的中共軍退出。但朱德表示：該等地區在中日戰爭爆發時期，即為中共軍活動根據地，請允仍留原地。因此，中共中央為發展強大在東北的力量，決定組織東北局，以彭真為書記，陳雲、程子華、伍修權、林楓為委員。[11]同時提出「東北為我勢必所爭，熱、察兩省必須完全控制。」確定了「向北推進，向南防禦」的戰略方針。[12]

據中共東北局向中共中央的報告：蘇軍將領於十月三日接見他們，明確表示關於中共「向北推進，向南防禦」，爭取控制全東北的戰略方針，十分正確。建議中共抽調主力二十五萬至三十萬人，分別部署在山海關一帶及瀋陽附近，把住東北大門，不讓國民黨軍隊進入東北。同時蘇方願將繳獲日本關東軍的武器，充分供給中共軍；如一時無力接收，可代為保留一個月。東北局電告中共中央說：「下最大決心，立即從各區抽調三十萬兵力，於一個月內趕到。」東北局更高興地說：蘇軍「已

---

10 楊奎松，《中共與莫斯科的關係》一九二〇～一九六〇（台北：東大圖書公司出版，民國八十年），頁五二一。

11 《毛澤東年譜》，一九四五年九月十四、十五日註文。頁二四。

12 中共〈中央關於確定向北推進向南防禦的戰略方針致中共赴渝代表團電〉，一九四五年九月十七日。《中共文件》，第十五冊，頁五三一至五三三。

13 楊奎松，《莫斯科與中共的關係》，頁五三八。另據楊著《中間地帶的革命》（太原：山西人民出版社出版，二〇一〇年），頁四七五至四七六。原據資料：中共〈東北局關於蘇軍交涉經過給中共中央的報告〉，一九四五年十月四日、八日。

下最後決心，大開大門，此間家務全部交我。」並轉述史大林的話，稱讚「中國共產黨是勇敢的，聰敏的，成熟了的。我們很有信心。」[13]

此時延安方面，即任命陳光遠為熱河軍區司令，張學詩為遼寧軍區司令，李運昌為冀熱遼邊區司令，呂正操為吉黑軍區司令。據蔣之侍從室軍務局簽註：張學詩原名張學思，係張學良之胞弟；李運昌係李大釗之子。[14] 呂正操原係張學良東北軍之舊屬。

中共之用人，可謂因地制宜，較之國民黨的「空降」，殊不相同。故其發展，得以順勢而為，進展至速。據中共中央十一月四日的指示，進兵東北情況及計劃如下：

> 「最先入東北之李運昌部，已由五千人擴充至八萬人，惟戰鬥力弱。正規軍入滿者約五萬人。在途中者尚有五萬人，十一月中旬可到，約計十萬人。為內線作戰之主力。另外約十一萬人將於十二月下半月可到熱河、遼寧、冀東地區，外線作戰。」

任林彪為東北人民自治軍總司令，呂正操、蕭勁光、李運昌、周保中為第一、二、三、四副司令。彭真、羅榮桓為第一、第二政委，程子華為副政委。統率東北全軍，部署作戰。一俟蘇軍撤退，即宣布東北人民自治。[15]

根據一項研究，從一九四五年八月到十一月底，中共中央先後調派中央政治局委員四人，中央委員和候補委員十六人到東北工作，從各戰區調集的主力部隊達十一萬人，另外還從延安和各戰區抽調二萬多名幹部到東北。這些人員到達後，迅速擴大和整編二十個師，並建立十個軍區。[16]

---

14 《事略稿本》（六三），民國三十四年十月五日。頁五〇。

15 中共〈中央關於增調兵力控制東北的指示〉，一九四五年十一月四日。《中共文件》，第十五冊，頁四〇一至四〇二。

16 李壯，〈論東北在抗戰勝利後的戰略地位〉，《從延安到北京》，頁一八一。

重慶方面，依《中蘇友好同盟條約》之規定，在日本投降三個月內，即十一月底以前，蘇軍應撤出東北，由中國政府接收。蔣介石對接收東北問題初具信心，其於九月十日記曰：「此時應以全方接收東北與各省市軍政為第一要務。」[17]但一週以後，即覺情況不妙。其於九月十八日記曰：

「東北被俄接收以後，到處宣傳，鼓動人心，組織民眾，以為其卵翼共匪，製造傀儡之張本。而且至今猶未許我政府派員前往東北，準備接收國土。俄國是否踐約守信，誰亦不能保證。」[18]

但蘇聯駐重慶大使彼得洛夫（A. A. Petrov）的表示，似甚友善。彼於十月一日謁行政院長宋子文時聲稱：蘇軍現已開始撤退，大部份將於十月下旬撤退，十一月底可全部撤完。蘇聯政府授權馬林諾夫斯基元帥與我方統帥部確實商洽東北軍政事宜。地點為長春，時間為十日至十五日。[19]

這顯然是蘇方兩手策略，其在十月六日，蘇方通告重慶方面，可派代表往長春，與其軍事代表接洽接收事宜。惟不准我方運兵船舶由大連登陸，「其態度甚兇橫」。但蔣「仍照預定方針，忍氣吞聲，據理進行。料彼（俄）在此時不敢強橫到底，而冒天下之大不韙也。」[20]

十月十二日，東北行營主任熊式輝與外交特派員蔣經國、經濟委員會主委張嘉璈等一行到達長春。是日，蔣經國向蔣函呈抵達長春情形：

「⑴熊主任與兒（蔣經國）於今（十二）日午後三時安抵長春，蘇軍曾派代表來機場迎接。

17 《蔣介石日記》，民國三十四年九月十日。

18 《蔣介石日記》，民國三十四年九月十八日。

19 《事略稿本》（六三），民國三十四年十月一日。頁三。

20 《蔣介石日記》，民國三十四年十月六日。

⑵定明日與馬林諾夫斯基正式會談，我方擬提出撤兵，恢復交通，接收行政，以及大連登陸四問題。

⑶東北行政系統尚完整，兒意我方必須在蘇軍撤退之前，將行政接收完畢。

⑷蘇軍對本黨活動，最近公開表示不滿。……

⑸共黨力量，在東北尚未發生重大作用，但蘇軍在暗中確有支持共黨之行動。

⑹今年東北大豐收，各地尚安定，民心思漢，愛國之熱情，實高過於關內。」[21]

依蔣經國之報告，東北接收問題，似甚樂觀。但甫經交涉，即告觸礁。十三日，蔣經國向蔣函呈：「⑴彼方不願我軍海運登陸。……⑵強調反蘇之秘密組織，必有其他意思與作用。⑶對於經濟問題，避開不談。」[22]

以後數日的交涉，迭受刁難。到了二十一日，蘇方態度突然變惡。這天夜間，蘇聯長春電台廣播反對美軍在華北登陸。[23]即在長春城郊作大規模之軍事演習，限制行營活動，封閉國民黨長春黨部，並以共黨人員張慶和接充長春警察局長，意在阻止國府之接收也。[24]與此同時，接收東北之國軍第十三軍、第五十二軍登陸秦皇島抵達山海關附近，亦受到共軍的阻撓。經向馬林諾夫斯基交涉，希在營口、葫蘆島登陸。馬聲稱蘇軍已自該地撤退，十八集團軍（中共軍）入據矣，彼概不負責，亦不干涉。[25]

---

21 《事略稿本》（六三），民國三十四年十月十二日。頁一二五至一二六。

22 《事略稿本》（六三），民國三十四年十月十三日。頁一三七。

23 《事略稿本》（六三），民國三十四年十月二十二日。頁二七〇。

24 《事略稿本》（六三），民國三十四年十月二十六日。頁二九七。

25 《大事長編》，民國三十四年十一月五日。卷五，下冊，頁八七五。

蔣經國分析蘇方態度突變之原因，認為係受美蘇關係及國共衝突之影響，因恐我軍進入東北之後，將支持美國在東北之利益；甚至未來戰爭中，我軍有被美國所用之可能，故不願我國大軍開入東北。但根據條約，蘇方不得不撤兵，同時亦無法禁止我軍開入東北，故決定造成混亂局面，使我中央一時不能接收東北。[26]

張嘉璈認為蘇方種種阻礙，其目的不外以下三點：

⑴東北今後成立之政權，不能有與蘇聯不友好之意旨與行動。

⑵阻止美國染指東北，斷絕中國以夷制夷之觀念。

⑶使中央不能在關外有雄厚之武力，至少使八路軍可在關外立足。[27]

其後馬歇爾調停所主導的國共停戰協議，助蔣先圖關外，適與蔣經國和張嘉璈的分析相牴觸。

三、蔣介石先安關內再圖關外

面臨上述情況，重慶中央方面至為憂慮。認為中共或可藉此機會，依蘇聯之助，奪取熱、察、綏三省，甚或東北三省，而成為一國。且一旦發生內戰，其勢恐難遏止。因此，希與中共謀求妥協。十月三十一日，蔣介石即命王世杰、張群、邵力子與中共駐渝代表周恩來、王若飛連日商談，希與中共訂立一個暫時避免衝突的辦法。為周所拒。王世杰認為：中共的目的，顯然打算於蘇軍自東北撤退前，進佔熱、察、綏及東北大部分區域。「形勢嚴重，實屬空前！」[28]

十一月三日晚間，蔣介石再與王世杰、張群等談中共問題，頗為悲

---

26 《事略稿本》（六三），民國三十四年十一月六日。頁四三〇至四三一。

27 《事略稿本》（六三），民國三十四年十一月九日。頁四七六。

28 王世杰，《王世杰日記》手稿本（台北：中央研究院近代史研究所出版，民國七十九年）。民國三十四年十月三十一日至十一月二日。第五冊，頁二〇四至二〇六。（以下簡稱《王世杰日記》）

觀，認為黃河以北一時殆無法收拾，作為今後建國之清淨土。王意中共問題與蘇聯問題不可分開，今後蘇聯究將採取與美英合作路線，抑仍分道而馳，不久可見分曉。在此一問題未解決前，政府於中共問題，亦只可儘力防範其擾亂之範圍，不能希望得到根本解決。[29]

但情勢愈來愈為嚴峻，十一月九日，蔣與王等商談，王提「對中共作重大讓步，求取和平，在假統一之形式下，暫取分疆而治之策，自亦有許多困難與危險；但比較的其危險程度，似尚較少。」於是蔣決定先派蔣經國為其「私人代表」，赴莫斯科見史大林，商中蘇關係「根本問題」[30]這天，蔣在《日記》中記道：

「審察俄共與東北形勢及國際大局，再三考慮，未得和平妥協之道。如有萬一轉機，決不願冒此艱危，使人民再受戰亂苦痛。而國內經濟與幣制狀況，如再兵連禍結，社會將起不安。共匪更可乘機煽亂矣。……下午再約雪艇（王世杰）來商對俄共策略，乃決定派經國赴俄往見史大林，作最後之一著，以卜成敗矣。」[31]

蔣記較為含蓄，雖未明言「作更大讓步」及「分疆而治」。但與王記可以互補。依蔣之性格，心有未甘也。據徐永昌《日記》記述：蔣在十一月十一日召集高級軍事將領講話時，「幾於痛哭」。[32]蔣的這天《日記》也記道：

「自覺憤激異甚，有失體態。但至誠所發，情不自禁，毫無愧心耳。正午召見各高級將領十人聚餐。下午憤氣未息，故未到會。不勝為本黨與國家前途憂也。」[33]

---

29 《王世杰日記》，民國三十四年十一月三日。第五冊，頁二〇七。

30 《王世杰日記》，民國三十四年十一月九日。第五冊，頁二一一至二一二。

31 《蔣介石日記》，民國三十四年十一月九日。

32 《徐永昌日記》，民國三十四年十一月十一日。第八冊，頁一八六。

33 《蔣介石日記》，民國三十四年十一月十一日。

從十一月十一日到十六日的六天，蔣召集高級軍事將領連續開會，商討中共問題。在十三日的會議中，與會將領「皆知對共匪無論如何忍讓，其貪欲無止境為苦也。」[34]這是說：「重大讓步」，「分疆而治」，也不能解決問題了。因此定下「先安關內，再圖關外」之策。此策蔣在一週前，似有腹案。其在十一月七日記道：

「俄國之陰謀，毒辣極矣！彼既扼住吾人之咽喉，不使稍有呼吸之間隙。……所有約言，一概不認，始則大連，繼則葫蘆島，最後則營口，先諾而後背約。……今既於東北各海口不能登陸，只能由山海關陸路前進之一途。此後對東北，只可如俗語所謂『死馬當活馬醫』而已。必須先收復關內與內蒙，而後再圖東北也。」[35]

此策在十一月十五日及十六日的「綏靖會議」中正式提出，並由蔣氏說明之。這兩天的會議情形，據徐永昌《日記》：

「十五日九時，在林園開綏靖會議，午前本（軍令）部報告匪情。午後各戰區、各方面軍報告。會後閻先生（錫山）約商援晉問題，余（徐）以為今國軍大量向北移動，津浦、平漢即取攻勢，匪此時必無暇進攻太原。

「十六日九時，仍在林園開會。上午，本部報告軍隊抽調及部署計劃。蔣先生訓話，斷言東北必為革命結束成功之地，不過現在正進入危險之時，要在吾人能打破。」[36]

徐記「訓話」，即蔣之〈勦匪戰術之研究與高級將領應有之認識〉講詞。其中一段之說明：

---

34 《蔣介石日記》，民國三十四年十一月十三日。

35 《事略稿本》（六三），民國三十四年十一月七日。頁四三五至四三六。

36 《徐永昌日記》，民國三十四年十一月十五、十六日。第八冊，頁一八八。

「統帥原定用三個軍接收東北，後來又加派二個軍，一共五個軍。現在蘇聯不負責任，藉口登陸的地點為共軍佔領，給我們以種種阻礙，因此我們軍隊入境，事實上非常困難。而且我們即令將這五個軍開入了東北，仍不能確實掌握地方，東北的主權仍然不得完整，一切接收都不能進行，建設更無從談起。在這種情形之下，我們寧可將東北問題暫時擱置，留待將來解決。我決定將東北行營移駐山海關。而以原來準備開入東北的五個軍，加入華北方面，首先來肅清華北方面的土匪，先安關內，再圖關外。」[37]

對於「先安關內，再圖關外」，當時駐華美軍最高指揮官兼蔣之參謀長魏德邁將軍（Albert C. Wedemeyer）也曾向蔣氏作類似的建議，他於一九四五年十一月十四日向華府的報告說：「中國國民政府面臨中共之反對，對於佔領東北，毫無準備」，他曾向蔣建議：「中國應立即採取決策，在進入東北以前，鞏固長城以南、長江以北之地區，並穩定該區以內之陸上交通線。」[38]

其後魏德邁在致蔣的備忘錄中，對此計劃有完整的描述和表示支援。要點如下：

對於中央軍隊分配之基本原則，應視中國本部之政治及軍事情形而定。職（按：魏自稱）信鈞座（按：稱蔣）與職同意，吾人須穩定長城以南至越南邊界內整個中國的政治、經濟及軍事。

在長江以南地區，吾人已完成軍事安全與政治控制，所須努力者，為該地區工商業的復興。

在長江以北、長城以南地區，情形較為複雜，應及早堅決搶救，以穩定華北之軍事與政治的控制為第一要著。．

37 《事略稿本》（六三），民國三十四年十一月十六日。頁五五五至五五六。
38 外交部譯印，《美國與中國之關係》（一九四四～一九四九）。頁八三。

鈞座曾表示：擬開五個軍入華北，即可完全控制該地區。當華北之戰略要地，完全歸中央軍隊控制時，即可進而建立政治控制，從事經濟建設。

職復相信，吾人須先穩固華北、華南，乃能進而從事東北。倘蘇俄真實與中國政府合作，則吾人可佔領長春與瀋陽。

職深覺美國對華將繼續協助，譬如運輸中央軍隊及彈藥裝備等至華北，以及協助中國遣俘工作。

倘吾人能得到美國援助，應儘速選五個精銳的軍開入長城南之華北，或亦可利用葫蘆島，以一個軍開入東北，吾人保證對此等軍隊之彈藥及裝備，當源源接濟。

此外，自長江以北開動軍隊，一沿津浦路前進，一沿平漢路前進，須及早完成控制交通線、工業區、產業區及華北各大城市與港口。此點做到，即須任用最優秀之人，充任該地省主席、市長。縣長須人民選舉。[39]

四、毛澤東說：「蔣介石來勢很凶」

林園綏靖會議的決定，應是一項高度的軍事機密。但中共方面對此機密，似乎瞭如指掌。中共中央宣傳部部長陸定一於十二月九日在延安指出：

「國民黨當局在十一月十一日召開了軍事會議，名為『整軍復員會議』，開了四天，講些冠冕堂皇的話，接著又開了秘密會議

39 〈魏德邁參謀長上蔣委員長備忘錄〉，一九四五年十二月五日，中國國民黨中央委員會黨史會編，《中華民國重要史料初編，第七編，戰後中國（一）》（台北：國民黨黨史會出版，民國七十三年），頁一五九至一六一。（以下簡稱《戰後中國》）

（按：即指綏靖會議），決定傾全國兵力到華北『勦共』。會後，南方各地的軍隊即再度大舉北調，幾十個箭頭指著華北解放區。」[40]

重慶中央要員包括蔣氏在內，均十分擔心「各部隊通信之不能保密，其危險實大，蔣先生訓話時，對此亦告誡備至」。[41]

中共中央軍委即根據其所獲之情報，指示所屬作為反制的準備。關於平漢路方面，軍委給劉伯承、鄧小平等的指示是：

「十一月中旬重慶軍事會議（按：依此語氣，中共情報似得自該會議）秘密決定沿平漢路北進，頑軍（按：稱政府軍）除原有各軍外，擬新增以下六個軍：計七十三軍（美械三個師）戌（按：十一月）中旬駐湘潭。十軍（美械兩師）戌中旬駐常德、邵陽各駐一師。八十八軍（川軍）戌下旬尚在浙東。二十八軍（湘軍）戌下旬在天目山（皖南）。七十一軍（美械三個師）戌上旬在全州，近有改開東北訊，待證。新一軍（美械三師）戌中旬似在芷江。估計在十二月底能趕到新鄉者，只有七十三軍與一百軍。下次平漢路戰役，主力可能是該兩軍及原駐新鄉地區之八十五軍、三十二軍。根據各種情況判斷，平漢路更大戰役可能在十二月底及來年一月上旬。」[42]

關於津浦路方面，中共中央軍委給陳毅、饒漱石等的指示是：

---

40 陸定一，〈反對內戰反對武裝干涉〉，一九四五年十二月九日。《中共文件》，第十五冊，頁五九七。

41 《徐永昌日記》，民國三十四年十一月十六日條。第八冊，頁一八八。

42 〈軍委關於準備粉碎國民黨沿平漢路進攻給劉伯承，鄧小平等的指示〉，一九四五年十二月四日。《中共文件》，第十五冊，頁四六一。

「沿津浦路北進頑軍除原有各軍外，戌中旬重慶軍事會議決定增調六十四軍（從廣州南之開平出動），九十三軍（由海防出動），五十八軍（從南昌出動）。以上三個軍均指向徐州出動。現到何地不明，估計至快須十二月底才能到達津浦路南段。五十九軍，七十七軍戌號左右由信陽一帶出動，向徐州前進，估計可能渡過新黃河或正在渡河中。第八軍到青島後，現已開始沿膠濟路西進。以上新增之六個軍，並原有之七個軍，共十三個軍。似此津浦路全線、山東、蘇北整個解放區戰局形勢，將嚴重緊張起來。這種局勢於月底（按：十二月底）或來年一月初旬即可到來。」[43]

關於關內整個戰局方面，中共中央軍委給其華北、華中各方負責人的指示是：

「國民黨正以強大兵力布置進攻解放區，已到進攻準備位置者，計有四十四個軍，另有若干獨立師；尚在戰略開進中者，計有十個軍。除偽軍及獨立師外，共有五十四個軍。其中有三個軍對陝甘寧邊區，五個軍對東北，五個軍對豫鄂李先念區。實際進攻華北、蘇北者，還有四十一個軍及若干個獨立師，並準備空軍廣泛使用，企圖控制所有鐵道線和沿線城市，分別對我解放區，使我處於不利情況下，來逼迫我接受他的苛刻條件。」[44]

國民黨方面，尚有來華美軍的支援。據中共方面所得訊息及評估：

「今後半年內，將有六萬美國海軍陸戰隊及六、七千陸、空人員留置於華北。此項美軍留置華北，其任務是幫助國民黨軍隊進入

43 〈軍委關於目前軍事形勢與作戰任務給陳毅等的指示〉，一九四五年十二月六日。《中共文件》，第十五冊，頁四六三。

44 〈中央、軍委關於粉粹國民黨大規模軍事進攻的指示〉，一九四五年十二月十二日。《中共文件》，第十五冊，頁四八〇。

華北，佔領各重要城市及交通線，以鞏固和增強國民黨在華北地位。國民黨將極力利用美軍為先鋒，以大城市為依據，企圖控制各交通線，向我解放區進攻，與我爭奪華北。」[45]

駐華美軍最高指揮官魏德邁對國民黨支援的情況，將有以下各項：

⑴供應國民黨政府內戰的軍火。

⑵裝備和訓練國民黨的軍隊。

⑶幫助國民黨的船舶及飛機運兵。

⑷派大批美國軍事顧問到國民黨軍隊中。

⑸護路，北寧路天津秦皇島段和津浦路天津靜海段，已由美軍護路。

⑹戴笠的特務由美國人幫助訓練。

⑺直接參加內戰，如進攻山海關（名之曰「觀光」）等。[46]

中共以上對國民黨實力和情況的了解，可謂翔確。對雙方兵力作戰，作如下之評估及比較：

⑴國民黨方面：

1.有利條件：地形平坦，大村落多，有利蔣軍作戰。

2.蔣軍素質：火力強，戰鬥力弱（但非一戰即潰）。平原利於偵察、警戒、聯絡及發揮火力，便於大兵團行動。

3.不利條件：後方不固，須大的兵力擔任守備。待遇不公，雜牌軍隊不滿。紀律敗壞，人民反對。補給困難，兵心不固。南人北地，地理民情不熟。

⑵中共方面：

1.有利條件：有民眾依靠，以逸待勞。民兵協助，補給方便。

---

45 〈中央關於對待在華美軍的方針和應注意事項的指示〉，一九四五年十月二十九日。《中共文件》第十五冊，頁三九〇。

46 陸定一，〈反對內戰反對武裝干涉〉，一九四五年十二月九日。《中共文件》，第十五冊，頁六〇一。

2.不利條件：裝備差，火力弱，不大熟習大兵團正規戰。戰術素養不強。[47]

中共根據以上情況和比較，採取對策如下：

> 「平漢路方面：國民黨軍可能採取步步為營，穩紮穩打的謹慎戰法，且兵力強大，使共軍難以尋找機動各個擊破頑軍機會。決定先發制人，在蔣軍集結完成之前，先擊破蔣軍第三十二軍及第八十五軍。」[48]

> 「津浦路方面：乘蔣軍主力未全部集中時，先機各個擊滅其有力部分。原計劃進入東北的葉飛、賴傳珠縱隊，著留山東，參加戰鬥。華中其他地方兵團破壞津浦路南段鐵路，阻止蔣軍北進。」[49]另一方面，「爭取西北軍系的孫良誠反正，打擊北進之第二十五軍。」[50]

> 「總的方面（含平漢、平綏、同蒲各線）：有效配合各方面工作，尤其是地方民兵、游擊隊、武工隊等密切配合，進行統一的全面的有組織有計劃的大破壞，將所有鐵道、公路、橋樑、電線、倉庫、飛機場，均加以摧毀，使一切交通動脈，在同一時間斷絕。

---

47 〈中央、軍委關於粉碎國民黨軍大規模軍事進攻的指示〉，一九四五年十二月十二日。《中共文件》，第十五冊，頁四八二至四八三。

48 〈軍委關於準備粉碎國民黨軍沿平漢路進攻給劉伯承、鄧小平的指示〉，一九四五年十二月四日。《中共文件》，第十五冊，頁四六一至四六二。

49 〈軍委關於目前軍事形勢作戰任務給陳毅等的指示〉，一九四五年十二月六日。《中共文件》，第十五冊，頁四六三至四六四。

50 〈軍委關於阻止蔣軍北上的戰略任務給陳毅等的指示〉，一九四五年十二月十日。《中共文件》，第十五冊，頁四六四。

動員群眾幫助運輸糧食、彈藥、救護、埋地雷等，提高民眾的政治覺悟。」[51]

中共最重要的工作，還是組成強大的野戰軍。兵力及戰區佈署如下：

聶榮臻：晉察冀第一野戰軍，七萬。

賀龍：晉綏野戰軍，三萬。

劉伯承：晉冀魯豫軍區，七萬。

陳毅：山東軍區，七萬。

李先念：豫鄂軍區，三萬。

粟裕：蘇浙軍區，五萬。

林彪：東北軍區，二十萬。

以上關內六大軍區，計野戰軍三十二萬，關外二十萬，總計五十二萬。一九四五年十一、十二月編組完成。[52]

毛澤東在其中央政治局擴大會議中說：「我們承認蔣介石來勢很凶，但除了抵抗以外，別無辦法。」[53]

五、蘇聯、中共態度由硬而軟

蔣介石在極度「悲觀」及「幾於痛哭」心情下，制訂「先安關內，再圖關外」之策，不惜放手一搏，與中共作認真之攤牌。關外方面，將長春東北行營之接收人員四百餘人撤至山海關，僅留軍事代表董彥平為聯絡員，與蘇軍保持聯絡。關內方面，蔣介石於十二月十三日出巡北平，布置進取察、熱兩省，命第十六軍於二十日前完成進攻宣化、張垣

51 〈中央、軍委關於粉碎國民黨軍大規模軍事進攻的指示〉，一九四五年十二月十二日。《中共文件》，第十五冊，頁四八二至四八三。

52 《毛澤東年譜》，一九四五年十一月十二日。下卷，頁四七。

53 《毛澤東年譜》，一九四五年十一月十二日。下卷，頁四八。

準備。[54]立即向南口、居庸關集中。[55]入錦州之杜聿明部亦西進指向熱河，於一九四六年一月上旬進抵阜新、朝陽、平泉等地。[56]

面臨以上情勢，蘇聯與中共態度，迅有轉變，由強硬轉為和緩。

蘇聯方面：重慶中央決定撤退長春行營時，即於十一月十五日晚間九時通知蘇方，蘇方在十七日下午四時即覆，表示：「必履行中俄同盟協定，助我便利接收東北，且稱將待中國軍隊接收，故其撤兵亦願延遲一、二月亦可。」[57]

蔣在這天（十七日）記其所感曰：

> 據此，則彼俄過去之逼迫行動出於其威脅，使我為求東北之收復，不能不與共匪之妥協，而且允許其特權也。後以我寧放棄東北，不願作俄共之傀儡，決心撤退行營之態度表示以後，知其不可為威脅所屈服，故有此態度之轉變。可知其此時對國際尚有顧忌，而尤不敢冒天下之大不韙。故我亦不能不再作周旋。移轉行營之公告暫不發表，以觀其後也。[58]

蔣氏以為此舉，乃其對俄外交一大成功，其在十一月〈反省錄〉記曰：

> 「本（十一）月以撤退東北行營之舉動，為我對俄外交成敗最大之關鍵，實為安危和戰之所繫。……行營實行遷移而不公開發

---

54 〈軍委關於保衛熱察兩省的軍事部署給賀龍、李井泉、聶榮臻的指示〉，一九四五年十二月十五日。《中共文件》，第十五冊，頁四九〇。

55 〈軍委關於張垣戰役的勝利給聶榮臻等的指示〉，一九四五年十二月十七日。《中共文件》，第十五冊，頁四九二。

56 〈軍事委員會副參謀總長白崇禧有關東北接收情形報告〉，民國三十五年四月一日。《戰後中國》（一），頁二一七。

57 《蔣介石日記》，民國三十四年十一月十七日。

58 《蔣介石日記》，民國三十四年十一月十七日。

表，僅以正式照會，秘而不宣，使俄留有迴旋之餘地，實為東北交涉成敗之樞機。……使俄國表示遷就謙和。前以中俄同盟條約延緩不交換者，最後且亦約期交換矣。」[59]

十一月二十五日，張嘉璈由長春回到重慶，向蔣面報行營撤退後，俄軍謙遜態度與其行動甚詳。蔣於是對東北方針「不能不再加考慮矣。」[60]

重慶中央重新決定接收東北辦法，如蘇方同意，我方亦同意蘇軍之撤退延期一個月，即一九四六年一月三日。辦法要點：

⑴允對長春、瀋陽之非政府武裝人員，解除其武裝；並允中國空軍送工作人員至長春、瀋陽機場，指揮飛機起降工作。

⑵北寧鐵路及東北港口，允中國軍隊運輸之便利。

⑶蘇方對中國接收人員允予協助；對其編配地方團警給予協助。[61]

蘇方對此三點覆文同意。中國亦同意蘇軍延期撤退。[62]

重慶中央即照會蘇方，中國軍隊將自山海關向錦州推進（十一月二十六日進入錦州），並派蔣經國、張嘉璈回長春，與蘇軍統帥馬林諾夫斯基接洽。蘇方有善意之回應外，惟希望再延期撤兵至一月底，並提出「經濟合作」問題。外長王世杰向蔣建議：同意蘇方要求延期撤兵；經濟合作允在東北接收完成後商談。蔣贊同。[63]此外，我方亦對蘇聯作出一項善意的回應，根據《中蘇友好同盟條約》外蒙之獨立，我方準備於

59 《事略稿本》（六三），民國三十四年十一月〈反省錄〉。頁七一二至七一三。

60 《蔣介石日記》，民國三十四年十一月二十五日。

61 〈中國政府接收東北諸省辦法要點〉，民國三十四年十一月十九日。《戰後中國》（一），頁一八四。

62 〈蘇聯駐華大使彼得洛夫覆外交部長王世杰照會譯文〉，一九四五年十一月二十四日。《戰後中國》（一），頁一五四至一五五。王世杰同意蘇軍延期撤退照會。見同上書，頁一五七。

63 《王世杰日記》，民國三十四年十二月六日。第五冊，頁二二六。

一九四六年一月中旬完成承認手續；但外蒙入內蒙之軍隊須於本年（一九四五）底內撤回外蒙。[64]

十二月二十五日，蔣經國即以蔣主席私人代表身分赴莫斯科。行前向蘇聯駐重慶官員透露了一個重要消息：「中方在全盤解決方案中，預備做一重大讓步，將來不准美國到東北做資本投資，美國在中國若享有任何經濟權利，蘇聯一體適用，一樣不少。」[65]

在莫斯科，蔣經國和史大林有兩次會談，第一次在一九四五年十二月三十日，第二次在一九四六年一月三日。參加會談的還有蘇聯外長莫洛托夫（V. M. Molotov）和中國駐蘇大使傅秉常。在兩次會談中，大致坦誠相對。事後，史大林給蔣介石的信，肯定這次會談，說：

> 在我（史）與他（蔣經國）的會談中，觸及至少一系列中蘇關係問題和牽扯中蘇兩國利益的某些其他問題。我希望，我們兩國間的關係，將按照中蘇條約而得到發展。對此，我今後將非常地關注。[66]

蔣經國一月十四日自莫斯科返抵重慶，即向蔣介石面陳與史大林兩次晤談情形，陳明史大林「藐示」對中蘇兩國及國共兩黨和平共存之願望；但亦聲稱贊成中、美、蘇三國合作；惟反對中國採取門戶開放政策，更反對第三者（按：實指美國）進入東北；力勸中國採取獨立政策；史大林並擬邀請蔣介石訪莫斯科，或在中蘇邊界適當地點相晤之意。蔣自記曰：「史大林邀經國訪蘇（按：係中方要求），其目的全在於此；乃決定婉謝蘇聯邀請。」[67]蔣在其《日記》「反省錄」則記：

---

64 《王世杰日記》，民國三十四年十二月七日。第五冊，頁二二七。

65 茅家琦，《蔣經國的一生和他的思想演變》（台北：臺灣商務印書館出版，二〇〇三年），頁一二五。

66 茅家琦，《蔣經國的一生和他的思想演變》，頁一四八。

67 《大事長編》，民國三十五年一月十四日。卷六，上冊，頁一四至一五。

「經兒方自俄歸來，詳報史大林之意見與態度，彼（史）對余（蔣）所提東北門戶開放主義，與中、美、蘇三國合作問題，口頭當不能拒絕而勉強應之；但其內心裡之不樂意，概可想見。」[68]

與此同時，東北的接收工作，亦進入順利階段，雙方洽定蘇軍延至一九四六年二月一日前自東北撤退，中國接收人員即於十二月二十二日接收長春市，二十七日接收瀋陽市，一九四六年元旦起，相繼接收了哈爾濱市、遼北、松江、嫩江等省市。瀋、長、哈三市之中央銀行分行，並於接收市政府同日開業。在軍事方面，一月十二日接防新民，十五日進駐瀋陽鐵西區。[69]

軍事方面，蔣以為自東北行營撤退以後，如期攻佔山海關，而錦州要點與葫蘆島要港，亦同時收復。北平日軍亦已如期繳械。共軍毀路襲擊之行動益形激進，但其歸綏、包頭受挫，氣勢已衰，不能復為我大害矣。[70]

中共方面的態度，亦非如過去之強硬，迨政府代表王世杰等與周恩來等續商停止軍事衝突時，周等即提議無條件停戰。蓋中共此時軍事迭受挫折，政府軍又正向熱河前進，彼等亟需停戰故也。[71]對其在東北方面的軍事部署，亦作改變，放棄了「獨占東北」的企圖。中共中央於一九四五年十二月七日指示其東北局說：

---

68 《蔣介石日記》，民國三十五年一月十九日上星期反省錄。

69 〈我駐蘇軍軍事代表團團長董彥平報告書〉，民國三十五年七月十二日。《戰後中國》（一），頁二二〇。

70 《事略稿本》（六三），民國三十四年十一月三十日〈本月反省錄〉。頁七一四至七一五。

71 《王世杰日記》，民國三十四年十二月二十八日及三十五年一月一日。第五冊，頁二三六及二三九。

「我們企圖獨占東北，特別是獨占東北一切大城市，已經是肯定的不可能。因為蘇聯為了照顧與美國的關係，不能完全拒絕蔣軍進入東北，和接收大城市；我們亦不能完全阻止蔣軍進入東北。……因此，我們目前不應以爭奪瀋陽、長春為目標，來佈置一切工作，而應以控制長春兩側地區，建立根據地。」

對國民黨方面之談判，中共的態度是：

「東北問題或許有和平解決的可能，國民黨已知它接收東北的困難，表示願與我談判東北問題。如蘇聯能加以幫助，長春、瀋陽、哈爾濱或有我、蔣共同駐兵之可能；如蔣能再答應省、縣政府民選，東北工業和資源不用於內戰等條件，我亦可與蔣妥協。」[72]

東北行營經委會主委張嘉璈，亦在重慶與中共代表董必武談東北問題，中共中央得知後，即指示董及王若飛說：蘇軍拒美軍入東北，有利我方談判，張找董老是必然的結果。我應就此時機，再開談判，並開政協會議。望復張嘉璈並告王世杰、邵力子，同意就國民黨軍駐長春、瀋陽問題，進行協商。[73]

蘇聯及中共的態度由硬變軟，而國方及蔣之態度，則似由軟變硬。據軍令部長徐永昌於十二月十六日向蔣簽呈，說杜聿明（東北保安司令長官）十一月二十八日的來電，請調十個軍進入東北，於一個半月內控制全面，三個月肅清散匪。完成綏靖後，再由東北抽出三至五個軍，轉用於熱、察等情。經中美小組研究，認為收復東北，必先鞏固熱、察兩省。可能用於東北九省之兵力，最大限度為五個軍（第十三、五十二、九十四、五、新一軍）。擬以第十三軍、第五十二軍、第九十四軍，先

72 〈中央關於東北工作方針與任務給東北局的指示〉，一九四五年十二月七日。《中共文件》，第十五冊，頁四六五至四六六。

73 《周恩來年譜》，一九四五年十二月一日。頁六二八。

控制長春以南各交通線。俟第五軍、新一軍全部到達後，再向前延伸接收。東北範圍至廣，全面接收以後，勢將不能兼顧熱、察。蔣的批示是：

> 「照原擬計劃，應以新六軍改任新一軍原任務，待新六軍運到葫蘆島後，即以該軍全部向瀋陽、四平街、長春、哈爾濱推進。而現駐錦州及其以西地區三個軍，應以一個軍任天津經錦州至瀋陽交通線護路，其他二個軍先用全力收復承德、多倫、赤峰可也。」[74]

與此同時，延安方面即組成中共代表團，派出周恩來、董必武、王若飛、陸定一、葉劍英、吳玉章、鄧穎超為代表，負責談判和出席政治協商會議，以重慶會談之《雙十紀要》共方提案為基本價碼，進行「邊打邊談」的談判。目前應以政治協商會議為主要講壇，輔以國共的幕後商談。周等於十二月十六日抵達重慶，十八日，周向記者表示：「國民政府代表中國去接收東北主權，這是應當的；但是如何建設東北，卻是內政問題，不能混為一談。」國共談判即於十二月二十七日恢復，國方代表為王世杰、張群、邵力子。共方代表為周恩來、王若飛。周等即提出無條件全面停戰的議案。[75]

據王世杰記述：「與周恩來等續商停止衝突事，彼等提議無條件停戰。蓋近來軍事於彼不利，故其態度稍轉變。予（王）與岳軍（張群）今（二十八）日力請蔣先生，決定以同意停止軍事衝突及恢復交通之語復之。」[76]

看此情勢，國共和解，似有轉機。此為「先安關內，再圖關外」之策，漸趨效果也。就整體而言，由於此策之實施，關外緩和了中蘇關

---

74 《事略稿本》（六四），民國三十四年十二月十六日。頁一五四至一五六。

75 《周恩來年譜》，一九四五年十二月五日、十八日、二十七日。頁六二九、六三一、六三二。

76 《王世杰日記》，民國三十四年十二月二十八日。第五冊，頁二三六。

係，東北接收問題，已漸好轉有望。關內亦趨安定，包頭、歸綏完全解圍，大同亦得確保，此為轉危為安之一大關鍵。[77]

由此觀之，蔣之「先安關內，再圖關外」之策，不失為「一盤好棋」。但由於美國之干預，馬歇爾來華調停，助蔣「先圖關外」，放棄了「先安關內」。結果關外既未圖成，關內更不能安。這盤「好棋」，卻攪成「歹棋」了。

---

77 《事略稿本》（六四），民國三十四年十二月三十一日「本（十二）月反省錄」。頁二六八。

第三章

美馬調停三大協議

一、美國馬歇爾來華調停

美國之出面干預國共問題，是其總統杜魯門（Harry S. Truman）於一九四五年十二月十五日發表對華政策聲明，要點為：

⑴中國國民政府與中共及其他部隊之間，應協商停止敵對行動。

⑵召開全國政黨代表會議，以解決內爭，促成中國之統一。

⑶當此種方針向和平前進之際，則美國政府在合理條件下，對中國所提出之貸款，予以考慮。[1]

為執行上項政策，特派馬歇爾將軍為特使，赴華調停國共爭端。

馬是接替原駐華大使赫爾利之職務。此一變動，早在十一月二十八日蔣閱報得悉赫氏突然辭職，而由馬氏繼任。蔣至失望，認為「赫爾利突然辭職，如失左右手，其繼任者為馬歇爾將軍，將來結果如何，尚不可知。」[2]足證美之此一措施，事先並未告知中國，徵求中國之意見也。

---

1 〈杜魯門總統關於美國對中國政策之聲明〉，一九四五年十二月十五日。《戰後中國》（三），頁四八至五〇。

2 《事略稿本》（六三），民國三十四年十一月二十八日。頁六七四。

杜魯門之聲明，顯然有干涉中國內政之嫌。據駐美大使魏道明之了解，謂杜之聲明，原擬力求明朗；但其初稿經國務院簽註時，頗有增改，故其措詞不少含糊之處，語氣亦嫌有未當，所以應付內部也。至杜指示馬歇爾之方針，為支持國民政府，安定內部，中共武力，應併入國軍，調解黨的糾紛，中共參政，援助中國復興等。[3]

馬之使華，其對中國影響如何？此為蔣所深切關注之問題。據加拿大駐華大使歐德倫將軍（Victor W. Odlum）在美宣告馬之使華當日，密告陶希聖，陶即轉告蔣說：

> 「馬歇爾將軍為史迪威將軍至友，赫爾利將軍於史氏被撤後使華，及魏德邁將軍繼任中國戰區參謀長，皆違馬氏之願。此次使華，其對國府與中共問題，必一變赫氏作法。」[4]

駐美大使魏道明的報告，則甚樂觀，認為對政府有利。報告云：

> 「昨（二十八）日杜總統召馬歇爾及國務卿（貝爾納斯）會談對我政策，並有李海上將在座，內容如下：杜總統對馬歇爾指示，謂美對我政策，須為百分之百支持鈞座（蔣）及我政府。國務卿表示：恐此立場難得輿論擁護，不易維持。總統謂：輿論有為製造者，君（貝）其指製造之輿論乎（指袒共宣傳）。今日美在世界，只有中國為最忠實之友，蘇俄現在威脅世界和平，而英則惟求自利，已改變合作態度。惟鈞座對美未違背諾言，在戰爭困難時期，且能拒絕敵人謀和引誘，尤為難得。總統謂：伊為單純平民出身，當可了解美人民之真情維護云。總統並以局勢嚴重，囑馬歇爾將軍

---

3 《事略稿本》（六四），民國三十四年十二月十六日「華盛頓魏大使道明刪電」。頁一五一至一五二。

4 《事略稿本》（六三），民國三十四年十一月二十八日。頁六七五。梁敬錞，《馬歇爾奉使來華》，氏著《馬歇爾使華報告書箋註》（台北：中央研究院近代史研究所編印，民國八十三年），附錄。頁六五二。

即速起程。」[5]

蘇既袒共亂華，杜則表示「百分之百」支持蔣氏，蔣之唯美是從，乃為最有利之途徑也。因即電馬表示歡迎。[6]蔣對於美總統對華政策之聲明，認為「尚持大體，其不為共黨之妄念陰謀所算，自於我國有益也。乃約馬歇爾在南京相晤。」[7]

馬氏於十二月十八日到達上海，二十一日到南京與蔣會晤。蔣記兩人談話的結論如下：

「⑴杜魯門總統援助我中央之意甚切，但其必須聽取議會與民眾之輿情。

⑵望我中央對中共愈謙，即於中央愈為有利，即杜之政策亦易實現。

⑶彼須先到渝，聽取中共意見後，方肯表示意見。極力採取客觀態度，甚恐被人包圍。對中共不易就範之一點。特具戒心。」[8]

國民黨CC首領陳立夫在此之前，認為：「國共間問題，宜直接商請蘇聯，反易解決。若由美國出面居間，使蘇面子過不去，徒增阻礙。」[9]鑒於後來事實之印證，陳氏之言，不無先見之明。蔣之親美而遠蘇的心理，似乎牢不可破。其對蔣經國赴莫斯科見史大林的任務，由原來規定的商談中蘇關係之「根本問題」，[10]因馬歇爾之到來，一變而

---

5 《事略稿本》（六三），民國三十四年十一月二十九日。頁七〇二至七〇三。

6 《事略稿本》（六三），民國三十四年十一月三十日。頁七〇六。

7 《事略稿本》（六四），民國三十四年十二月十八日。頁一八九。

8 《事略稿本》（六四），民國三十四年十二月二十三日「上星期反省錄」。頁二二一

9 陳立夫，《成敗之鑑》（台北：正中書局出版，民國八十三年），頁三四三。並見〈我與馬歇爾將軍〉，《戰後中國》（三），頁二七七。

10 《王世杰日記》，民國三十四年十一月三日。第五冊，頁二〇七。

為「在疏通感情，減少蘇聯對國民黨之疑慮，不作具體談判。對於中共問題，說明蔣先生之政策與態度。」[11]

中共方面，對於杜魯門聲明的對華政策，亦認為對其有利。中共中央指示各地區黨委說：

> 「美國已決定不直接參加中國內戰，不援助蔣介石武力統一中國，而援助中國和平統一。所有美國政策的這些變動，對中國人民要求和平民主的當前鬥爭，是有利的。」[12]

此時周恩來等到重慶本來是準備參加政治協商會議的，正好「利用杜魯門的聲明，在政治協商會議上，向國民黨展開和平攻勢，以配合解放區的自衛鬥爭。」[13]這是說：中共要以美馬制蔣了。

在馬歇爾於十二月二十三日於重慶接見中共代表周恩來等人時，周對馬氏的態度，可謂極盡迎合之能事，說美國有許多地方，值得他們學習：⑴華盛頓時代的民族獨立精神。⑵林肯的民有、民治、民享和羅斯福的四大自由（言論、宗教、擺脫貧困、擺脫恐懼的自由）。⑶美國的農業改革和國家工業化。[14]其後，周更向馬表示：「中共有親美而疏俄之意」。蔣以為「此中必有陰謀也」。[15]

據馬歇爾說：他和幕僚見到態度輕鬆、風度翩翩、世故而又謙虛的周恩來，周一如往常，立刻與這群美國人打成一片。周猛灌老美迷湯，表示中國應向美國學習民主、農業改革和工業化。馬歇爾對周這套說

---

11 《王世杰日記》，民國三十四年十二月二十四日。第五冊，頁二三四。

12 中共〈中央關於美國對華政策的變動和我黨對策的指示〉，一九四五年十二月十九日。《中共文件》，第十五冊，頁四九四。

13 中共〈中央關於美國對華政策的變動和我黨對策的指示〉。《中共文件》，第十五冊，頁四九四。

14 《周恩來年譜》，一九四五年十二月二十二日。頁六三二。

15 《大事長編》，民國三十五年二月二日。卷六，上冊，頁三八。

詞，毫無懷疑之意。[16]

二、停戰協議馬助蔣介石先圖關外

由於美之對華政策及馬氏的來華，受到國共雙方歡迎，故其調解工作，至為順利，僅及兩個月的時間，即達成三大協議：軍事停戰，政治協商，整軍方案。但亦不到一個月的時間，這三大協議，也就形同具文。而且軍事停戰和政治協商兩個協議，更造成國民黨不利的影響。

馬氏調處的首先工作，即為軍事停戰，十二月二十七日，提出實現停戰之軍事調處方案，其首要兩項是：「⑴一切敵對行動之安排，立即停止。⑵中國內部及東北境內所有軍隊，立即停止調動；但為收復東北主權，政府軍向東北之調動，不在此限。」為協商細節，國方代表張群、共方代表周恩來與馬歇爾，隨即組成三人小組，負責進行商討。[17]

由此提案，可見馬氏有意插手東北問題。周恩來對馬氏的提案表示同意，認為我們承認東北問題的特殊性，因為它關係到政府接收東北的主權，牽連到美國協助中國經海路運兵到東北境內，應由國民政府直接與美國辦理，中共不參與其事。馬表示：將可以運兵去東北的內容，從命令和聲明的正文中刪去，而作為「會議記錄」單列。[18]

停戰協議雖已達成原則，然停戰命令之內容，尚待續商，其爭執之點在熱河，時國軍距赤峰、多倫甚近，數日後可佔領。中共亦以此故，而亟願停戰。蔣囑王世杰向馬歇爾力述熱河之重要，必須與滿洲同等辦法。馬亦諒解，惟關鍵在中共之接受與否。[19]周恩來說：現在赤峰、多

16 陶涵（Jay Taylor）著，林添貴譯，《蔣介石與現代中國的奮鬥》（台北：時報出版，二〇一〇年），下卷，頁四三九。

17 《大事長編》，民國三十四年十二月二十七日。第五卷，下冊，頁九〇九至九一〇。

18 《周恩來年譜》，一九四六年一月五日。頁六三五。

19 《王世杰日記》，民國三十五年一月六日。第五冊，頁二四四至二四五。

倫已由中共接收。馬提議暫時不討論這個問題。[20]王世杰勸蔣讓步，以示政府之寬大，且以堅定中共對馬之信任。最後蔣接受馬歇爾之請，與中共成立停戰命令之協議（赤峰、多倫兩城留待以後解決）。[21]

依此情況看來，蔣與馬歇爾對共方之堅持，極盡遷就，深懼談判不攏也。

一九四六年一月十日，蔣以國民政府軍事委員會委員長的名義，下達停戰命令，其中規定：「一切戰鬥行動立即停止」，但其附註中的規定：「對國民政府軍隊為恢復中國主權而開入東北九省或在九省境內調動，並不影響。」並規定該命令「自即日起開始實行，遲至本月十三日下午十二時止，務必在各地完全實施。」[22]

為執行上項命令，成立軍事調處執行部於北平，該部由委員三人組成之，代表國、共、美三方面，國方為鄭介民，共方為葉劍英，美方為饒伯森（Walter S. Robertson）。所有必要訓令及命令，應由三委員一致同意，以國民政府主席名義，經軍事調處執行部發佈之。[23]

此項協議，對中共而言，卻是利多。周恩來說：

> 「蔣在被逼下把戰爭暫時停下來了。在當時的協議中，不允許雙方軍隊移動，假使蔣不動，他的大部分軍隊還在西南，華北不多，的確打不起……大仗。所以當時我們簽了字。……我黨在當時也需要停戰整頓，特別是在東北。……所以當時黨簽訂停戰協議是對的。」[24]

---

20 《周恩來年譜》，一九四六年一月七日。頁六三五。

21 《王世杰日記》，民國三十五年一月九、十日。第五冊，頁二四七。

22 〈蔣委員長致各部隊將領下達停戰令〉，民國三十五年一月十日。《戰後中國》（三），頁六九至七〇。

23 〈蔣主席及軍調部致國共各部停戰令〉，民國三十五年一月十日。《戰後中國》（三），頁七〇。

24 周恩來，〈一年來的談判及前途〉，一九四六年十二月十八日。《談判文選》，頁七〇五至七〇六。

國方也認為有利，王世杰對蔣介石說：

「美國之政策，在鞏固我政府在東北之地位。停戰協議成立後，美政府如以助我運軍，或以復興借款予我，較為自由。日俘遣送與受降等工作，可由停戰及恢復交通而完成。故我宜斷然接受美方提議（略予修正），以加強政府之國際地位與自身力量。」[25]

實際上，共方對於停戰協議，頗持懷疑態度，即在停戰令生效之日（一月十三日），中共中央宣傳部通知各地黨委及部隊，要他們「不要幻想他（蔣）會改變消滅解放區、八路軍、新四軍與共產黨的企圖。[26]

於此可見馬氏主導的停戰協議，不可能有效執行也。

根據副參謀總長白崇禧於二月二十四日，到北平向華北方面負責人李宗仁、孫連仲等傳達整軍方案時，經彼等研究，就共軍在華北及東北之實際情況，認為停戰前途，毫無把握。因為自停戰後，中共兵力多集中交通線附近，目前隴海、膠濟、津浦、平漢、平綏、正太、同蒲各路，均被切斷，並加緊對各大小城市緊縮包圍與糧食封鎖。整個華北，遍伏危機。同時蘇軍正助中共在東北發展，恐因東北問題，將使整個停戰為不可能。中共近派部隊取得蘇聯武器，充實戰力。刻華北共軍，正加強徵集壯丁，整頓部隊；並大量以徒手兵向東北轉移。根據以上情形，停戰前途，毫無把握。[27]

停戰協議及命令，關內停戰，關外增兵，國府原計劃在關外使用五個軍，除三個軍（第十三、五十二、九十四軍）已調至關外外，現又增加七個軍，即新一、新六、第七十一、六十、九十三、五十四、九十九軍。新一、新六、第七十一軍，在一九四六年三月間已運至關外，其餘

---

25 《王世杰日記》，民國三十五年一月五日。第五冊，頁二四三。

26 中共〈中央宣傳部關於停戰後的宣傳方針的通知〉，一九四六年一月十三日。《中共文件》，第十六冊，頁二一。

27 〈白副總長蒞平傳達蔣諭及整軍方案〉。《事略稿本》（六四），民國三十五年二月二十四日。頁六六三至六六五。

四個軍亦在陸續運輸中。[28]

以上十個軍之中，尤以新一、新六、第七十一軍，完全是美械裝備和訓練，是中國最精銳的部隊，均由美艦運至東北，在其後方的津沽地區，更有美軍為後盾。顯示美國的勢力已介入東北。而東北蘇俄紅軍之反響，亦至猛烈。國府接收東北之逆轉，立即發生。鞍山中共軍萬人之戰鬥，起於停戰令生效之日（一月十三日），營口共軍八千、鏖戰相繼發生，瀋陽接收，亦因之延期。十六日，接收撫順煤礦之經濟特派員張莘夫和技師一行八人之被害，皆為東北蘇軍之反響也。[29]

由於此一停戰協議，使蔣氏「先安關內，再圖關外」之策，倒轉為「先圖關外」，擴大了美、蘇的矛盾，即如蔣氏所云：「東北俄軍逾期不撤，並發表聲明，藉詞與駐華美軍同時撤退。乃已不惜與美國公開為敵矣。」[30]

東北蘇軍，更鼓勵中共軍「放手大打」。[31]致使停戰協議為之失效。關外既未圖成，關內更不能安。關外關內，均成戰場。最後導致國民黨的全面潰敗，進入東北三十萬之精銳，全軍覆沒。蔣在事後一再反悔誤信馬歇爾的主張。一九五一年，蔣在台灣有兩則《日記》記道：

⑴一九五一年八月七日的《日記》：

「本日重閱三十四年（一九四五）十一月十五日（按應為十六日）講詞（按指〈勦匪戰術之研究與高級將領應有之認識〉，至東

---

28 〈軍事委員會副參謀總長白崇禧有關東北接收情形報告〉，民國三十五年四月一日。《戰後中國》（一），頁二一六。

29 梁敬錞，《馬歇爾使華報告書箋註》，頁一〇一至一〇二。原引董彥平，《蘇俄據東北》。共軍攻陷營口（一月十八日）時，且有俄軍官之掩護。見《事略稿本》（六四），頁四〇四。

30 《事略稿本》（六四），民國三十五年二月二十八日「本（二）月反省錄」。頁六九六。

31 楊奎松，《國民黨的聯共與反共》，頁六一八。

北問題一節，極感為何當時不依此原定方針，貫徹到底。而後竟為依賴外交，誤信馬歇爾之主張與態度，將最精華各軍開入東北。以致捨本逐末，無法挽救矣。」[32]

⑵一九五一年十月二十五日的《日記》：

「如果我於三十四年十一月決定撤回長春行營以後，明知自力不足，不能接收東北之政策，不因以後美國助運我軍接收東北，以為可恃，而堅拒接收，一任俄國之霸佔，將我國軍全力先行肅清關內之共匪，則決不如今日之失敗。此乃依賴外力，轉變政策，決心不堅之報應。一著失，則全盤皆敗矣。」[33]

事實上，蔣氏早在一九四八年十月二日遼瀋戰役前夕，目睹東北之殘敗，即已埋怨馬歇爾造成之錯誤。其自記曰：

「東北今日殘敗至此，皆由馬歇爾一手造成之，因以大兵進駐東北，遂致關內整個戰局，調遣失靈，為匪所困，而陷於如此之危境。回首往事，誠不堪設想矣！顧余亦自愧胸無成竹，不能自主國家大政，竟為外交所牽累，而受制於人。」[34]

平情而論，完全歸咎馬氏，亦非公允。增兵關外，要求美艦運送，乃蔣氏之主動也。

三、政治協商結果國共反應不同

（一）中共在政協中的加碼

政治協商會議從一九四六年一月十日到三十一日在重慶舉行，為期

32 《大事長編》，民國四十年八月七日。卷十，頁二四四。

33 《大事長編》，民國四十年十月二十五日。卷十，頁三一七。

34 《事略稿本》（七七），民國三十七年十月三日。頁二〇至二一。

二十二天，通過五大決議案：⑴擴大政府組織問題。⑵和平建國綱領。⑶關於軍事問題。⑷關於國民大會問題。⑸關於憲法草案。

政協五大議案之通過，中共認為：「是由於三國（美、蘇、英）莫斯科會議的決定，及對中國實行干涉（原注：以馬歇爾為代表），我們黨的強大存在，與四個月來的堅決自衛鬥爭。」[35]

政治協商會議之由來，是在重慶會談時，毛澤東提議：「由蔣主席約集其他黨派人士及無黨派者若干人（原注：名額及人選可由蔣主席酌定），與政府及中共代表開一會議，以極短之時間，通過政府與中共所商談之結果。此一會議，即可名為政治會議。」[36]

在共方提出的談判要點中說明：「政治會議即黨派協商會議，以各黨派代表及若干無黨派人士組織之。」[37]

蔣介石指示的談判要點為：「擬改組國防最高委員會為政治會議，由各黨派人士參加，共同參與政治。」[38]

在國共談判時，中共代表周恩來復對黨派協商會議有所解釋。政府代表張治中則認為「此次會議可稱為政治協商會議，不必稱為黨派會議。」[39]眾無異議。故在《會談紀要》中，確定為政治協商會議。[40]

---

35 中共〈中央關於目前形勢與任務的指示〉，一九四六年二月一日。《中共文件》，第十六冊，頁六三。

36 〈政府代表王世杰與毛澤東談話紀錄〉，民國三十四年九月二日。《戰後中國》（二），頁三二。

37 〈中共代表周恩來王若飛提出之談判要點〉，民國三十四年九月三日。《戰後中國》（二），頁四〇。

38 〈蔣主席指示對中共談判要點〉，民國三十四年九月四日。《戰後中國》（二），頁四五。

39 〈重慶會談第三次談話紀錄〉，民國三十四年九月十日。《戰後中國》（二），頁六三。

40 〈政府與中共代表會談紀要〉，民國三十四年十月十日。《戰後中國》（二），頁九八。

政治協商會議實為重慶會談之延續，所不同的，重慶會談由國共代表直接談判，並有蔣、毛多次直接面談。更大的不同，重慶會談共方要求較低，只要魯、冀、熱、察四省、山西一半與陝甘寧邊區的地盤，國方絕不答應。[41]政協中共的要求條件，遠超過重慶會談，國方作了更多的讓步。蔣介石說：「政治協商會議中所決議各事，其實皆已逾越其（中共）所希冀者矣。」[42]

政協由各黨派及無黨派（社會賢達）代表三十八人組成之，即國民黨八人，中共七人，青年黨五人，民主同盟中之各派九人，無黨派（社會賢達）九人。並有馬歇爾之強力主導，以及民盟代表為中共助陣。重慶會談獲致協議部分，則由政協做出具體辦法，未獲協議部分，則由政協商定妥協辦法。所以共方對政協結果，大為滿意。

中共在政協中的加碼，最重要者，即為聯合政府問題。此問題在重慶會談時，周恩來曾經表示：「召開黨派會議產生聯合政府，國民黨既認為有推翻政府之顧慮，故我等此次根本未提黨派會議。」[43]但中共在政協會議中所提出的《和平建國綱領草案》，從中央到地方省、市、縣，都要改組成聯合政府。在中央機構中，卻將國民黨打成少數黨。規定「全國各抗日民主黨派及無黨派民主人士，參加的舉國一致的臨時聯合政府。」而「多數黨（按：指國民黨）在政府主要職位中所佔的名額，不得超過三分之一。」至於地方，「收復區的各級地方政府，應與當地各抗日黨派及無黨派民主人士協商，先成立臨時的民主聯合的省、市、縣政府。」[44]

---

41 周恩來，〈談判使黨贏得了人心〉，一九四六年十一月二十一日。《談判文選》，頁六九六。

42 《大事長編》，民國三十五年一月三十一日。卷六，上冊，頁三二。

43 〈重慶會第一次談話紀錄〉，民國三十四年九月四日。《戰後中國》（二），頁四七。

44 〈中國共產黨代表團提出和平建國綱領草案〉，民國三十五年一月十六日。《戰後中國》（二），頁一六六至一六七。

這是中共「利用杜魯門的聲明（對華政策），在政治協商會議上，向國民黨展開和平政治攻勢，以配合解放區的自衛鬥爭。」[45]中共中央指示其代表團說：「改組政府，必須堅持不低於杜魯門聲明與三國公報的水平。」[46]

馬歇爾更向蔣介石提交一份親手擬定的《中華民國臨時政府組織法》（草案），建議撤銷國防最高委員會，代以臨時國府委員會，由蔣指定二十人組成，其中九人為國民黨，六人為共產黨，民盟、青年黨各一人，無黨派三人。蔣可指定各院院長、各部會首長，但百分之五十為國民黨人，百分之三十為共產黨人，百分之二十由其他黨派及無黨派人士充任。各省主席及各特別市市長，蔣須由國共兩黨組成的特別委員會，提出的人選中指定之。[47]

蔣對馬歇爾的建議，記其所感曰：「此為共黨所不敢提者。」又記：

> 「政治協商會議中，共黨蠻橫，強詞奪理，而馬歇爾對我國國情隔閡異甚，美使館新聞處長費正清又左袒共黨，甚有重演前年史迪威不幸事件之可能。」[48]

---

45 中共〈中央關於美國對華政策的變動和我黨對策的指示〉，一九四五年十二月十九日。《中共文件》，第十五冊，頁四九四。

46 楊奎松《中間地帶的革命》，頁四九〇。原據資料：〈中共中央關於我在政協鬥爭中之方針原則的指示〉，一九四六年一月十六日。

47 《中間地帶的革命》，頁四九〇。原據資料：FRUS, 1946, Vol, 9, pp. 139-141。惟《大事長編》節錄馬歇爾所提「臨時政府組織法」建議案無具體人數，僅記「在其他行政人員未曾確定之地區，國務委員會應成立一小組委員會，二人代表國民黨，二人代表共產黨，以選拔上舉地區之臨時行政人員。」卷六，上冊，頁二五。

48 《大事長編》，民國三十五年一月二十二、二十三日。卷六，上冊，頁二四至二六。

（二）分贓式的聯合政府和國大代表

關於改組政府及國民大會個問題，爭論至多。據參與政協的政府代表孫科之報告，依照蔣的指示，在結束訓政之前，擴大政府組織，容納各黨派、社會賢達參加。辦法是：⑴擴大國民政府委員會，行使現在國防最高委員會職權。⑵改組行政院，增設政務委員，可以不管部。青年黨也提出了政府改組案，主張撤消國防會議，恢復中央政治會議，由各黨派推出委員。國方堅決反對，而主張容納各黨派參加政府組織，國府委員由主席提請選任之。青年黨不同意。最後商定不明白寫出，法定程序不能變更。

改組國府委員會的最大困難，是名額分配問題，國方提議四十八人，即照原來三十六人加三分之一。商量了幾天沒有結果，幾成僵局。蔣指示另成立綜合小組，由吳鐵城、王世杰參加，孫科代表蔣。在小組上孫問共產黨的意見，共方說：國民黨佔絕對多數，不可能；相對多數是可以的。孫問周恩來何謂絕對多數？何謂相對多數？周說過半數是絕對多數，什麼事都由國民黨決定，他們參加做什麼。孫說三三制，國民黨三分之一，是絕對少數了，非過半數不可。[49]後來國方表示讓步，在國府委員會中，只要求半數名額；行政院及立法、監察兩院，均得容納黨外人士。[50]中共同意國民黨的半數。決議方式，普通議案過半數通過，重要議案須三分之二通過。[51]

依照協議，國民政府委員會委員為四十名，其名額的分配，國民黨二十名，其他各黨派二十名。中共建議各黨派的二十名中，共黨應佔十名。無黨派人士建議以八、四、四、四分配之（共產黨八、青年黨四、

---

49 〈孫科報告政協各分組委員會商談情形〉，民國三十五年一月二十八日。《戰後中國》（二），頁二一三至二一四。

50 《王世杰日記》，民國三十五年一月二十三日。第五冊，頁二五四。

51 〈孫科報告政協各分組委員會商談情形〉，《戰後中國》（二），頁二一四。

民主同盟四、無黨派四）。中共聲稱共黨與民盟必須十四名，藉以獲得必需之否決權。國民黨建議修改條款，以十二票即可否決。如此則共黨八、民盟四，當可接受。[52]其後中共中央決定以毛澤東等八人參加國府委員會，以周恩來等四人分任行政院副院長、兩部部長及不管部。[53]顯然是接受了八名的分配。

以上是關於擴大政府組織問題。至於其他四案，也經由分組協商，獲致協議。四案中的和平建國綱領，其內容，包羅廣泛，似為戰後中國繪製一幅美好的「和平統一」藍圖。該案是由共產黨提了一個建國綱領草案，青年黨也有許多意見，舉行了八次會議，始完全解決。分為九項，五十多條。[54]例如中共代表團提出的《和平建國綱領》（草案）中的「以和平、民主、團結、統一為基礎，在蔣主席領導下，迅速結束訓政，實施憲政，徹底實行三民主義，建設獨立、自由和富強的新中國。」以及「蔣主席所倡導之政治民主化、軍隊國家化及黨派平等合法，為達到和平建國必由之途徑。」在政協通過的《和平建國綱領》中的〈總則〉各條，幾乎照錄中共提案的原文。至其內容，則有爭議。例如共方在其綱領草案中出的「聯合的國民政府」、「地方性的民主聯合的省政府」，「軍隊屬於人民之武力」等，在正式通過的綱領中，則有修正。[55]而青年黨所主張的軍民分治、軍黨分立。[56]則為正式綱領所採納。

---

52 〈國民黨中宣部致馬歇爾備忘錄〉，一九四六年四月二十三日。《戰後中國》（三），頁一一七至一一八。

53 《毛澤東年譜》，一九四六年二月六日。下卷，頁五六。並見《周恩來年譜》，頁六四三。

54 〈孫科報告政協各分組委員會商談情形〉，《戰後中國》（二），頁二一四。

55 〈中國共產黨代表團提和平建國綱領草案〉，民國三十五年一月十六日。《戰後中國》（二），頁一六五至一六七。

56 〈中國青年黨代表團提出和平建國綱領草案〉，民國三十五年一月。《戰後中國》（二），頁一七二至一七三。

關於軍事問題，政協會議決定四項：⑴建軍原則。⑵整軍原則。⑶實行以政治軍辦法。⑷實施整編辦法。[57]其後因有整軍方案之成立，在政協會議中討論不多。

關於國民大會問題，最大的困難是國大代表問題，國民黨以外的各黨派，對於過去（抗戰前）選出的國大代表，認為時間太長，是一黨包辦，不能代表選民，堅持重選。爭執很久。當國方代表提議「五五」（五月五日）召開國民大會，制定憲法完畢，這一屆就解散的辦法以後，爭吵得使會議幾乎無法進行。後來共方表示：如果別組的問題都解決了，這組也可以讓步。折衷的辦法，是國民黨自動放棄當然代表二四〇人，另外增加二分之一，共為一八〇〇名，除了已選出的一二〇〇名外，六〇〇名的分配：國民黨二三〇名，各黨派三七〇名。[58]但仍有爭執，最後的解決是：已選出的一二〇〇名照舊，台灣、東北新增一五〇名，增加各黨派及社會賢達七〇〇名，總計為二〇五〇名。[59]各黨派及社會賢達七〇〇名的分配是：國民黨二三〇名，共產黨二〇〇名，青年黨一〇〇名，民主同盟一〇〇名，社會賢達七〇名。[60]

如此的分配，與會代表胡霖（胡政之，無黨派，《大公報》經理）在會議中指出：「各社會人士對吾人有分贓之感覺。」[61]

（三）憲草架空蔣介石的權力

關於憲法草案，該組舉行過四次會議，對於修改憲草原則，最人的變更，是國民大會由有形變為無形。認為有形國大發生一個問題，即在

---

57 〈孫科報告政協各分組委員會商談情形〉，《戰後中國》（二），頁二一四。

58 〈孫科報告政協各分組委員會商談情形〉，《戰後中國》（二），頁二一四。

59 〈政治協商會議協議事項〉，民國三十五年二月一日。《戰後中國》（二），頁二三九。

60 〈政治協商會議協議事項〉，《戰後中國》（二），頁二四三。

61 〈政協第八次會議簡述〉，《戰後中國》（二），頁二〇三。

閉會期間，如有常設機關，便妨礙立法院。根據孫中山遺教，四權的行使，屬於全體國民，由於地方自治不健全，選民直接選舉非常困難，所以規定在未能舉行總投票前，由地方議會、中央議會代行使選舉權，至於罷免、創制、複決權，也用同樣的辦法。立法委員由選民直接選舉，職權相當民主國家下議院。行政院院長由總統提請立法院同意後任命之，對立法院負責，相當於內閣制。[62]

這樣，總統便成為國家虛位元首了。顯然是針對蔣介石而來。

憲草原則關於地方制度，省為地方自治最高單位，省長民選，省得制定省憲。[63]這是為了解決中共的解放區問題，保障其地盤。

此一憲草原則之協議，認定國民大會為選民團體，不必集會，採用英國式之責任內閣制，並主張省得制省憲。前二者為張君勱（民盟）等所提議，中共所贊同；後者則為中共自為地步之主張。[64]實際則為架空蔣介石的權力及承認中共的解放區。

國民大會問題，是這次政協會議中爭論最大的，直至一月三十一日下午一時，始獲各方協議，會議乃告結束。[65]這是國民黨在其他黨派的逼脅下，屢作讓步之故。而是希望國民大會能夠順利開成，並使共軍改編為國軍，此乃讓步之代價也。[66]但以後共軍既未接受改編，中共亦拒絕參加國大。

（四）政協結果國共反應不同

政治協商會議所決議的各案，從文字上來看，似為戰後中國繪出一

---

62 〈孫科報告政協各分組委員會商談情形〉，《戰後中國》（二），頁二一五。

63 〈政治協商會議協議事項〉，《戰後中國》（二），頁二四一。

64 〈王世杰日記》，民國三十五年二月十日。第五冊，頁二六六。

65 〈王世杰日記》，民國三十五年一月三十一日。第五冊，頁二五九。

66 〈王世杰日記》，民國三十五年一月三十日及二月三日。第五冊，頁二五九、二六三。

幅美好的「和平統一」的建國藍圖，各方亦寄予肯定和期望。例如與會的無黨派代表邵從恩說：「倘吾人本於會議能決定和平建國方案，促成團結統一，則此次戰爭，乃可謂為和平統一而戰。」[67]國方政協代表孫科說：

「中國八年抗戰，始贏得今日的勝利；經過長期協商，始贏得今日的和平統一，可以說是無數先烈的鮮血，和舉國同胞無數生命財產，所換來的結晶。」[68]

中共認為政協的決議，是他們「偉大的勝利」，其中央通告各地區黨委及軍政首長說：

「由於這些決議的成立及其實施，國民黨一黨獨裁制度即開始破壞，在全國範圍內開始了國家民主化。這就將鞏固國內和平，使我們黨及我黨所創立的軍隊和解放區，走上合法化。這是中國民主革命一次偉大的勝利。」[69]

周恩來認為：政協就是黨派會議，它承認了聯合政府。照政協的決議改組的政府，就是聯合政府。正是實現了毛澤東《論聯合政府》的路線。[70]

周也向馬歇爾轉達毛澤東對馬的謝意，感謝馬為促進停止內戰所做的努力。表示中共願意和美國合作，學習美國的民主和科學，要使中國

---

67 〈政協第三次會議簡述〉。《戰後中國》（二），頁一三八。

68 〈孫科對國民黨六屆二中全會有關政協會議之報告〉，民國三十五年三月七日。《戰後中國》（二），頁二五九。

69 中共〈中央關於目前形勢與任務的指示〉，一九四六年二月一日。《中共文件》，第十六冊，頁六二。

70 周恩來，〈一年來的談判及前途〉，一九四六年十二月十八日。《談判文選》，頁七〇六。

能建成一個獨立自由富強的國家。[71]毛也公開宣稱：

「中國走上民主舞台的步驟，已經部署完成，其間馬歇爾特使促成中國停止內戰，推進團結、和平與民主，其功殊不可沒。」[72]

馬歇爾認為：「政協會議所獲之協議，為一可賦於中國和平與復興基礎之自由主義，與高瞻遠矚之憲章。」[73]惜此「憲章」，迅即化為泡影，海市蜃樓而已。

政協會議之結果，在國民黨內部引起極大之震撼，其中尤以憲草原則為嚴重。當參與政協的代表王世杰將該案向國民黨中常會提出表決接受時，谷正綱反對甚烈，而且氣憤的至於流淚。[74]在二月四日的國民黨中央委員談話會中，出席發言之委員大多為黨中之 CC 系，均反對政協會議之結果，而尤攻擊憲草案。[75]

反對之聲勢，幾乎形成國民黨分裂之危機，據陳布雷向蔣報告：

「本（國民）黨自政協會議以後，同志之間或則憤激過度，或則消沉已極，或則觀望風色另求出路，或則積年怨望急求發泄，彼一會議，此一會議，其狀況至為複雜。」

「從前黨員中雖或有不滿於接近領袖之幹部，而萬事均可得領袖一言以為定，今則已漸漸於不知不覺中脫離此一分際。此一趨勢之發展，將促進離心趨勢，而有礙於統一之領導。」[76]

---

71 《周恩來年譜》，一九四六年一月三十一日。頁六四一。

72 《毛澤東年譜》，一九四六年二月九日。下卷，頁五六。

73 〈馬歇爾特使離華發表對中國局勢之聲明〉，一九四七年一月七日。《戰後中國》（三），頁二六五。

74 《王世杰日記》，民國三十五年一月三十一日。第五冊，頁二六〇。

75 《王世杰日記》，民國三十五年二月四日。第五冊，頁二六三。

76 《事略稿本》（六四），民國三十五年二月二十日。頁六四六、六四八。

在國民黨人積怨、憤怒的情緒下，中共為表示對政協協議之擁護，連日在延安及各地發動慶祝政協成功大會，此不啻火上加油。二月十日，一些左派民主人士郭沫若等，在重慶較場口召開大會，慶祝政協之成功，國民黨重慶市黨部主委方治（CC 系）等，則發動群眾與之對抗，遂致引起互毆事件。[77]是為較場口事件。此亦觸動了毛澤東的好鬥神經，聲稱較場口事件以後，不要忘記了「黨歷來的路線」，就是「打倒法西斯殘餘勢力和資產階級中的反革命」。[78]

儘管國民黨一些人士反對之聲不絕，蔣介石在三月間的國民黨六屆二中全會中，對攻擊參加政協會議之黨內人士，嚴加斥責，謂彼等缺乏黨德。[79]更要求全會「信任其本人」，以全體起立表決的方式，通過了政治協商會議之決議。[80]

惟全會對政協決議的憲草原則作了重大修改：

⑴國民大會為有形之組織，行使四權。

⑵取銷立法院之不信任權，及行政院提請解散立法院之權。

⑶取銷省憲，改為省得制定自治法規。

全會又通過：

⑴將來國民大會開會時，本黨總裁除以國家元首之資格當然出席指導外，並應為本黨出席國民大會代表之一。

⑵國民政府委員，由國民政府主席提請中央執行委員會全體會議選任之；如各黨派人選在二中全會閉會前，不能提出名單，則由國民政府主席提請常務委員會選任之。[81]

---

77 《王世杰日記》，民國三十五年二月十一日。第五冊，頁二六七。《周恩來年譜》，一九四六年二月十日。頁六四四。

78 《毛澤東年譜》，一九四六年三月十五日。下卷，頁六一。

79 《王世杰日記》，民國三十五年三月十一日。第五冊，頁二八四。

80 《王世杰日記》，民國三十五年三月十六日。第五冊，頁二八七。

81 《大事長編》，民國三十五年三月十六日。卷六，上冊，頁七一至七四。

這是對政治協商會議大翻案，適予共黨攻擊國民黨最有力的把柄。

中共對政協結果既感滿意，其對黨內的指示：「我黨即將參加政府」。[82]對於支持政協決議的國民黨人如蔣介石、孫科、王世杰、邵力子及政學系等人，與之合作。反對西西（CC）復興系中的反民主份子。暫時停止對國民黨的宣傳攻勢。[83]這雖然含有策略性的鬥爭，以分化國民黨，但也有其正面的意義。

共方也推出毛澤東等八人參加國民政府委員會，及周恩來等四人參加行政院。並批准了出席憲草審議委員會的名單。[84]三月四日，馬歇爾、張治中、周恩來三人軍事小組到延安考察，毛澤東與張治中交談時，張說：政府改組了，中共中央應該搬到南京去，您（毛）也應該住到南京去。毛回答說：我們將來當然要到南京去。[85]毛之回答，似非敷衍之詞。但其後不到十天，便發生了變化。

四、整軍方案中共另有「暗盤」

（一）紙上的方案

整軍方案的全稱，是《關於軍隊整編及統編中共部隊為國軍之基本方案》。此方案是由軍事三人小組的國方代表張治中、共方代表周恩來及美方馬歇爾協議簽字後，於一九四六年二月二十五日公佈之。要點是：國、共軍隊的數量為五與一之比，即國五共一。全國陸軍整編分為

---

82 中共〈中央關於目前形勢與任務的指示〉，一九四六年二月一日。《中共文件》，第十六冊，頁六三。

83 中共〈中央關於爭取蔣介石國民黨至暫時停止宣傳攻勢的指示〉，一九四六年二月七日。《中共文件》，第十六冊，頁七二。

84 《周恩來年譜》，一九四六年二月六日。頁六四三。

85 《毛澤東年譜》，一九四六年三月四日。下卷，頁五八。並見《張治中回憶錄》，下冊，頁七五〇。

兩期：第一期在十二個月之內，編為一〇八個師，國方九〇，共方一八。第二期再六個月內，縮編為六〇個師，國方五〇，共方一〇。

第一期的一〇八個師（三六個軍）配置如下：

東北：國方五個軍，共方一個軍，每軍三個師（下同）。計六個軍，一八個師。

西北：國方五個軍，共方無。

華北：國方三個軍，國共混合八個軍（分為四個集團軍，國共各二）。計一一個軍，三三個師。（華北包括熱河、察哈爾、山西、山東、河北及陝北地區）

華中：國方九個軍，共方一個軍。計一〇個軍，三〇個師。

華南（包括台灣）：國方四個軍，共方無。

第二期的六〇個師（二〇個軍）配置如下：

東北：國方四個軍，國共混合一個軍（國方二個師，共方一個師，國方任軍長）。計五個軍，一五個師。

西北：國方三個軍，共方無。

華北：國方二個軍，國共混合四個軍（其中三個軍國方各一個師，共方各二個師，共方任軍長。另一個軍國方二個師，共方一個師，國方任軍長）。

華中：國方三個軍，國共混合一個軍（國方一個師，共方二個師，共方任軍長）。

華南（包括台灣）：國方二個軍，共方無。

各省得酌設保安部隊，其數額不得超過一五〇〇〇人。[86]

---

86 〈關於軍隊整編方案〉，民國三十五年二月二十五日。《戰後中國》（三），頁八一至八三。並見《大事長編》，民國三十五年二月二十五日。卷六，上冊，頁五六至五八。

（二）三人小組之會商

早在商討整編方案之前，馬歇爾自動向蔣密商，對共黨軍隊處理問題，自願參加，主張共軍改編時，應與國軍混合編成，以免共軍割據地盤之顧慮。蔣以為彼果有此主張，則可信任其參加三人小組會議，使能負責調處。對共條件，應著重在軍隊統一與統轄於中央，而對政治方面，盡量開放為主。如馬歇爾能參加，則當信任之，交其主持。[87]

蔣既信任馬氏而交其主持，馬亦老實不客氣，大膽提出其建議方案，主張「陸海空軍共黨皆佔三分之一之比例；尤以甘、陝、寧、綏、晉、豫民團，皆由國共各派二人共同處理。」蔣氏認為「謬誤殊甚」！乃約三人小組之國方代表張治中，談馬之建議方案甚久。[88]

據張治中之回憶：馬提出此草案，先沒有給周恩來看。其中重要的有三點：

⑴作戰部隊應有二〇個軍，包括六〇個師，每師人數不超過一四〇〇〇人。六〇個師中，二〇個師應由中共領導。

⑵空軍將接受來自共產黨之官兵，其比率至少佔百分之三十。

⑶海軍之中共官兵亦至少佔百分之三十。

這等於說，整編之後，國共陸軍數額比例為三：一，海、空軍中共也向未提過這種要求。這份草案到蔣手上，蔣當然非常詫異，立即約馬談話。結果由馬再加修正提出，陸軍比例改為五：一。[89]

在軍事三人小組正式會議中，政府代表張治中提出第一期縮編，政府軍為九〇個師，共軍為一八個師，在十二個月內，實行混合編組。中共代表周恩來則主張在第一期縮編之十二個月內，政府軍與中共軍應行

87 《事略稿本》（六四），民國三十四年十二月三十日「記注意事項」。頁二四六至二四七。

88 《事略稿本》（六四），民國三十五年一月二十五日。頁四五二。

89 《張治中回憶錄》，下冊，頁七三九至七四〇。

縮編之師，各自編成，不相混合。馬歇爾為緩和雙方意見，提出折衷辦法，主張於第二期六個月後，即開始混合編組。蔣同意馬之折衷辦法。[90]

以上僅限陸軍。蔣仍不滿意。自記所感曰：

> 「整編時期定為一年半，乃全照共黨之意見而定，又華北五省，政府軍只可駐七個軍，而共軍反可駐四個軍；初尚以為只限於冀、魯兩省，殊不料其所談者係指華北五省也。甚矣！文白（張治中）之足以誤事也。」[91]

軍隊整編的目的，則是依照政協通過的《和平建國綱領》，實行軍隊國家化，此亦來自共方的提議。當政協會議結束後，中共中央即通告所屬：「我們的軍隊，即將整編為正式國軍及地方保安隊、自衛隊等。在整編後的軍隊中，政治委員、黨的支部、黨務委員會等，即將取消，黨將停止對於軍隊的直接指導。」至於「國民黨的軍隊，能夠脫離國民黨的直接指導。我們應當相信我們的軍隊，也能脫離我們黨的直接指導。」[92]

看來，共方對於整編軍隊，頗有意願。而三人小組之會商，亦至順利。其實中共另有「暗盤」。

（三）中共的「暗盤」

整軍方案，顯與毛澤東所堅持的「解放區軍隊一槍一彈均必須保持」。[93]有所矛盾。其實中共另有「暗盤」。在二月八日中共中央討論

---

90 《大事長編》，民國三十五年二月十六日。卷六，上冊，頁五一至五二。

91 《大事長編》，民國三十五年二月二十五日。卷六，上冊，頁五六。

92 中共〈中央關於目前形勢與任務的指示〉，一九四六年二月一日。《中共文件》，第十六冊，頁六四至六五。

93 《毛澤東年譜》，一九四五年十月十二日。下卷，頁三四至三五。

到整編問題時，認為：「馬歇爾所提辦法，對於破壞國民黨及地方系軍隊的原來系統，是徹底的，但應看到有許多僅是馬的理想，事實上有些（如真正合理的徵兵制）是今天行不通的。軍隊中的派系亦將長期存在。但我們在今天不要指出馬的那些意見行不通，而應在原則上贊成他的意見，同時提出現在只決定第一期整編計劃。第二期整編計劃，待第一期整編完畢時再行決定。」而現在，第一、絕不能答應把我們軍隊與國民黨的軍隊合編起來。第二、駐地仍應堅持我們自己的地區。第三、爭取在東北的部隊增編幾個師。第四、要將我之主力大部分保存在地方武裝之中。因為「美、蔣目的仍是在政治上讓步，軍事上取攻勢（即最後奪取我之軍隊）。此種陰謀必須嚴重注意。」[94]

二月十二日，在中共中央書記處討論軍隊問題的會議上，毛澤東雖然還在休息中（毛自一九四五年十一月至一九四六年二月中旬，因重慶會談過於勞累而休養），卻親自參加會議，說出他的意見：「美、蔣要以統一來消滅我們，我們要逃脫，要統一，而不被消滅。軍黨分立還不是最危險的，合編分駐才是最危險的。」會議上，王稼祥支持毛的意見，認為馬歇爾的手法非常漂亮，第一階段整編計劃看起來我並不吃虧，但第二步就要吃虧了。因為馬歇爾認定中國決不能有兩個軍隊；如有，即是兩個國家，威脅中國和平與遠東和平。因此，他在軍隊國家化的口號下，提出軍黨分離、軍政分離、補給與訓練分離。這樣，我們的軍隊就要離開民政，離開財政與徵兵權，而訓練權均操在美國之手。此時劉少奇也改變了態度，開始承認：「以軍隊國家化換取國家民主化的思想有危險，這種思想要在我們同志中去掉。」

據此，中共中央作出決定，拒絕交出中共軍隊的戰鬥序列。並決定：「除將二分之一主力部隊編為保安部隊外，再保留一部分（大約三分之一）好的軍事政治幹部，在各解放區隱蔽起來，不要去請國民黨加

94 楊奎松，《中間地帶的革命》，頁四九五至四九六。原據資料：中共〈中央關於國民黨談判軍隊整編的方針的指示〉，一九四六年二月八日。

委，以免受軍事法規的束縛及國民黨的破壞，保持活動的自由。」[95]

這是共黨對整軍方案，使用兩手策略。周恩來承認：整軍方案使共軍受到束縛，但也受到保障，它有兩面性。在數目上，五比一，是束縛，這並不是主要的；主要的是規定要經過美國裝備，共軍的十個師在內。裝備雖好，但不給你汽油彈葯，如果打起來是廢鐵一堆。美國人是想經過這些東西來控制我們。但整軍方案另有好的一面，就是地方自治要依靠人民武裝自衛，這就保障了解放區武裝不受國家軍隊的干涉。受束縛的就是美國人插進來一隻手。但我們就準備把這十個師變為廢鐵好了。[96]

周恩來卻哄騙馬歇爾說：毛澤東對馬所提分兩期統編之辦法，及為共軍將校設辦短期訓練學校之意，熱烈贊成。周氏且言：中共甚望此項訓練學校能開辦二、三年，並歡迎美軍顧問團之訓練單位，可展至中共之師部。[97]

迨後不久，中共要美軍撤出中國時，馬氏乃悟中共言行不一。以為：「所言如是，然以較其後來，延安電台促請美軍及美國軍事顧問團早日撤出中國之語，則至可玩味也。」[98]

蔣對美方裝備共軍十個師，持以拖延態度。據魏德邁將軍向蔣報告：

> 「美國政府現計劃以必要裝備，移交共產黨，藉以完成十個共產師之訓練計劃。……美國政府，意欲中國政府，接受此項裝備，以償還現金之租借方式，移交共產黨。」

---

95 《中間地帶的革命》，頁四九六至四九七。原據資料：中共〈中央關於各地須從事整編軍隊的準備工的指示〉，一九四六年二月二十四日。

96 周恩來，〈一年來的談判及前途〉，一九四六年十二月十八日。《談判文選》，頁七〇七。

97 梁敬錞，《馬歇爾使華報告書箋註》，頁一二〇。

98 《馬歇爾使華報告書箋註》，頁一二〇。

蔣之軍事幕僚俞濟時簽云：「據報中共有將精銳部隊陸續調往東北，而以地方武力交出整編，明裁暗增之企圖，在中共部隊未依照規定整編完畢以前，似不宜將此項裝備即行移交。」蔣批「如擬」。[99]

馬歇爾在華盛頓得知蔣之上項決定後，即要魏德邁告知蔣：彼不同意蔣之見解，認為共軍十個師應接受部份裝備，目的在使美國軍官得以訓練中共部隊，以利國共兩軍之整編。[100]

迨馬自美返抵重慶，再度向蔣提議，以某種裝備，供給中共在張家口學校之共產師，計劃最後六個月，將此項裝備分給十個統編之共產師。蔣之答復：會商研究。[101]未見下文。

美馬企圖，意在化解中共，此對國方，未嘗非利，但能否成功，當作別論。而蔣氏阻之，似欠明智也。

中共一方面對馬歇爾主導的整軍方案暗中抵制，同時也將他們拒絕交出共軍的戰鬥序列的理由，告知周恩來及北平軍調執行部共方代表葉劍英等說：國民黨軍隊仍在侮辱共黨為奸黨，共軍為奸軍、匪軍；國方許多軍隊違反停戰協定；國民黨不承認東北問題和平談判與政治解決等。[102]

這是共方把他們抵制的責任推給國方了。但在馬歇爾簽署整軍方案的致詞中，卻把國民黨指責一番，說：「此協定為中國之希望。吾相信其將不為少數頑固分子所污損，蓋此少數頑固分子，自私自利，即摧毀

99 〈魏德邁呈蔣委員長備忘錄〉，一九四六年三月二十七日。《戰後中國》（三），頁九六至九七。

100 〈魏德邁上蔣主席報告與各方領袖及馬歇爾晤談電〉，一九四六年四月十二日。《戰後中國》（三），頁一一二。

101 〈馬歇爾為裝備訓練共軍十師案覆蔣委員長備忘錄〉，一九四六年四月二十一日。《戰後中國》（三），頁一一三至一一四。

102 《中間地帶的革命》，頁四九七。原據資料：中共〈中央關於拒絕交出我軍戰鬥序列的理由給葉劍英、饒漱石並周恩來電〉，一九四六年二月二十八日。

中國大多數人民所渴望之和平及繁榮生存權利而不顧也。」據張治中回憶：馬氏的致詞雖只寥寥數語，但刺激性甚大，顯然的，他所稱的「少數頑固分子」，是指國民黨方面的，大概他當時已經從情報方面得到若干的報道了。[103]

此「情報」可能來自共方。蔣介石自記曰：「與馬氏別來旬餘，察彼（馬）語意，已完全為共黨宣傳所迷惑矣！。」[104]

整軍方案公佈不久，國共兩軍再度交戰，雙方都大肆擴軍，留下的方案，不過紙上談兵耳！

---

103 《張治中回憶錄》，下冊，頁七四九。

104 《大事長編》，民國三十五年二月二十五日。卷六，上冊，頁五八。

第四章

協議無效以戰逼和

一、東北蘇軍延不撤退

停戰令的頒佈，政治協商會議之舉行，以及整軍方案之簽訂，國共和解之進展，似乎很順利。惟東北問題仍為爭執之焦點。據中共中央一九四六年一月二十一日對其重慶談判代表團的指示：

> 「停戰令規定東北九省為恢復主權，國方可以調動軍隊，對於我們在東北地位未加承認。據情報：新六軍已由上海開入東北，蘇軍可能很快就要撤退，國方似不願承認我在東北地位，而不想談東北問題。因此，我們現在須主動提出東北問題，與國方談判。要向他們聲明，如不先談好，在東北不可避免的要發生衝突。」[1]

蔣介石預定接收東北的計劃：

⑴若鐵路沿線之重要地區，皆為共軍所陷，決待俄軍撤退後再收復。

⑵我軍主力集結於北寧路，並推進至瀋陽近郊，完成準備接收工

---

1 中共〈中央關於解決東北問題的方針給中共駐重慶談判代表團的指示〉，一九四六年一月二十一日。《中共文件》，第十六冊，頁五五。

作。[2]

對於共方要談東北地位問題，隻字未提。事實上，蘇軍已在此時將遼陽、本溪、鞍山、海城、彰武、新民、通化等地，都交給了中共軍接收。[3]

屆至蘇軍約定撤退之日（二月一日），不但未撤，馬林諾夫斯基且聲明：「東北經濟合作問題，希能採用簡單迅速辦法解決，不願第三者參加；尤不願東北再成為反蘇根據地。」這「第三者」當指美國而言。至於蘇軍撤退問題，張嘉璈在這天下午往訪馬林諾夫斯基，詢問撤軍情形，馬藉詞「因缺煤運輸困難，未能迅速竣事。」張追詢「究意瀋陽何日撤完」？馬謂「恕難答覆」。張與馬臨別時，馬云：所談經濟問題如能解決，彼（馬）與軍隊可早日返國云云。[4]

看來蘇方無意守約撤軍矣。此時美國干預的態度，亦至顯明。二月十一日，美國務卿貝爾納斯（James F. Byrnnes）照會中、蘇政府，確認蘇聯強調以日本在東北之企業為戰利品，逾越國際公法。並重申美國對華門戶開放政策；對於中蘇雙方進行商討將使東北工業成為中蘇共管之議，甚為煩慮。同日，美，英、蘇三國政府分別公佈《雅爾達協定》。美國各報評論此項協定，事先未得中國同意，實屬遺憾。並對蘇聯在東北延不撤兵所造嚴重情勢，至表關切。[5]

此時重慶方面，則有反蘇情事之發生，二月十六日，東北人士在重慶遊行示威，散發宣言及傳單，抗議蘇軍霸佔東北。於是重慶沙坪壩各校學生醞釀反蘇，中共則又宣言，謂國軍進入東北應有限制，中共在東北之武力三十萬人應予承認。此更刺激群眾情緒。二十二日上午，沙坪

2 《大事長編》，民國三十五年一月二十八日。卷六，上冊，頁三〇。《蔣介石日記》，民國三十五年一月二十八日。

3 楊奎松，《中間地帶的革命》，頁四九八。

4 《大事長編》，民國三十五年二月一日。卷六，上冊，頁三五、三七。

5 《大事長編》，民國三十五年二月十一日。卷六，上冊，頁四五至四七。

壩各校學生二萬餘人在重慶市區大遊行，其口號為要求蘇聯撤兵，反對中共割裂中國等等。遊行時並高舉地圖及史大林畫像等物。[6]遊行學生經過中共之《新華日報》社門口，張貼標語，學生方過，報社人員即出撕揭，在民眾狂叫之下，將其門窗搗毀，並撕擲其書籍。[7]

以上情事的發生，蘇方認為是國民黨發動的反蘇運動，益使蘇聯加強對中共的扶植。

二、中共「東北同志」主張強硬

到了三月上旬，蘇軍自東北開始撤退，東北問題更緊張起來了。三月十日，馬歇爾約周恩來談東北問題，馬告知周：彼將離渝返美，約三、四週回來，願在離渝前弄清共方對東北的政策。因從最近兩週的新聞廣播中，感覺中共政策已受蘇聯影響，有改變趨勢。並云國民黨二中全會頑固派如此猖狂，多少也影響東北問題。周表示：共方東北政策沒有改變，應先停止衝突，然後整軍，行政上應改組東北政務委員會及各省政府，並實行縣長民選。馬表示同意，並云今晚即見蔣委員長，與之交涉。[8]

馬歇爾與蔣交談的結果，蔣同意派執行小組去東北，提出條件為：

⑴執行小組只管軍事，不管政治。

⑵執行小組隨政府各軍行動，與共軍保持聯絡，協商停戰。

⑶政府軍隊有權接收中蘇條約規定的長春路，沿鐵路三十公里境內，中共軍應撤出。

---

6 《王世杰日記》，民國三十五年二月十九、二十二日，第五冊，頁二七一、二七三。

7 《徐永昌日記》，民國三十五年二月二十三日。第八冊，頁二二九。

8 周恩來，〈馬歇爾重視關於東北問題的談判〉，一九四六年三月十日給東北局彭真、林彪的電報。《談判文選》，頁一二四。

⑷政府軍隊有權進駐礦區。

⑸凡政府軍隊接收主權時，中共軍隊不得阻撓並撤退。

蔣的條件只有軍事接收，不談政治。周恩來問馬歇爾：如照第五項規定，豈不等於中共軍隊將從全東北撤退？馬答：政府軍隊有定數，而中共軍隊亦要整編，當然不能什麼地方都駐。此可載入記錄。周即與其代表團商定對策三項：

⑴東北問題必須軍事與政治一道解決。

⑵贊成執行小組至衝突地帶，首先停止衝突。

⑶政府軍隊接收的範圍，待前方視察後方能商定。[9]

周恩來將上項對策報告中共中央後，其中央的答覆說：「東北同志的想法和你們（周等）及我們（中共中央）都有很大的距離，他們雄心很大。」即「東北同志」主強強硬，反對妥協和讓步。這是因為「東北友人（蘇軍）態度甚硬」。[10]對「重慶的蘇聯友人態度過於軟弱，不要全聽。」[11]這是中共中央也贊成「東北同志」的強硬意見了。

東北蘇軍代表在二月下旬即向中共東北局表示：將盡可能滿足中共的需求，助其組建砲兵、坦克部隊，設立訓練基地等。並承認他們過去比較顧慮第三次世界大戰，態度比較軟，現在不同了，因為國民黨發動反蘇運動，顯示必欲取銷蘇聯在東北的特殊地位，美國則試圖借門戶開放之名，深入東北；但美軍很難開到東北來。因此，中共應確保對東北的控制。[12]迨蘇軍自東北撤退時，其代表又向中共東北局表示：凡蘇軍

---

9 周恩來，〈代表團關於東北問題的對策〉，一九四六年三月十日給中共中央電。《談判文選》，頁一三一至一三二。《周恩來年譜》，一九四六年三月十日。頁六五〇。

10 中共〈中央關於東北問題的談判方針給東北局和中共赴渝代表團的指示〉，一九四六年三月十三日。《中共文件》，第十六冊，頁八九、九一。

11 周恩來年譜》，一九四六年三月十五日。頁六五一。

12 楊奎松，《國民黨的聯共與反共》，頁六一四。原據資料：〈東北局致中央電〉一九四六年二月二十二、二十三日。

撤退之地，包括瀋陽、四平街，都可放手大打。[13]

適於此時，國民黨二中全會修改政協決議，中共中央正可藉此反目，準備大打了。指示所屬：「如國方因我堅持政協決議，並利用東北問題實行分裂，發動全國內戰，我亦不應懼怕。」[14]繼即指示東北局：蘇軍四月撤完，蔣介石必由瀋陽出兵向北和我爭奪長春、哈爾濱。我黨方針是用全力控制長、哈兩市及中東全線，不惜任何犧牲，反對蔣軍進佔長、哈及中東路。[15]

三、東北停戰協議戰而不停

重慶方面，馬歇爾於三月十一日返美後，由吉倫（Jr. Gillem）將軍代理其職務，與國方代表張治中、共方代表周恩來繼續商談東北問題。開會多次，未能獲致協議。依周恩來之說，是由於蔣之「兩面派的作法」，致協議無成。謂蔣在二中全會對政協決議，一面贊成，另方面又通過決議案，企圖推翻政協決議；對東北問題，一面承認共軍地位，另方面又不願政治與軍事同時解決，不願放棄接收蘇軍撤退區的權利；對國民黨革新派，一面放縱，另方面辱罵他們；對主和派，一面讓革新派痛罵，另方面又為之解釋。因此，周要利用蔣之兩面派的弱點，打擊其反動派，使之不能「模糊哄騙」，要其明確地回答和解決問題。[16]但其真正的原因，周氏無意解決問題也。因於三月二十一日回延安，避不商

---

13 《國民黨的聯共與反共》，頁六一八。原據資料：〈彭真致中央電〉，一九四六年三月十六日。

14 中共〈中央關於堅決反對國民黨反動派破壞政協決議的指示〉，一九四六年三月十八日。《中共文件》，第十六冊，頁九七。

15 中共〈中央關於控制長春、哈爾濱及中東路……的指示〉，一八四六年三月二十四日。《中共文件》，第十六冊，頁一〇〇。

16 周恩來，〈蔣介石兩面派的作法和我們的對策〉，一九四六年三月十九日。《談判文選》，頁一五五。

談。這是因為蘇軍撤退，共軍已囊括東北，造成既成事實了。[17]

在美方代表力邀下，周於三月二十五日返回重慶，和吉倫、張治中連日商談停戰及派遣執行小組去東北問題。經過延安方面批准，即於三月二十七日由三方面（周恩來、張治中、吉倫）簽訂了《調處東北停戰的協議》，規定：

⑴小組之任務，以調處軍隊事務為限。

⑵小組應在政府軍及中共軍區域內工作，並避免進入蘇軍駐留之地區。

⑶小組應從速前赴衝突地點，及勢將接觸或衝突之地點，使其停戰，並依據停戰命令中之基本協定，作必要及公平之調處。[18]

雙方另同意關於東北軍事問題，由三人會議繼續商談。關於政治問題，另行商談，迅求解決。蔣認為：此乃中共最近一再推諉延宕，終以政府代表極端忍讓，並允其加入「政治問題另行商談，迅求解決」之附記。至此彼乃無法規避，加以美方代表再三敦促，卒令中共不得不勉強成立協議。[19]

東北停戰協議簽訂後，戰爭並未停止。依共方之說：是三人會議未就東北停戰日期達成協議，國民黨軍在東北繼續進攻，迫近四平和本溪。[20]此時三人會議之政府代表由陳誠接替，陳謂協議之推翻與發生衝突，乃因中共阻止政府軍隊接收主權，與攻擊政府軍已接收之地區，故須中共讓開道路。陳主張規定：「政府軍隊有權自由進至長春。」周不同意，會議終無結果。[21]

---

17 〈三人會議商談經過概要：第二階段——關於東北停戰及接收主權之商談〉，一九四六年三月十一日至四月十五日。《戰後中國》（三），頁二九八。

18 〈軍調部致東北執行小組美方代表密令〉，一九四六年三月（無日期）。《戰後中國》（三），頁九四。

19 《大事長編》，民國三十五年三月二十七日。卷六，上冊，頁八四。

20 《毛澤東年譜》，一九四六年三月二十七日。下卷，頁六三。

21 〈三人會議商談經過概要……〉。《戰後中國》（三），頁二九九。

執行部美方代表饒伯森向馬歇爾之報告，是周恩來之破壞，他說：

「自公（馬）行後，東北三人小組派遣之三項協定，雖得簽署，但迄無進展。很明顯地，周恩來態度已經變更，他已用種種延宕方法，以破壞該小組進行之訓示。我的看法，是中共自與蘇俄取得某種瞭解之後（接管蘇俄撤兵之地區），深慮我們小組入滿，便將凍結其軍事活動。所以雖簽定三月二十七日之協議，而卻只許國軍進入蘇俄現在撤退之地區（即瀋陽一帶）。[22]

在此之前，蘇軍自三月十八日撤出四平，共軍即進入該城，從而阻斷了國軍沿長春鐵路北進的通路。與此同時，瀋陽的國軍開始向遼陽、撫順、鞍山、海城、營口、鐵嶺、法庫等地推進，並先後佔領上述各城市。[23]這是東北停戰協議簽訂之前的情況。而共軍最大的憑藉，是得自蘇軍的掩護，據國方駐蘇軍之軍事代表團團長董彥平的報告說：

「本（四）月三十日前，東北蘇軍可全撤至蘇聯國境。按此時在東北之中共軍隊，受蘇共庇護與接濟，其勢已甚猖獗。一面在四平街及公主嶺等地集結兵力，阻止政府軍隊北上接收；一面則在長春、哈爾濱、齊齊哈爾等重要城鎮，潛伏武裝暴力，與蘇軍暗通聲氣，將俟蘇軍撤退，隨即乘機竊據。故蘇軍雖揚言已確定自東北撤出日期，然按之事實，實乃以其撤出地區，逐一交由中共佔據，重以割裂我東北疆土也。」[24]

四月十四日，蘇軍撤出長春，共軍即以三萬之眾圍攻之，政府先遣之保警總隊抵抗不敵，十八日，共軍據長春。這天，馬歇爾自美返華，回到重慶。次日晚，蔣與馬談話，馬主張對共採取妥協辦法。[25]據馬歇

22 梁敬錞，《馬歇爾使華報告書箋註》，頁一五〇。

23 《毛澤東年譜》，一九四六年三月十八日。下卷，頁六二。

24 《大事長編》，民國三十五年四月三日。卷六，上冊，頁九七。

25 《大事長編》，民國三十五年四月十九日。卷六，上冊，頁一一一。

爾自述：

> 「余（馬）返渝後，第一次與委員長會晤時，委員長即坦然告余一般情況如下：⑴中共無意履行協定。……⑵政府在滿各師，現有遭遇殲滅之虞。⑶不但前進恐不可能，且似有撤退必要。⑷委員長擬將全部軍隊撤出滿洲，並將滿州事件，提交國際解決。」[26]

馬不同意蔣之意見，認為中共攻擊長春，顯亦違反協定；而國方之措施，「亦屬過份挑釁，有時甚且愚昧。」認為「妥協且將更有利於政府，遠較撤出為佳。」翌夕，馬再晤蔣，蔣已不復言撤退之事，要求美船代運兩個軍前往東北。為馬所拒。[27]

為此，政府的政協代表王世杰、陳立夫、邵力子、孫科、張厲生、張群等，即於二十日晚間在吳鐵城寓商討對策，王力主以忍耐之態度與中共妥協，且與邵指責陳立夫過去數月鼓勵黨內之異論，以增加對外接洽之困難。陳則力辯。[28]次日，蔣召集以上諸人在林園官邸會商，研究當前局勢及召開國民大會問題，所獲結論：認為共方條件至為苛刻，堅持國民政府委員名額須十四名（包括民主同盟）；行政院須佔六席，並須充任副院長、交通部長、經濟部長及軍政、財政、內政三部次長。表示如政府不改組，則共黨亦不參加國民大會。國方判斷共方並無急求解決之意。希於五月五日前改組政府，恐不可能，而國大之召開，亦難獲得協議。[29]

問題的癥結仍在東北，其焦點則為長春問題。周恩來在二十二日花了兩個半小時，向馬歇爾指控國民黨屢次破壞協議，尤其是東北問題，周說：「一，二、三三個月，中國國民黨的軍隊一直在打我們」。至於

---

26 梁敬錞，《馬歇爾使華報告書箋註》，頁二〇五。

27 《馬歇爾使華報告書箋註》，頁二〇五至二〇六。

28 《王世杰日記》民國三十五年四月二十日。第五冊，頁三〇六至三〇七。

29 《大事長編》，民國三十五年四月二十一日。卷六，上冊，頁一一三至一一四。

中共為何奪取長春？周說：「我們方面是願意實現三月二十七日的指令（停戰協議）的，而國民黨則不願，反用武力侵佔了我們七個城市。鑒於他們佔了我們的地方，我們遂也進佔了長春。」[30]周說：「我們一直是願意遵守停戰協定的。但國民黨不要停戰，要打我們。造成現在的局面。」[31]

但馬對周的一面之詞，並不完全相信，也指責共方在談判中不實行協議。[32]

關於接收東北主權問題，馬歇爾不能同意周恩來之詭辯。周說：「中心的問題是所謂接收主權，但接收，首先是從日本人手中接收，第二是由蘇聯移交。現在這些均不存在。某些地方，過去如停戰了，還可向蘇軍接收，因不停戰，以致某些地方由我方（中共）接收了，那裏已無主權問題。」[33]意思說不停戰非中共之過也，而由中共接收，也就是恢復中國的主權了。所以馬歇爾告訴第三方面人士張君勱、羅隆基說：「周為他（馬）未遇過的外交對手」。[34]

馬也責備國方：「每不遵守協商條件，予共方以口實，因之以小失大。……結果招致今日東北之不利形勢。」馬且對三人小組國方代表徐永昌說：「周恩來精敏異常，為鮮見之人物。」[35]

---

30 周恩來〈當前的政治情形和東北問題〉，一九四六年四月二十二日。《談判文選》，頁二五九至二六〇。

31 周恩來，〈主要的環子是停戰〉，一九四六年四月二十七日。《談判文選》，頁二七〇。

32 周恩來，〈先打長春再談判的想法行不通〉，一九四六年四月二十九日。《談判文選》，頁二七八。

33 周恩來，〈先打長春再談判的想法行不通〉《談判文選》，頁二八〇。

34 〈周恩來給中共中央並轉東北局的電報〉，一九四六年四月二十七日。《談判文選》，頁二七四。

35 《徐永昌日記》，民國三十五年四月二十三日。第八冊，頁二六五。

四、國共美三方面對東北問題的意見

東北問題能否和平解決？茲就國、共、馬三方面意見，作一比較。

共方意見：據周恩來於四月二十二日對馬歇爾說：

> 「我（周）的企圖是使東北成為一個國共合作的地區，並經過國共的合作，以促成美蘇關係的和諧。這樣使蘇聯不致疑懼，認為東北是一個反蘇的地區。同時也使得美國能如在全中國一樣地自由來往，與中國人民合作。東北的問題很複雜，但始終是願見美國的朋友和執行小組到東北去。」[36]

但據馬氏之了解，中共在東北之政治軍事及宣傳機構，已在長春設立，並為東北九省中之八省選舉主席。且確切聲明，在談判後解決辦法中，已經選出而在其監督下之地方政府，應繼續有效。鑒於中共在長春以北之東北各地，已建立其控制權。所以馬氏認為中共之要求，必甚苛刻。[37]

因此，周氏所謂要使東北成為國共合作的地區，以促成美蘇和諧，顯為取悅美馬也。

馬歇爾在與多方接觸後，曾就軍事、政治之各種考慮，於五日十日向蔣提出如下之建議：

> 「政府在軍事上有確切而嚴重的弱點，共軍則佔戰略上之軍事優點，且中國人民渴望和平，而世界各國人士亦均渴望和平。……余（馬）認為倘有必要時，採取利用在長春設調處執行部之妥協，不僅派一小組；正足以昭告世界：閣下（蔣）正在盡一切努力以增進和平。……即使引起蘇聯政府之反感，或堅持參加，亦不能顧慮

---

36 周恩來，〈當前的政治情形和東北問題〉，《談判文選》，頁二五七至二五八

37 〈馬歇爾特使上蔣委員長陳述對於停止東北衝突協定之可能原則備忘錄〉，一九四六年五月十日。《戰後中國》（三），頁一二二至一二三。

矣。最後，余謹提供此一意見，即某種之妥協，必須獲得，且應迅速獲得；否則，中國無論在軍事上、財政上，及經濟上，將陷於混亂之狀況。」[38]

在此之前，民盟人士亦有類似的提議，主張中共軍隊退出長春，國民黨只派行政人員和平接收長春，不得派軍隊進入。周恩來表示可以考慮，將請示延安做最後決定。馬歇爾表示接受。[39]

蔣介石的考慮，認為「共黨為俄國作倀，必將聽從俄國之指使，因其有俄國之背景，故東北問題較華北問題更難解決。……以共黨過去在華北之行動為例，則在東北更難望其信守諾言。」[40]因對馬歇爾說：

「今後共黨在東北已與俄國聯成一氣，對美國既無所顧忌，亦無所企求。若美國不改變以往之消極政策，積極支助我國政府，則必不能貫徹其協助我收復東北主權與和平統一之政策，而美國在東亞之聲望，亦將因此喪失殆盡，無法挽回。」[41]

馬歇爾主導的助蔣「先圖關外」，是要接收東北九省的主權。如今既受阻礙，因而提出設立長春調處執行部的意見，實即中立長春，以此為界，劃分南、北滿勢力範圍，國南共北。這是對一月間的停戰協議，作了一大退讓。蔣氏對此，顯然未能同意。其在五月十五日自記道：

「此時與俄再作最後之折衝，已無必要，因俄國已公開支助中共軍隊佔據長春，阻撓我接收東北，其猙獰面目已完全揭露也。」[42]

---

38 〈馬歇爾特使上蔣委員長陳述對於停止東北衝突協定之可能原則備忘錄〉。《戰後中國》（三），頁一二三至一二四。

39 《周恩來年譜》，一九四六年四月二十九日。頁六六一。

40 《大事長編》，民國三十五年四月二十七日。卷六，上冊，頁。一二三

41 《蔣介石日記》，民國三十五年四月二十八日。《大事長編》，民國三十五年四月二十八日。卷六，上冊，頁一二四。

42 《大事長編》，民國三十五年五月十五日。卷六，上冊，頁一四二。

五、蔣介石決定動武

蔣之不再接受馬歇爾之妥協主張，決定在東北對共軍動武，似在四月下旬。在此之前，蔣仍寄望於美馬之調停。據徐永昌之記述：蔣於三月二十三日在曾家岩官邸會報對中共協商事，「再表示寧失地不失信決心」。[43]二十九日會報時，再度表示此一決心。其原因，顯然是由於接到駐美大使魏道明和駐美軍事代表團團長商震的來電，說是由於馬歇爾等報告，美方完全明瞭我政府對共黨無可再讓之心行。美決以財力、物力、人力助我建一強大之中國。蔣以為「美方一切對我都好，我們何必予共黨以口實，予美方以不良印象。蓋我們必做到如妥協不成功，責在共黨而後已。前已決定之寧失地不失信，非做到不可。」[44]

惟上項令人振奮的訊息，迅即發生變化，四月十二日，魏自華盛頓來電，謂借款事遭遇困難，八日與馬歇爾商討甚久，無結果。默察馬之原意，似有改變，當與中共最近搗亂情形有關，聞周恩來及民主同盟均有來電從事破壞。[45]

馬既空手而回，其對蔣之影響力，已非昔比。但仍極力主張對共遷就，而共方條件愈苛，同時對蔣施壓，以求妥協。蔣自記曰：「本週（四月二十一～二十七日）局勢嚴重，內外夾攻，不僅俄與共協以謀我，而美馬且用最大壓力，使我對共屈服。」決定「堅持自我主張，不受其（馬）威脅所搖撼也。」[46]

這是說，蔣要自行其道了。早在四月二十一日在林園官邸舉行會報，商討對共戰略問題。由參謀次長劉斐報告東北情形，擬一舉攻佔四平街；如攻佔順利，並追佔長春，然後轉移有力一部南下，消滅張學詩

43 《徐永昌日記》，民國三十五年三月二十三日。第八冊，頁二四八。

44 《徐永昌日記》，民國三十五年三月二十九日。第八冊，頁二五一至二五二。

45 《大事長編》，民國三十五年四月十二日。卷六，上冊，頁一〇六。

46 《蔣介石日記》，民國三十五年四月二十七日，「上星期反省錄」。

部（注：因我精銳麕集，共軍雖得蘇助，尚非我敵。）軍令部長徐永昌不同意劉的意見。認為國軍運輸既受限制，更防蘇聯破臉助共，我孤軍深入，今已為甚，奈何再進。以為政治儘可前進，軍事力量僅能以錦州為主，瀋陽左近為最大限度。但須保有營口、秦皇島等口岸，並得美方諒解協助。蔣亦首肯徐之意見。[47]

但其下達東北行營主任熊式輝的命令，主要仍是採納劉的意見。令曰：

「⑴四平街會戰，國軍應徹底集中兵力，一舉擊破共軍之主力。⑵四平街會戰後，視戰果及甲軍（按：應指蘇軍）情況，乘勢收復公主嶺、長春。」[48]

至於共方的反應，周恩來四月二十九日同馬歇爾會談，馬轉達蔣堅持必須佔領長春的態度。周說：蔣介石不願承認中共已有的地區，凡能用武力則用武力，只有不得已時才能談判，一切要聽他的命令。民盟提出解決東北的問題的方案，中共軍隊退出長春，國方只派行政人員和平接收長春，不得派軍隊進入；同時重開政治談判。周表示可以考慮，將請示延安做最後決定。馬歇爾表示接受。但蔣堅持要打長春。[49]蔣對徐永昌說：共黨如不退出長春，交國軍接防，則一切問題皆可不談。[50]

毛澤東對東北林彪的指示：

「東北戰爭，中外矚目，蔣介石已拒絕馬歇爾、民盟和我黨三方同意之停戰方案，堅持要打到長春。因此，我們必須在四平、本

47 徐永昌日記》，民國三十五年四月二十一日。第八冊，頁二六三至二六四。

48 《大事長編》，民國三十五年四月二十一日，電瀋陽熊式輝。卷六，上冊，頁一一四。

49 《周恩來年譜》，一九四六年四月二十九日。頁六六一。

50 《徐永昌日記》，民國三十五年四月三十日。第八冊，頁二六八。

溪兩處堅持奮戰。」[51]

四平激烈之戰，是在五月五日國軍攻克遼東本溪之後，新六軍之新三十三師及第七十一軍之八十八師，迅即移師北進，於十四日集結開原，協同原在四平街周圍地區的新一、新六及第七十一軍各師，展開對四平街的林彪共軍激戰。國方副參謀總長白崇禧將軍親臨前線指揮，於十九日擊敗共軍而收復四平街。[52]白自前線歸來述及林彪之作戰科長王繼芳來降供稱：

「⑴林為東北共軍總指揮，約三十五萬人，其中為黃克誠之新四軍八萬，來自山東（由龍口上船，於營口之田莊台登陸），戰鬥力最強。三萬六千為八路軍林彪之一、二師及某某旅，戰鬥力次之。其次為周保忠（中）部幾個旅，戰鬥力又次之。再為萬毅部五個旅，直無戰鬥力。總之，今日作戰全憑黃、林關內十一、二萬而已。

⑵一般共軍情緒不甚佳，原因在國際不予承認，尤其知識較高之青年，以為如此從蘇聯做下去，頗似賣國。其所以能作戰者，實多畏法嚴與監視密。

⑶因畏美關係，隊伍中無蘇聯人。

⑷林原令死守四平街，後漸不支，十九日下令退卻。渠（林）率親近避民舍。

某投國軍，且謂如追的快，長春可下。王，川人，中學畢業後，投入陝北之抗大。」[53]

---

51 〈毛澤東關於東北前線指揮及在四平、本溪殲敵問題給林彪的指示〉，一九四六年五月一日。《中共文件》，第十六冊，頁一四九。

52 《大事長編》，民國三十五年五月十九日。卷六，上冊，頁一四四。

53 《徐永昌日記》，民國三十五年五月二十二日。第八冊，頁二七九。

國軍佔領四平街後，蔣對收復長春之意，又有改變。電令杜聿明轉白崇禧、熊式輝，指示「我軍如已收復公主嶺，應暫就原地停止候命，如共軍已退出長春，則我軍只可指派少數軍隊入城，維持秩序，不准各部隊擅自進駐。如有違者，以抗命論處。」原因為何？可能顧慮蘇軍（甲軍）之助共。但杜等似乎「將在外君命有所不受」，說是「我軍已迫近長春」，[54]似有欲罷不能之勢。

迨蔣聽取熊式輝、王叔銘報告後，則以為「此次長春收復，與共軍主力潰敗之慘，實出意外。」而視為「奇蹟」。[55]認為：「此為收復東北最大之關鍵；且其勝利之速，出於願外。[56]因此，認為馬歇爾「對我軍進佔長春，甚不贊同。此乃其一貫之錯誤政策。」[57]因令杜聿明長官部「向哈爾濱兼程挺進，必先佔領該戰略要點，東北軍事方得告一段落。」[58]

林彪之共軍退出四平街後，中共東北局向其中央報告，謂堅守長春困難。毛澤東決定放棄長春，指示周恩來即與國方談判：「讓出長春有三種方案，第一種如中央（中共）上次所提，雙方不駐兵，中間派任市長；第二種如馬歇爾所提，執行小組先去，一切談好後蔣軍再去；第三種蔣軍無條件即進長春，這種情況最壞，結果恐談不好，仍是要打。」民盟人士張君勱等也提議：共軍撤出長春，政府軍和平接收。現有東北政務委員會移駐長春，委員人選由各方面人士加入。[59]

蔣介石所採取的方式，即是毛澤東的所謂「情況最壞」的第三種，

---

54 《事略稿本》（六五），民國三十五年五月二十二日。頁五六五至五六六。

55 《事略稿本》（六五），民國三十五年五月二十三日。頁五六九至五七〇。

56 《事略稿本》（六五），民國三十五年五月二十五日「本星期反省錄」。頁五九一。

57 《事略稿本》（六五），民國三十五年五月二十四日。頁五八二。

58 《事略稿本》（六五），民國三十五年五月二十五日。頁五八八。

59 《毛澤東年譜》一九四六年五月二十二、二十三日。下卷，頁八五。

拿下長春。

五月二十三日，蔣介石偕去人宋美齡飛臨瀋陽，以為可以達成以戰逼和了。因手書行政院長宋子文，囑其向馬歇爾說明，拿下長春，可以「和平統一」了。書曰：

> 「照目前情勢，我軍進入長春，實於和平統一只有效益，而毫無阻礙。請其（馬）放心，只要東北之共軍主力潰敗，則關內之軍事必易處理，不必顧慮共方之刁難與叛亂也。……不久彼（共）不能不請求馬特使出而調解，此乃中（正）確有把握之事，萬勿有所疑慮；而且中自信此為和平統一唯一之道路也。」[60]

這是蔣氏認為以戰逼和成功了。但馬歇爾不以為然，他要宋子文轉告蔣氏說：

> 「此次共軍死傷一萬二千，俘虜僅四百人，如是共軍主力並未擊潰。共軍現在避戰，如國軍跟蹤而進，則必延長戰線，予共軍以處處可以截擊之機會。」[61]

毛澤東的態度是：

> 「東北方面，我們讓到長春雙方不駐兵為止，此外再不能有任何讓步。美蔣要打，讓他們打去；要佔地，讓他們佔去，我們絕不能在法律上承認他們的打與佔為合法。」

> 「總之，東北是未了之局。我黨須準備長期鬥爭，最後總是要勝

---

60 蔣中正〈致宋子文手書〉，見《大事長編》，民國三十五年五月二十五日。卷六，上冊，頁一五〇至一五一。

61 〈宋子文院長上蔣主席報告已轉函馬歇爾特使……電〉，民國三十五年五月二十六日。《戰後中國》（三），頁一三一。

利的。」[62]

看來，蔣之以戰逼和，難了！

六、拖延戰術逼和失效

（一）周恩來爭取停戰時間

為進行長期鬥爭，中共代表周恩來乃藉談判，施展其拖延戰術，爭取備戰時間，可謂極盡縱橫捭闔之能事。國方代表徐永昌說周氏「抱拖延政策，一味胡纏。」「所以日言和平者，特玩弄吾人耳。」[63]

馬歇爾說：周恩來是他「從未遇到過的外交對手」[64]

周自認是「採取又批評又拉的辦法」，來對付其談判的對手。拉是拉住馬歇爾，要他做到停戰和休戰的延長。[65]

批，雖沒有指明批誰，但鑒於周之談話紀錄，除批美馬外，顯然批蔣為多。使蔣、馬對立，周、馬聯合。使蔣不斷發馬之牢騷，說馬對共「左袒殊甚，為之慨然！」[66]

國軍收復長春之日，蔣除手書宋子文，要他轉告馬歇爾，可望「和平統一」外，並決定「應速定收復東北全境之方針，令杜聿明長官部向哈爾濱兼程挺進。」[67]

蔣氏此時所謂「和平統一」的要求，是要中共切實履行停止衝突協

---

62 《毛澤東年譜》，一九四六年五月二十六、二十七日。下卷，頁八六。

63 《徐永昌日記》，民國三十五年六月二十七、二十八日。第八冊，頁二九三。

64 周恩來給中共中央並轉東北局的電報，一九四六年四月二十七日。《談判文選》，頁二七四。

65 周恩來給中共中央的電報，一九四六年六月二十日。《談判文選》，頁四五七。

66 《大事長編》，民國三十五年一月二十五日。卷六，上冊，頁二八。

67 《大事長編》，民國三十五年五月二十五日。卷六，上冊，頁一五一。

定，恢復交通，實施整軍方案，不得阻礙接收東北主權，以為諒解之基礎。此外，必須賦予軍調執行部美國代表有公斷與決定之權（或稱最後決定權）。如共方接受以上條件，共軍在東北可有三個師（整軍方案原為一個師），駐於黑龍江省境之內，或合江省境內，政治問題（如省主席）待軍事問題解決後再談。[68]

中共對以上條件堅決拒絕。毛澤東說：「東北方面，我們讓到長春雙方不駐兵為止，此外再不能有任何讓步。」給中共東北局及林彪的指示：「爭取時間，休整補充，恢復元氣，再行作戰。」[69]

周恩來的首要任務，就是爭取停戰時間。最便捷的途徑，就是找馬歇爾幫忙，他致電中共中央說：「除非馬給蔣壓力，……恐難有挽救可能。」[70]馬亦早有此意，致函蔣氏云：周恩來與余（馬）共同建議調處執行部應立即派一前方小組進入長春，並即駐該地。余敦促閣下（蔣）立即下令國軍在二十四小時內停止進攻及追擊。[71]蔣以馬之「態度甚為燥急」，乃允下令停戰。[72]

關於停戰的時限問題，周恩來聽說是十天，認為時間太短，要談判能成功，時間越長越好，最好是一個月，至少也得二十天。[73]爭到結果是十五天。周說：

> 「現在我（周）聽到爭得了十五天，至少要好一些了。」[74]

---

68 《大事長編》，民國三十五年五月二十四日。卷六，上冊，頁一四七至一四九。

69 《毛澤東年譜》，一九四六年五月二十四、二十六、二十七日。下卷，頁八六。

70 《周恩來年譜》，一九四六年五月二十八日。頁六六八。

71 《大事長編》，民國三十五年五月二十七日。卷六，上冊，頁一五五。

72 《大事長編》，民國三十五年六月二日。卷六，上冊，頁一六八。

73 周恩來，〈要使談判有成停戰十天太短〉，一九四六年六月四日，《談判文選》，頁三九八。

74 周恩來，〈十五天停戰期間雙方應保證互不攻擊〉，一九四六年六月五日。《談判文選》，頁四〇〇。

這十五天是蔣接受馬歇爾之建議，自六月七日正午起至六月二十二日正午止，在此十五天內，停止一切攻擊前進及追擊，並盼在此時期中，對於已簽訂之各項協定，均能商定詳細實施辦法。[75]

（二）「最後決定權」的糾纏

停戰時間爭到了，再來糾纏裁判權或最後決定權問題。如果這個權被採用，周氏之拖延戰術，即無法施展之。這個「權」的問題，周說：

> 「關於最後決定權，政府自己都弄不清，每次的信函，從宋美齡的算起，都用的是最後決定權，但報上又宣傳說是仲裁權，並說我（周）故意譯成最後決定權。」[76]

蔣夫人宋美齡的信，是五月二十四日致馬歇爾之函，轉達蔣之意見，謂「賦予仲裁者執行部美國代表有公斷與決定之權，並予以解釋協定之權；如政府與中共代表爭執時，雙方均應照其判決之件，切實履行，不得託辭延誤。」[77]

馬歇爾致蔣之函，說是「美國人之最後決定權，限於特定事項。」[78]

可知「最後決定權」似來自馬歇爾。不論其名稱為何，皆不利於周之拖延戰術也。周氏反而說是此權對美馬不利。周說：

> 「最後決定權，給人以很突出的印象，在形式上和本質上，都將把美國朋友放在更困難的地位上，弄得左右都不是。如果在某事上決定後，於政府不利的話，美國的反動輿論會說你（馬）親共，

---

75 《大事長編》，民國三十五年六月六日。卷六，上冊，頁一七〇至一七一。

76 周恩來，〈蔣介石要打內戰了〉，一九四六年六月二十一日。《談判文選》，頁四六八。

77 《大事長編》，民國三十五年五月二十四日。卷六，上冊，頁一四八。

78 《大事長編》，民國三十五年五月二十七日。卷六，上冊，頁一五五。

政府便可借此宣傳，該事的最後決定權是錯的。在相反的情形下，同情於中共的人士也會作相反的解釋。」

「蔣的辦法是很多的，過去蔣說：『你（馬）的方法不對，結果一定失敗。我（蔣）不用這樣的方法，我用打來取得長春。現在你又要停戰，則我索性把問題弄得更尖銳，或則聽我打下去，或則你做主。』由你做主的結果，如果你做得只對國民黨合適，中共自然反對，造成你和中共的對立；如果你做的事，中共覺得對，而國民黨反對，則總有做不下去的一天。……國民黨卻善於用各種方法欺騙美國，使美國上當，把美國推到與我方對立的地位上去。」[79]

由於周之堅決反對最後決定權，為了不使談判破裂，蔣提改為「三人會議必須決於多數之慣例」。[80]周仍不同意，堅持個別解決的原則。[81]如此，任何問題，如果周不同意，就無法解決了。

（三）「詭辭拖延」談而不和

六月十七日，蔣提出關於東北共軍駐地方案，要點為：⑴東北共軍三個師分駐興安、黑龍江與嫩江三省，由哈爾濱至滿洲里之中長路，由政府護路憲警進駐。⑵共軍三個師如欲留駐延吉一個師，則其他兩師分駐興安與黑龍江兩省，政府派一個師駐嫩江。⑶熱河、察哈爾及煙台、威海衛之共軍全部撤退。[82]

---

79 周恩來，〈美國的二重政策很難使中國內戰停止〉，一九四六年六月三日。《談判文選》，頁三九二至三九三。

80 《徐永昌日記》，民國三十五年六月二十一日。第八冊，頁二九〇。

81 周恩來，〈蔣介石要打內戰了〉，一九四六年六月二十一日。《談判文選》，頁四六九。

82 《大事長編》，民國三十五年六月十七日，卷六，上冊，頁一八一。

周恩來見到上項方案，大為憤怒。其致中共中央的電報說：「蔣提三文件（關內、東北整軍、交通），混蛋之至！戰意已大明。」[83]乃向馬糾纏，大意是說：

> 關內，政府要我方從察、熱兩省退出，我方無法考慮。如果強要中共考慮，政府要從平、津撤退。如此必不能解決糾紛。
>
> 煙台、威海衛撤退的要求，如強要中共考慮，中共也可有要求，如把山東行政統一，要政府由青島撤退。
>
> 對於東北的方案，政府軍要駐進我們地區來的竟很多，有哈爾濱、牡丹江、洮安、安東、通化，和我原來設想距離很遠。
>
> 現在卻成我方讓步，政府實際不讓步。政府佔的地方不退，我方為報復取得的地方，卻須讓出。兵力上政府也不讓。
>
> 這方案我全盤衡量後，我即應該辭職，因為交涉完全失敗了。[84]

> 蔣有一個意圖，即要中共軍在整軍的過程中，撤出鐵路線和各大城市。要把關內中共地區分為延安，晉東南上黨，冀南大名、山東臨沂，察熱地區，這樣關內分成五塊，再加東北黑龍江地區。還要我們退出張垣、承德、威海衛、煙台這些地方。要把我們趕出鐵路線和大城市以外，分成一塊一塊包圍起來，將來再消滅我們。

> 我（周）現在正努力尋求解決問題的辦法，但一天天感到困難。如果要一道解決，就得把時間延長，才能求得解決的出路。[85]

---

83 周恩來，〈蔣介石戰意已大明〉，一九四六年六月十七日。《談判文選》，頁四四二。

84 周恩來，〈蔣介石的方案是無意解決問題〉，一九四六年六月十八日。《談判文選》，頁四四七至四四九。

85 周恩來，〈現在已到了絕境得開出一條新路來〉，一九四六年六月二十日。《談判文選》，頁四六九、四六一。

屆至六月二十日，停戰即將期滿，問題未能解決。民盟人士張君勱、梁漱溟向王世杰說，彼等正促共方接受美國之仲裁權（最後決定權），希望十五天的停戰期滿時，如果談判尚無協議，延期商談，不令破裂。王因力請蔣予延期。蔣亦早有此意。[86]故再延展八天，至六月三十日為止。

停頓已久的三人會議，於六月二十二日在南京首次召開，政府代表由徐永昌接替陳誠，共方為周恩來及美方馬歇爾。是日會議情況，徐氏記曰：

> 「十一時，周恩來偕其隨員到，即開會。東北停戰協定，除對方意見不能一致時，取決於美方人員或取決於多數之一點，仍未得到共方同意外，大體已無問題。本件一因雙方意見不一致時之決定問題未解決，一因余（徐）聲明必停戰、恢復交通、整軍方案三件同時簽字。所以今日議題，僅解決幾分之幾而已。」[87]

繼由交通部長俞大維出席討論恢復交通問題，並將東北停戰議題通過。惟整軍方案因駐地問題，未得接近意見，故二十四日在會外商討。國方則希望簽字後十日，共軍撤離膠濟路，一個月退出蘇北，並將承德、古北口退出，由政府軍接防。

而共方則於二十七日提出共軍駐地意見，要點為：共軍保留二十個師（整軍方案原為十八個師），中共保有北滿，控制哈爾濱、齊齊哈爾、洮南、牡丹江諸要點，南滿控制安東。華北益都、德縣、滕縣、邢台、聞喜、承德、張家口，各駐一個師。華中一個軍駐宿遷、淮安、東台。[88]

---

86 《王世杰日記》，民國三十五年六月二十日。第五冊，頁三三七至三三八。

87 《徐永昌日記》，民國三十五年六月二十二日。第八冊，頁二九一。

88 〈三人會議商談經過概要：第三階段〉民國三十五年六月六日至六月三十日。《戰後中國》（三），頁三〇三至三〇四。

六月二十八日，馬歇爾致蔣備忘錄，報告與周恩來商談軍隊駐地問題，說共方對政府要求共軍完全撤出蘇北及承德，甚難同意。又共方堅持凡共軍撤出之地方政府，在政府改組前，不受阻擾。因此，在六月三十日以前，欲完成整軍協定之正式修正方案，似已不及。

蔣自記曰：「周恩來對於整編軍隊案仍蓄意詭辭拖延也」。馬「又已墮入奸黨盜弄之故技中矣」。[89]

這天，蔣召集會報，討論共黨問題，徐永昌記曰：

> 「連日共方提出之對案，仍係拖延政策，一味胡纏，如言蘇北、熱南某某地區可讓出，但既不許另去官吏接收，且須留多少地方團隊防衛；而又說不能改變其政治設施，彼此誰也不許駐兵。是真滑稽到極點，欺人到極點！」[90]

馬歇爾亦深感拖延之苦，他說：

> 「在過去余（馬）所主持之三人會議中，常有因一句措詞，而辯論一小時以上者，現在對獲致一般協議，而欲確定最後方案之詞句，則非一週時間不能完成，或許延至十日亦未可知。」[91]

拖延戰術，乃中共長期鬥爭之策略也，目的是：「絕對不在協商中，與國民黨解決問題，施用拖延政策，使國民黨政治不安，人心動搖。」[92]

蔣亦了解「共黨策略，蓋企圖在不戰不和之局面下，繼續拖延不決。使國家陷於混亂狀態，政治動搖，經濟破產，以達其顛覆政府赤化

---

89 《大事長編》，民國三十五年六月二十七日。卷六，上冊，頁一九一。

90 《徐永昌日記》，民國三十五年六月二十八日。第八冊，頁二九三。

91 《事略稿本》（六六），民國三十五年六月二十八日。頁一九七。

92 《事略稿本》（六六）民國三十五年六月一日「中央社報導獲得中共中央政治局三月十三日決議文件」。頁一四。

中國之目的。」[93]

談判到延展的最後一天（六月三十日），仍無協議。其間爭論最大的是蘇北和熱南的地方政權問題。以下則就蔣、周、馬三方面的爭執意見作一比較：

蔣：蘇北共軍於一個月內撤至隴海路東段以北。熱河共軍一個月內撤出承德以南地區。所有撤出地帶地方政府政權，交與中央。

馬：余意中共不會接受。交出地方政權為最大困難。

蔣：關於地方政權問題，一政府之下不能另有他政府，一國家之內不能另有他國家，非如此政府不成為政府，國家不成為國家。現蘇北難民極慘，數百萬難民不能還鄉。

馬：余深知主席（蔣）困難，亦極同情難民，但為難民問題，或致釀成全面戰，甚不值得。[94]

周：政府認為蘇北共軍威脅南京，承德、張家口共軍威脅北平，應一律撤退，實在毫無道理。反過來，如果我們也說南京威脅蘇北，北平威脅承德、張家口，問題便無法解決。[95]

蔣在形式上是要我退出蘇、皖、承德、安東、冀東等地，但承認的只是黑龍江、興安兩省及嫩江半省，華北只是臨沂、大名、上黨等幾個地區，想把我們完全隔開，先限制在這幾個地區，然後再來消滅我們。[96]

周用拖延之術，談而不和，而將拖的責任歸諸國方。說六個月來的談判，已解決了問題的百分之九十，最後國民黨提出要中共撤出四個地

---

93 《事略稿本》（六六）民國三十五年六月二十四日。頁一七二至一七三。

94 《大事長編》，民國三十五年六月三十日。卷六，上冊，一九九至二〇一。並見《戰後中國》（三）頁一九一至一九三。

95 周恩來，〈政府要中共撤出蘇北毫無道理〉一九四六年六月三十日。《談判文選》，頁五〇七。

96 周恩來，〈一年來的談判及前途〉。《談判文選》，頁七〇九。

區，使談判拖延不決。[97]

延展之期又告屆滿，問題終無解決，蔣則深感無奈，屆滿前夕，約集黨內元老戴季陶、鄒魯及高級官員吳鼎昌、王世杰、邵力子、白崇禧、陳誠、徐永昌等會商，說明共方仍無誠意和解，決裂之不許可，再延期亦無必要，只有明白宣佈政府所希望的，與共黨所要求的，距離遙遠，和平之門不閉，唯待共黨之回頭而已。[98]是晚會商情形，據王世杰之記述：

> 「晚間蔣先生邀約商討關於政府與周恩來、馬歇爾談判之政策。自六月七日至今，雙方已就恢復交通及東北停戰兩事，商定辦法。至於中共軍隊之駐地及蘇北、熱河、安東及膠濟路等地，中共軍隊之撤退問題，尚未商定；惟雙方已承認將整軍期間縮短為六個月。明（三十）日為停戰期限屆滿之期，蔣先生預定期滿後即無協定，亦不採取軍事行動（如國軍被襲擊，則採取防衛行動）。惟今後形勢，國共關係不善化、則惡化。故予（王）意仍主成立協定；即令協定不能完全解決問題，亦可避免局勢之惡化。予意中共問題為一世界問題。在蘇聯與美國關係未明朗確定之前，我如與中共大決裂，蘇聯必利用美方對我之責難或猶豫，而公然助共。」[99]

王氏的分析，雖至準確，但也實在找不出更妥善的解決辦法。蔣氏以戰逼和之策，乃告失效矣。

---

[97] 周恩來，〈和平要靠人民的力量來獲得〉，一九四六年八月二十六日。《談判文選》，頁六一五。

[98] 《徐永昌日記》，民國三十五年六月二十九日。第八冊，頁二九四。

[99] 《王世杰日記》，民國三十五年六月二十九日。第五冊，頁三四二至三四三。

第五章
邊打邊談談判決裂

一、回頭再安關內

東北四平街戰役之後，蘇軍代表向中共東北局表示：中共如有能力在關內另闢戰場，以減輕東北壓力，陷美、蔣於被動，他們願意幫助中共從海上經山東轉運武器彈藥，而且要多少有多少。毛澤東幾乎馬上接受了蘇方的建議，不顧關內停戰令，指示山東共軍發動「報復作戰」。[1]

因此，在六月間的談判和停戰期間，關內已經開打了。到了七月以後，表面還是該判，實際大打，也就是拖中大打。[2]

六月八日，即第二次停戰令生效之次日，山東共軍猛攻德州、泰安、周村、大汶口等地。[3]於十日攻佔之，並集結五萬餘人於青島外圍，十萬人於濟南外圍，準備圍攻青、濟。[4]

國防部於十一日宣布：七日正午十二時停戰令生效以後，東北共軍

---

1 楊奎松，《中間地帶的革命》，頁五〇五至五〇六。

2 周恩來，〈一年來的談判及前途〉，一九四六年十二月十八日。《談判文選》，頁七〇九。

3 《事略稿本》（六六），民國三十五年六月八日。頁六二。

4 《事略稿本》（六六），民國三十五年六月十日。頁七四。

猛烈攻擊國軍，並向山東全面及河北、山西各省交通線發動猛烈攻勢。」[5]同時，濟南軍區司令官王耀武六月十二日的報告說：

> 「共軍此次在山東全境各地，發動之攻擊，總共兵力在十五萬以上。截至本（六）月（十一）日止，張店、周村、膠縣、藍村等處，已先後失陷。泰安、德州，已陷於情況不明之狀態。聊城、高密，亦已入於最嚴重階段。此種計劃，出於延安之策動無疑。[6]

山西方面，閻錫山之報告，謂自六月七日停戰令頒布後至二十四日，共軍攻佔城鎮有聞喜、朔縣、絳縣，及莊鎮等一〇七個之多。更集中重兵，企圖圍攻大同。[7]

京滬記者一般多認為打不可免；但打後經濟必混亂，不能長期打下去。民主同盟人士的態度比中共還要激烈，主張強硬，堅決不讓，要打便打，願與中共共患難。認為打對國民黨不利，因為國民黨上面貪汙腐化，下面民不聊生。國民黨區域內有數千萬難民無飯吃。美國有些報刊亦在批評國民黨，說內戰有利於共產黨，不利於國民黨。京滬杭等大城市人民，普遍反戰，不滿國民黨之情緒，日益增長，不滿美國之情緒，亦開始發生。中共認為他們的解放區自日本投降後，已發生了很多變化，地盤擴大了兩倍至三倍，人口增加一倍半，軍隊主力由分散而集中，戰鬥技術提高。土地問題解決，根據地更加鞏固。沒有了日本人，不管美國人怎樣幫助國民黨，都比不上日軍戰鬥力。[8]

戰爭既不可避免，美國對中共的利用價值，顯已不甚重要。在蔣拿

---

5 《事略稿本》（六六），民國三十五年六月十一日。頁八九。

6 《事略稿本》（六六），民國三十五年六月十二日。頁九〇至九一。

7 《事略稿本》（六六），民國三十五年六月二十四日「閻錫山電呈」。頁一七六至一七七。

8 中共〈中央關於時局近況的通報〉，一九四六年六月二十八日。《中共文件》，第十六冊，頁二一九至二二一。

下長春後，據周恩來之觀察，認為馬、蔣區別（分歧）日益縮小，「東北案係馬提，關內案係蔣提，馬並非完全反對」。「因此，美馬作用亦值得重新估計。」[9]

中共中央於六月二十二日發表聲明，抗議美國國務院六月十四日向國會提出的對華軍事援助法案，說「實際上只是武裝干涉中國內政」。[10]指示各地黨委，說是「美國對華軍事干涉，已日益露骨」，要他們動員群眾，舉行示威大會，要求撤回駐華美軍。[11]

對於馬歇爾，不要公開說他好，也不要公開說他不好，在談判中，仍須經過他來緩和局面。[12]就是說：暫時還有一點利用價值。

七月七日，延安中共發表《「七七」九週年紀念宣言》，對美攻訐。次日，俞大維部長向蔣面報與馬歇爾談談情形。謂馬對共黨宣言肆意攻擊美國，甚感不懌。[13]

蔣記曰：

> 「馬氏對共已無希望，且已生惡感；希望國府與彼合作，使其任務不致失敗；一方面希望國府勝利統一，另一方面絕對不願國府用軍事解決中共；彼之最大心病，甚恐引起全面內戰，兵連禍結，俄國干涉，發生第三次世界大戰也。」[14]

七月二十九日，自天津至北平之美軍陸戰隊官兵三十餘人，行經香

---

9 《周恩來年譜》，一九四六年六月十八日。頁六七四。

10 毛澤東的聲明，一九四六年六月二十二日。《中共文件》，第十六冊，頁二〇八。

11 中共〈中央關於動員群眾的指示〉，一九四六年六月二十四日。《中共文件》，第十六冊，頁二一六。

12 中共〈中央關於對美鬥爭的指示〉，一九四六年七月六日。《中共文件》，第十六冊，頁二三〇。

13 《事略稿本》（六六），民國三十五年七月八日。頁三一〇。

14 《蔣介石日記》，民國三十五年七月十四日。

河縣之安平鎮，受到共軍的襲擊，美軍死三人，傷十七人。中共此一行動的動機，據蔣之判斷：蓋在製造事變，以策應國際共黨，迫使美國撤退駐華軍隊之宣傳也。[15]馬歇爾對安平事件，持以忍耐態度，避免事態擴大，妨礙其調解使命，但其調解工作，已倍增困難。[16]

關內國共兩軍之大打，是自七月十三日全面戰爭開始，而至十月十一日國軍進佔張家口為止。在此之前，雖有衝突，只是局部的，雙方都指責對方「違反停戰令」。國方說：自停戰令頒佈後，至五月二十日止，共軍攻佔城鎮二八處，包圍城鎮五三處，襲擊國軍地點一三七處、七四四次，破壞交通六六次。[17]共方說：在同一時期內，國民黨軍隊向關內外各解放區進攻三六七五次，強佔村鎮二〇七七個、縣城二六座。[18]

雙方雖各執一詞，但也近乎事實。

大打之前一日（七月十二日），周恩來致電中共中央說：

> 「蘇北大戰即將開始，國民黨部隊由徐州向南、津浦線向東、江北向北，三面同時開始以武裝難民作先鋒，先求解決蘇北後，再打通津浦、平漢等。」[19]

國方軍隊進攻的方向如下：

⑴第三方面軍司令湯恩伯（旋由李默庵接任稱第一綏靖區司令）率十五個旅十二萬人，沿長江北岸向蘇中進攻。

---

15 《大事長編》，民國三十五年七月二十九日。卷六，上冊，頁二二六。

16 《蔣介石日記》，民國三十五年八月五日。

17 中國國民黨中央委員會黨史會編，《中華民國重要史料初編：第五編——中共活動真相》（四）。民國三十五年六月一日〈軍委會發言人談話〉。頁四二〇。（以下簡稱《中共活動》）

18 〈中共代表團發言人談話〉，一九四六年六月十四日。《中共文件》，第十六冊，一九〇至一九一頁。

19 《周恩來年譜》，一九四六年七月十二日。頁六八一。

⑵徐州綏靖公署主任薛岳率三十五個旅，以主力向徐州以東、一部向徐州以西進攻。

⑶鄭州綏靖公署主任劉峙率三十個旅，向豫東及隴海線以北進攻。

⑷西安綏靖靖公署主任胡宗南率十八個旅，向晉南等地進攻，及在澠池、西安等他佈防。

⑸在陝南、鄂西、鄂中、鄂東，對付共方中原軍的計十四個旅，分屬胡宗南、程潛、劉峙三人指揮。[20]

以上計為一一二個旅。此外晉、綏、冀及山東的閻錫山、傅作義、孫連仲、王耀武等部不計。

開戰初期，國方失利，據國防部參謀次長劉斐八月十四日之報告：

> 「自七月十三日開始全面戰爭，開始由蘇北起，共軍先攻我泰興，我軍死傷過半。我方反攻，他們便擴大戰爭，從徐州至大同、太原、同蒲路，都有戰爭，膠濟路是早有戰爭。蘇北共軍在如皋包圍我軍王鐵漢部，其參謀長被俘。[21]共軍共有兩種，一為正規軍，一為土共，正規軍和土共各一半，作戰互相配合，退卻時土共不退，到處騷擾，我軍只好停止軍事行動，來肅清土共。共軍攻東台，我軍四十七旅，原本戰鬥意志甚低，一被攻擊即垮。」

> 「運河洪澤湖西北，津浦路以東，宿遷以南等地共軍，為配合作戰，出動魯南部隊三萬餘人，包圍我九十九軍一個旅，我軍死傷過半。魯西、豫北地區，劉伯誠（承）部二、三萬人配合當地土共二、三萬人，向隴海路進攻。共軍中以劉最強。現在考城、民權、

---

20 中共〈中央關於軍事形勢的指示〉，一九四六年九月十一日。《中共文件》，第十六冊，頁二九二至二九三。金冲及《轉折年代——中國的一九四七年》，（北京：三聯書店出版，二〇〇二年），頁四二。

21 《毛澤東年譜》，一九四六年七月二十二日，記為「師長王鐵漢被俘」。下卷，頁一一三。

商邱，分成三個縱隊，每縱隊有基幹三團，土共六團，總共二十七團。隴海線上有我六個旅，因為要守鐵道線以外據點，兵力非常分散。據報共軍有九萬人；判斷至少六萬人。隴海線關係平漢、津浦、膠濟各線，不但影響蘇北戰事，也影響原定作戰計劃。」[22]

蘇北戰役開始後，蔣於七月十四日離南京飛廬山。十六、十八日，國軍從蘇皖之南、北、西三線向共軍進攻。[23]

蘇北戰役共方指揮官是華中野戰軍司令員粟裕，率兩個師和兩個縱隊共十九個團（後增三個團，二十二個團），約三至四萬人。國方的指揮官是第一綏靖區司令李默庵，於七月九日召開作戰會議，決定十三日發起攻擊。不料其作戰計劃，第二天，就被中共方面獲得，並擺到馬歇爾的辦公桌上。[24]

粟裕當即決定先發制人，於七月十日，主動攻擊位於宣家堡和泰興的國軍整編第八十三師的兩個團。該師原番號為第一百軍，師長李天霞，美械裝備，中央嫡系部隊。共軍用兩個旅六個團去打兩個團，於六小時內殲滅之，殘留不到一個營。繼宣、泰戰役之後，續有如皋等六次戰役。從七月十三日到八月二十七日結束，在四十五天作戰中，國軍六個旅和五個交警大隊被殲，共五萬多人。共軍傷亡一萬五千人。[25]

中共方面的打法，毛澤東以中央軍委名義指示各戰區負責人說：

---

22 劉斐在國防最高委員會的事事報告，民國三十五年八月十四日。《國防最高委員會第二〇二次常務會議速紀錄》。國民黨黨史會藏。

23 《周恩來年譜》，一九四六年七月十三日。頁六八一。

24 楊奎松，《國民黨的聯共與反共》，頁六四七。原引李默庵《世紀之履——李默庵回憶錄》，（中國文史出版社，二〇〇五年）。二五七頁。

25 金冲及，《轉折年代——中國的一九四七年》。頁四三至四六。楊奎松前書謂殲國軍五個旅四萬餘人，共軍傷亡一萬六千人。《周恩來年譜》，一九四六年七月十三日。謂殲國軍五萬餘人。頁六八一。

「蔣軍經過整編，其戰鬥力一般加強，我軍對其作戰時，必須取集中優勢分割殲滅方針，其比例為三對一或四對一；否則不易解決戰鬥。欲速不達，無好打之機會時，寧可遲幾天，等待機會。」[26]

「凡無把握之仗不要打，打則必勝；凡與正規軍作戰，每戰必須以優勢兵力加於敵人。殲其一部，再打另一部，再打第三部，各個擊破之。」[27]

進至九月以後，國軍攻勢漸趨順利，據參謀總長陳誠九月二十五日的報告，是時蘇北、隴海路、晉綏冀熱察三個地區作戰情況如下：

「蘇北方面：九月十五日起，分別進攻泗陽、淮陰、淮安後，蘇北共軍即被各個擊破，殲其一個師及三個縱隊，以及警衛團、騎兵團、憲兵團。擊潰的有四個師的一部或全部。他們失敗的主要原因，為其戰略上的錯誤，與我陸、空軍聯絡得很好；而最大原因是其決堤，反而造成其本身增援與退卻的不可能，以致有一師和二個縱隊被我軍消滅。」

「隴海路方面：共軍自晉南調來劉伯誠（承）三十七個團（按：劉斐的報告是二十七個團），策應徐州作戰，適我在徐州集中三個軍，其中三個團由鄭州經過開封，而共軍有三個旅到了開封附近鐵路以南，再向西北運輸，剛巧我軍有一個團自鄭州到達開封，守住了開封。隨後又有兩個團到達，並有徐州的兩個軍西進，遂消滅劉部八千多人。共軍向北撤到荷澤，因我第三軍（師）指揮不當，致傷亡三分之二。劉部傷亡在四萬餘人。」[28]

---

26 《毛澤東年譜》，一九四六年七月二十八日。下卷，頁一一六。

27 《毛澤東年譜》，一九四六年八月二十二日。下卷，頁一二四。

28 陳誠在國防最高委員會的軍事報告，民國三十五年九月二十五日。《國防最高委員員二〇五次常務會議速紀錄》。

惟據共方資料，隴海路戰役雙方損傷情形，則與陳誠的報告，頗有出入。共方說：劉伯承九個旅的兵力，在定陶（荷澤近南）地區對孤立的第三師進行圍殲，從九月三日到八日戰鬥結束，共殲國民黨軍四個旅一萬七千人，其中俘虜一萬二千人，俘獲中將師長趙錫田。共軍傷亡三千五百人。[29]

晉綏冀熱察邊區方面：陳誠說：我軍是解大同之圍，傅作義派軍佔領卓資山，一部指向察邊。共軍為阻傅軍，進攻集寧，被擊斃二萬多人。其失敗為各役所少見。共軍遂分三路潰竄，蕭克竄至山地，賀龍竄至張家口，聶榮臻向北竄去。[30]

傅部很快佔領張北，共軍將領初不置信，照常看戲。迨傅軍於十月十一日進入張家口時，共軍一槍也沒有放。[31]

從七月十三日蘇北大打開始，到十月十一日國軍進佔張家口為止，為時三個月，雙方各自總結「戰果」，國方是以攻城略地的多寡為標準，共方是以殲滅敵人的多寡為準標。

國方的「戰果」如下：

開戰之前，共軍佔領的縣城計三八六座，作戰後，收復一一九座，佔三分之一弱。收復的地區為：

山西省：共軍佔據之六三縣，收復一五縣。

山東省：共軍佔據之一〇二縣，收復二三縣。

河北省：共軍佔據之九四縣，收復一六縣。

河南省：共軍佔據之一九縣，收復一二縣。

江蘇省：共軍佔據之三〇縣，收復二一縣。

安徽省：共軍佔據之八縣，收復八縣。

察哈爾省：共軍佔據之一六縣，收復七縣。

---

29 金冲及，《轉折年代──中國的一九四七年》。頁四九。

30 陳誠在國防最高委員會的軍事報告，民國三十五年十月十三日。國防最高委員會第二〇八次常務會議速紀錄。

31 陳誠在國防最高委員會的軍事報告，民國三十五年十月二十三日。

熱河省：共軍佔據之一五縣，收復九縣。
綏遠省：共軍佔據之八縣，收復八縣。
陝西、甘肅、寧夏省：共軍之二一縣，未收復。[32]

共方是以殲敵多寡為標準。毛澤東說：「我們方面一城一地之得失，無關大局。主要任務，是殲滅敵人的有生力量。」[33]

依此標準，毛澤東總結三個月（七、八、九）的「戰果」是：

> 「向解放區進攻的全部正規蔣軍，除偽軍、保安隊、交通警察部隊等不計外，共計一九〇幾個旅，而此一九〇幾個旅中，過去三個月內，已被我軍殲滅二五個旅。
>
> 被我殲滅的二十五個旅中，計湯恩伯（原為李默庵）七個旅，薛岳二個旅，顧祝同（原為劉峙）七個旅，胡宗南二個旅，閻錫山四個旅，王耀武二個旅，杜聿明一個旅。受我嚴重打擊者，有杜聿明、湯恩伯、顧祝同、閻錫山；受我初步打擊者，有薛岳、胡宗南、王耀武。所有這些，都證明我軍能夠戰勝蔣介石。」[34]

二、為宣傳而談判

（一）教育第三方面人士和人民

從一九四六年七月國共在蘇北的大打，到十月間國軍進佔張家口，

---

[32] 國防部《共軍侵佔縣城概見表》，民國三十五年十月十五日調製。《戰後中（三），三五三至三五六頁。

[33] 《毛澤東年譜》，一九四六年十月十日。下卷，頁一四一。

[34] 毛澤東，〈三個月總結〉，一九四六年十月一日。《毛澤東選集》，（北京：人民出版社出版，一九九一年）。第四卷，頁一二〇五至一二〇六。

為時三個月，是國共邊打邊談時期。共方的談判方式，則由消極的爭取停戰時間，進至積極備戰時期。其方式，是「堅持政協路線」，「把談判作為教育人民的工作」。亦即周恩來所謂：我們把對方不願解決問題，告訴人民，用以教育人民。[35]使「中國共產黨的和平民主方針，與蔣介石的獨裁內戰方針」，經過談判，「為群眾所認識。」因此，「和平雖不可能，但為了教育人民，談判是必須的。」[36]

同時，周氏也要第三方面人士得到教育，使他們懂得談判不會有結果，就同意他們去調解。因為他們內部的大部分人士很動搖，想來個折衷方案，解決問題，希求和平，不一定是聽共產黨的。[37]

周氏此種談判方式，馬歇爾對葉劍英說：「周將軍（恩來）最近幾個月來（按指七至十月），並不是為談判而談判，而是為宣傳而談判。」[38]

根據周恩來的分析，第三方面總是不斷的動搖，因為國方二陳（果夫、立夫）、陶希聖等，堅持要開國大。因此，第三方面就發生了分裂的局面，青年黨與民社黨參加國大，早在意中，張君勱（民盟中的民社黨）極端動搖，胡政之自稱內外夾攻、左右為難，黃炎培加上一句「天人交戰」。另外還有幾種人，如陳銘樞反蔣而不進步；梁漱溟、黃炎培、章乃器等自有立場，不願投蔣，但動搖不定。同時第三方面也不斷新生，如聞一多、馬敘倫、馬寅初、張炯伯，學習求進步，聯繫群眾。同時，昆明、北平、上海，都新生了第三方面的群眾領袖。因此，周之爭取動搖分子目的，在教育群眾。[39]

---

35 周恩來，〈一年來的談判及前途〉，一九四六年十二月十八日。《談判文選》，頁七〇九。

36 《周恩來年譜》，一九四六年十一月二十一日。頁七〇六。

37 周恩來，〈一年來的談判及前途〉。《談判文選》，頁七一〇。

38 周恩來，〈一年來的談判及前途〉。《該判文選》，頁七〇九。

39 周恩來，〈談判使黨贏得了人心〉，一九四六年十一月二十一日，《談判文選》，頁六九八。

為何要以談判來教育群眾？依周恩來之說，要使中共的「和平民主方針與蔣介石的獨裁內戰方針被群眾所識識」，同時也要使「群眾對美覺悟」。因為抗戰初期，群眾對中共的認識，只重抗日，並認過去暴動政策為錯誤，他們到延安去，亦多自民族立場出發。現在則不同，「共產黨抓住獨立和平民主的旗幟，而與賣國內戰獨裁的國民黨相區別」。由抗戰初期左右之分，變為是非好壞之分。至於美國方面，因群眾對美幻想很大，但自中共六、七月間發出聲明，指出「美國對華軍事援助的實質，是武裝干涉中國內政」，以及「蔣介石反動派繼續獨裁和內戰的根本原因，是美國反動派的軍事干涉」以後，「群眾對美覺悟，已普遍得出乎意外。」[40]

這是「教民作戰」，預設「倒蔣」、「反美」的作戰目標。

（二）中共之政協路線

周氏所謂的政協路線，也就是毛澤東的《論聯合政府》的路線，是他們長期的奮鬥目標。為什麼叫政協路線而不叫政協決議呢？周說：政協決議已被國方破壞，如果將來再談判，共方決不承認過去的國大等等。所以決議可變，但路線不變，即黨派協商、共同綱領、聯合政府不能變。[41]只要抓住這個路線，標榜和平、民主、團結、統一方針，而以武裝鬥爭為根本，用以戰勝蔣介石集團。[42]

蔣在六月的談判失敗後，仍於七月二日找周恩來直接談判，談得最多的是蘇北問題，一再重復蘇北對南京的威脅，說這個問題解決以後，再談國大等問題。周沒有鬆口。當晚，周恩來約同王世杰、陳誠等再談這個問題，王承認按照在政協決定的原則，先改組政府，實施共同綱

---

40 周恩來，〈談判使黨贏得了人心〉。《談判文選》，頁六九五。及頁七五八註文。

41 周恩來，〈談判使黨贏得了人心〉。《談判文選》，頁七〇六至七〇七。

42 《周恩來年譜》，一九四六年十一月二十一日。頁七〇六。

領，然後再解決有問題的地方政權，舉行民選。[43]王說：政府對東北若干省，已允可暫時不照一月十日之停戰協定接收，中共對蘇北問題，必須讓步。周堅決不允。致無結果。[44]

蔣氏顯然不願再拖下去，未與有關人員商量，即經由國防最高委員會決定於十一月十二日召開國民大會。王世杰建議先確定召集辦法，再行宣告日期，希有緩衝餘地，未被接受。[45]

周恩來即向馬歇爾表示：十一月十二日召開國大很突然，等於政府又投下一顆炸彈。政府現在的作法，片面的召開國大，不顧開政協，這不合乎政治民主化、軍隊國家化了。這和你（馬）初來的談話，政協協議，以及杜魯門總統聲明的精神相違背。[46]

此乃周氏「政協路線」的使用，用以捆綁國民黨也。同時，周恩來也向美國哥倫比亞大學教授斐斐說：

> 「美蘇關係的不好，常影響到中國的內政，這是事實。但從中國的立場看，並非沒有辦法可以自處了。如果國民黨的政府是聰明的話，它應該自動地負起橋樑的作用，不要甘心地做一國的工具。或者如果中國的國民政府改組成聯合政府了（按照政協那樣去做），與一切盟國都保持友好關係，則中國不致完全受一國的影響，不能自拔，而且可以反過來積極影響國際間的合作。」[47]

周氏之言，雖是宣傳「政協路線」，卻完全像個自由主義者。人民

---

43 周恩來，〈政府已在各地擴大軍事行動〉，一九四六年七月三日。《談判文選》，頁五一一。

44 《王世杰日記》民國三十五年七月二日。第五冊，頁三四五。

45 《王世杰日記》，民國三十五年七月三日。第五冊，頁三四五。

46 周恩來，〈國民黨單獨召開國大日期違反政協協議〉，一九四六年七月五日。《談判文選》，頁五一六、五二〇。

47 周恩來，〈中國不要成為一國的工具……〉，一九四六年七月九日。《談判文選》，頁五三五。

聽了，定會很贊同；但也會覺得國民黨很不對。

三、馬歇爾八上廬山

為求僵局之打破，馬歇爾與王世杰等連日和周恩來商談。認為僵局之所在，是由於政府要求中共退出蘇北行政。[48]王曾兩次向蔣進言，先就已商定之交通等問題成立協議，不必堅持要求中共軍撤出蘇北。蔣不同意。[49]馬歇爾方面之策士，對於中共區域行政問題，有主張用選舉方法暨由聯合國或美國監視者。蔣甚憤憤。[50]

馬歇爾自調解東北問題以來，顯已無能為力，影響力大非昔比。周恩來亦認為「美馬作用亦值得重新估計。」[51]。馬亦感到他的任務困難，乃向其國務院建議，以司徒雷登（John Leighton Stuart）為駐華大使，助其工作。蔣頗不喜其人，以其人無定見徒趨時尚也。惟照國際慣例，亦殊難拒絕之。[52]

按美方曾內定以魏德邁為駐華大使，蔣亦表示歡迎。[53]但據《華盛頓日報》社評，因魏出身軍人，且與蔣關係親密，為避免中共反對，故臨時改任司徒雷登為駐華大使。[54]

據馬歇爾自述，他建議以司徒為駐華大使，乃「因委員長完全為左右軍政右派所包圍，中國局勢日見惡化。我（馬）遂感覺需要一位美國人，人格高尚正直，在中國服務多年，助我調處工作。」[55]

---

48 《王世杰日記》，民國三十五年七月九日。第五冊，頁三四八。

49 〈陳布雷對王世杰寒電之意見〉，民國三十五年八月十七日。《戰後中國》（三），頁二一一。

50 《王世杰日記》，民國三十五年七月十一日。第五冊，頁三四九。

51 《周恩來年譜》，一九四六年六月十八日。頁六七四。

52 《王世杰日記》，民國三十五年七月八日。第五冊，頁三四八。

53 《事略稿本》（六五），民國三十五年五月十八日。頁五四七。

54 《事略稿本》（六六），民國三十五年七月十五日。頁三五〇至三五一。

55 梁敬錞，《馬歇爾使華報告書箋註》，頁三〇六。

但司徒此人，似甚迫不及待，尚未到職，即於七月十六日到中國外交部訪問，並對中國內政發表談話。國府中人頗不滿。[56]

自七月中旬起，國軍在膠濟路沿線及蘇北地區，與共軍大衝突，戰事有燎原之勢。[57]蔣自七月十四日起偕夫人往駐廬山，一直到九月二十一日離牯嶺去南昌，二十六日回南京。這段期間，是在全力指揮對共作戰。馬歇爾和司徒雷登調停其間，八上廬山，兩方奔走。八次登廬的時日及其活動如下：

第一次：七月十八日，馬與新任駐華大使司徒雷登到廬。蔣自記談話經過曰：「馬歇爾謂，彼對周恩來已不能置信矣！又民盟部分人士為昆明發生李（公樸）、聞（一多）被刺案，心懷疑懼，竟託馬歇爾、司徒雷登轉告彼等生命已無保障，談判難以繼續云。」

十九日，蔣與司徒會談，告以共軍如不能統編為國家軍隊，則中國民主政治之障礙，無法消除。次日，又告以政協決議仍屬有效，待共方停止攻勢，方得實施。[58]

第二次：七月二十六日，馬由京來廬。行前，周恩來向馬提出解決目前局勢兩項辦法：⑴馬上實行全面長期無條件停戰。⑵改組政府，按照政協原則，處理地方行政。[59]

蔣認為各地共軍大部分為國軍阻截，周氣沮，故又醞釀恢復和談也。[60]

馬歇爾回南京後，周恩來對馬說：「前天（七日三十日）你（馬）回來後，我（周）想會有很多人來見你，所以沒有來。實際情形很嚴

---

56 《王世杰日記》，民國三十五年七月十六日。第五冊，頁三五一。

57 《王世杰日記》，民國三十五年七月十五日。第五冊，頁三五一。

58 《大事長編》，民國三十五年七月十八至二十日。卷六，上冊，頁二二〇至二二一。

59 《周恩來年譜》，一九四六年七月二十六日。頁六八四。

60 《大事長編》，民國三十五年七月二十六日。卷六，上冊，頁二二四。

重，我簡單說一下。」[61]⑴立即宣佈全國停戰。⑵派執行小組到衝突地區。⑶軍事、政治問題一道解決。如被拒絕，證明政府要擴大內戰。[62]

第三次：八月四日，馬來廬，向蔣報告與周恩來八月一日在京談話經過。蔣允由司徒雷登續與中共交涉。照六月三十日以前所談之條件，作為最後之條件，以示政府不拒調解也。又囑秘書沈昌煥告知司徒：「所商談對共黨交涉之條件（即下述五條件），為政府最大限度讓步。如共方有一不能同意，則應斷然中止談判。」[63]

八月六日午，司徒自廬山回南京，約周恩來晚餐，談五小時。司徒上山原定向蔣提議一面停戰，一面改組政府。蔣僅同意司徒提議先成立一非正式小組，由司徒及國共雙方商談改組政府。

但在商談前，中共必須接受下列五條件：⑴讓出蘇皖邊區。⑵讓出膠濟線。⑶讓出承德與承德以南地區。⑷東北在十月十五日前，退至黑龍江省、興安省及嫩江省與延吉。⑸魯、晉兩省須退出六月七日後佔領地區。否則，停戰、改組政府，都無從談起。

司徒問周：有無商量餘地。周答絕對不能接受。周問：蔣何以如此無理，愈要愈多。司徒說：蔣說形勢已變。司徒問：和平無望，似非內戰不可了。周說：蔣要求無厭，故內戰責任應由蔣負之。最後周告訴司徒：蔣逼我條件，較馬折衝時尤苛，證明對司徒毫無好意，故出難題。[64]

八月六日，馬自廬返京，蔣為設宴，並談共黨問題，蔣自記所感曰：「彼於言次雖表示對共黨不能信任，惟於達成調解任務，則仍存奢

---

61 周恩來，〈安平事件應該進行調查〉，一九四六年八月一日。《談判文選》，頁五七三。

62 《周恩來年譜》，一九四六年八月一日。頁六八四。

63 《大事長編》，民國三十五年八月四、五、六日。卷六，上冊，頁二二九至二三〇。

64 周恩來，〈蔣介石的五條件要求絕對不能接受〉，一九四六年八月六日。《談判文選》，頁五八三。

望也。」[65]

據馬歇爾自述：

「我在牯嶺與委員長作坦白的談話，我先說司徒雷登博士與周恩來接洽，不得要領。周將軍以為五條件，使談判重回到六月三十日的僵局，且因其新增要求之苛刻，情勢轉惡。」[66]

第四次：八月十五日，馬四度來廬，行前馬曾與周恩來談話，周說：蔣的五個條件是內戰的路線，要停戰現在就停，否則必定大打。[67] 馬對蔣說：周意仍須全面停戰，改組政府；政府改組後，方得召開國大。共軍決不撤出蘇北。地方行政問題，重行選舉，須先商談選舉法。

蔣以中共一意曲從美國，無解決問題之意向。馬以為對共採取軍事行動，必將引起內戰，使國家陷於崩潰；如用政治商談，以求妥協，雖不能保證共黨不再叛亂，但較有和平之希望。並認為聯合政府如無中共參加，反促共黨擴大叛亂之決心。蔣問馬：政府如無中共參加，即不成民主政府乎？中共能否放棄武力奪取政權？能否不受俄國指揮？馬對蔣之所問則不重視，而一意要求立即停戰。蔣自記曰：「從未見有如此頑固者，可痛。」[68]

據馬歇爾自述：

「八月十九日，余與委員長又在牯嶺相會。在此會中，他對於時局重申前意。……他非待國府委員會案，得到雙方同意，不肯頒發停戰命令。他說此是政府最大之讓步，亦是冒險的一種舉動。我回答說，我不明白同意停戰，對政府有何增加之冒險；我的意見，

---

65 《大事長編》，民國三十五年八月八日。卷六，上冊，頁二三一。

66 梁敬錞，《馬歇爾使華報告書箋註》，頁三一八。

67 《周恩來年譜》，一九四六年八月十五日。頁六八六。

68 《蔣介石日記》，民國三十五年八月十六日。《大事長編》，民國三十五年八月十五、十六日。卷六，上冊，頁二三七。

適得其反。」[69]

蔣之堅持，似即受到美國之懲罰，十八日，杜魯門總統以行政命令，制止中國購買美國剩餘軍火。在此之前，馬已電請其政府，自七月份起，斷絕一切對華援助。[70]

而據周恩來之透露，由於美國「反動派主張公開援蔣內戰，中間派則主張不撤兵，馬不回（美國），繼續調解停戰、援蔣。美政府聲明不援助軍火，等於說仍援助物資。因此，馬、司（徒）乃於馬四上廬山時，重提從政治上談改組政府事。」[71]

是以蔣允先談改組政府，然後停戰。但周又認為是蔣欲取得更多美援，故告訴馬及司徒說：欲談組府，必須蔣承認談後停戰，放棄五項要求，及按政協組府。目的是揭穿蔣之「欺騙」，反對美之援蔣。[72]

蔣認為美之施壓，使共方態度更為強硬。自記所感曰：「共匪猖狂異（益）甚，美國壓力續增，艱難可云極矣！」[73]

馬氏以為：「委員長此際認為『只有武力是一解決辦法』之意見，則仍似乎甚為明顯。」[74]

第五次：八月二十四日，馬由京來廬。這是出於周的設計。周為拉攏司徒及其隨員傅涇波，證明拖、打責任，均在蔣方，故讓馬再上一次廬山，以揭穿蔣決不會放棄五項要求與立即停戰。如蔣再提要求，不作肯定答復。即得民盟擁護而談判，由聲明非立即無條件停戰與照政協辦

---

69 梁敬錞，《馬歇爾使華報告書箋註》，頁二三二。

70 《大事長編》，民國三十五年八月十八日。卷六，上冊，頁二三八。

71 周恩來，〈美蔣在三個問題上已得到一致意見〉，一九四六年八月三十一日。《談判文選》，頁六三四。

72 周恩來，〈揭露蔣介石拖中大打……〉，一九四六年八月二十七日。《談判文選》，頁六二八至六二九。

73 《蔣介石日記》，民國三十五年八月十九日。

74 梁敬錞，《馬歇爾使華報告書箋註》，頁三二九。

事，或重開政協談判，解決停戰、組府、自由、憲草、國大等問題。迨美國如再一面商談，一面援蔣，則更可暴露美之陰謀。再加以大力宣傳，造成輿論，逼美表態。[75]

這是周氏為宣傳而談判，以談判而宣傳也。

在周之設計下，馬向蔣提議組織五人小組，談政府改組問題，蔣原不贊成，經馬之力爭，始勉強同意。小組的人選是吳鐵城、張厲生（政府代表）、周恩來、董必武（中共代表）及司徒雷登（美方代表）。周乃以談好後，應立即停戰與放棄五條難之，並公開發表談話以宣傳之。

國民黨中宣部長彭學沛及吳鼎昌、吳鐵城等連續聲明，決不能接受中共所提兩點。周乃告司徒，說小組尚未會談，即告失敗，因國方毫無意於停戰，且仍欲以武力實現五條，一經會談，便可證明。到時我們（周）將聲明馬、司徒調解完全失敗，只有使執行部及其小組宣告解散。司徒聞言乃紅了臉，說果如是，我一定要以國家力量勸蔣。周認為：「只要馬、司不論從軍事上、政治上，都已無話可說，則一切責任自明，美國騙局再也繼續不了。」[76]

蔣記曰：「共黨叛亂，與反美行動，已如此猖獗，而馬歇爾氏猶不悟至此，不勝慨嘆！但為表示我對和平誠意起見，當仍勉允一試。」[77]

周之詭計多端，實玩馬、司徒於股掌之上。尤其是司徒，周認為他是「老實無用，說到無理時，就臉紅無話說。」[78]故易玩弄之。

第六次：八月三十一日，馬來廬，與蔣商談改組國民政府問題。蔣表示改組國府、召開國大及重行頒發停戰令三事，應同時解決。而停戰

---

75 周恩來，〈揭穿蔣介石拖中大打……〉《談判文選》，頁六二八。

76 周恩來，〈美蔣在三個問題上已得到一致意見〉。《談判文選》頁六三五。

77 《大事長編》，民國三十五年八月二十四日。卷六，上冊，頁二四一。

78 周恩來，〈談判使黨贏得了人心〉，一九四六年十一月二十一日。《談判文選》，頁六九七。

令乃為政府之最後一著，不能隨意使用。馬仍急於要求停戰。惟據司徒隨員傅涇波見告：共方仍堅持立即全面停戰與撤回五項要求，為先決條件，不可待政府改組成立時停戰。[79]

馬返南京後，偕同司徒於九月四日至六日三天，與周恩來連日商談，馬說：五人小組限於討論國府委員會問題。周表示：如不停戰，中共就不能提出國府委員成員名單。周說：再讓步一次，同意五人小組會談改組國府委員會辦法，商定辦法後，政府是否下令停戰及放棄五條要求。馬及司徒表示無法保證。周最後表示：不能再無限地忍耐，要求美、蔣明白表示態度。會後，馬七度飛廬。[80]

第七次：九月九日，馬到廬，為求獲得共方之妥協，主張五人小組及軍事三人小組同時進行。蔣曰：軍事三人小組如商停戰問題，則必須將六月三十日以前所商定之恢復交通與整軍方案，同時解決；且在下令停戰前，共黨須將其參加國府委員及國大代表名單，同時提出；否則不能下令停戰。[81]

據馬歇爾記述：「九月十日，余（馬）與委員長牯嶺會商後，返回南京。委員長於會談中，曾作一重要之讓步。渠謂國府委員會組成後，地方政權問題，可移送討論。」[82]這是中共的地方政權問題，可按政協決議解決。

馬回南京後，告知周恩來說：「地方政權之整個問題，可由國府委員會解決，至少蘇北地區，一定可以如此。」[83]即是說，蔣所堅持收回的蘇北地區，也不要了。

---

79 《大事長編》，民國三十五年八月三十一日、九月二、四日。卷六，上冊，頁二四四至二四七。

80 《周恩來年譜》，一九四六年九月四、五、六日。頁六九〇。

81 《大事長編》，民國三十五年九月九日。卷六，上冊，頁二四九。

82 梁敬錞，《馬歇爾使華報告書箋註》，頁三六八。

83 梁敬錞，《馬歇爾使華報告書箋註》，頁三七三。

以後數日，周和馬及司徒會談，周建議召開三人小組會議，商討停戰問題。又要國民黨保證，中共和民盟之國府委員須十四席。早日發布停戰令，否則就沒有召開五人小組會議之必要。[84]

這時，周的態度強硬起來了。致馬一份備忘錄，除歷述國民黨「違約背信」外，提出「最後通牒」式的警告：

> 「我（周）現以中國共產黨全權代表之地位，特向閣下、三人會議主席馬歇爾將軍提出直截（接）了當開門見山之辦法，請閣下立即召開三人會議，商討停戰問題。」[85]

第八次：九月十五日，馬最後一次來廬，向蔣詳述與周恩來商談經過，謂對共黨所提要求政府保證停戰一事，始終未允。蔣認為馬氏此一態度，尚屬難得。惟周仍堅持須先談軍事，重開三人小組會議，討論停戰問題。國府委員名額，共與民盟必須佔有十四席。蔣允十三席。[86]

馬於十七日回京時，周則先一日去滬，以示拒絕參加政治五人小組會議（談政治）。要求迅即召開軍事三人小組會議（談軍事）。[87]

馬與司徒經過八次的奔走，可謂徒勞無功。馬氏有一檢討，認為雙方之立場，無法調協。彼與司徒曾盡力藉五人小組之提案，以打開僵局，以導致於停戰，向委員長施以重大壓力，獲致蔣對吾儕提案之首肯，卻遭受共方之拒絕。共方之宣傳攻勢，係破壞吾儕努力之一因素。且由此而導致混亂與誤解，其中最尖刻者，則為共黨反對美國政府，及剩餘物資之轉讓。共方之猜疑歪曲，與不顧事實之真相，強加卑劣之目的於剩餘物資之交易，謂此欲助長中國之內戰。然此與事實，實完全相反。

---

84 《周恩來年譜》，一九四六年九月十日及十四日。頁六九一。

85 周恩來，〈內戰嚴重發展……〉，一九四六年九月十三日。《談判文選》，頁六四三。

86 《大事長編》，民國三十五年九月十五、十七日。卷六，上冊，頁二五四。

87 《大事長編》，民國三十五年九月二十七日。卷六，上冊，頁二五九至二六〇。

馬氏一向嚴厲指責國民黨，對共黨則較寬容。但這一批評共黨的文件，尚是少見。對於蔣及國方的批評，則至緩和，只是說政府在此時期之立場，較不穩定，政府首將戰爭之責任，歸於中共，因而堅持並無頒發停戰令之必要。似乎責任在蔣方。但對於委員長表示江蘇地方政權問題，可由國府委員會議解決，則不啻放棄五項條件矣。似有肯定之意。不過認為「政府之軍事進展，已使此五項條件之執行，多少成為既成之事實。」[88]，所謂讓與不讓，已無差別了。

就整體而言，馬之八上廬山，為蔣、周之間討價還價，蔣較寬鬆，周則堅持，是以無從談攏。乃因共方已有既定立場，志在談而不在和，是為宣傳而談判也。

四、周恩來斥責馬歇爾

九月二十一日，蔣離廬山去南昌，於二十六日回南京。此時對共作戰已取得優勢。蘇北國軍收復淮安（共軍蘇北根據地）。魯南收復台兒莊，山西大同解圍，熱河收復承德，綏東收復集寧，指向張家口。此為共方急求停戰之故也。

其情勢之嚴重，周恩來致馬歇爾備忘錄指出：自六月休戰談判中斷以來，國民黨在關內大舉進攻。在此三個月中，他們已進佔許多城市，除了攻佔中原、蘇北、皖北、山東、山西、河北、熱河等地區外，又聲言將攻佔承德、張家口和延安，果然不久即攻佔承德。周聲明：如果國民黨不立即停止對張口的軍事行動，中共不能不認為政府公然宣告全面破裂。[89]「只有立即停止進攻張家口，才有和平談判的餘地。」[90]

---

88 梁敬錞，《馬歇爾使華報告書箋註》，頁三八〇。

89 周恩來，〈不立即停止對張家口的進攻即表明政府宣告全面破裂〉，一九四六年九月三十日。《談判文選》，頁六五三至六五四。

90 周恩來，〈中國人民有力量戰勝……〉，一九四六年十月一日。《談判文選》，頁六六〇。

馬即向蔣申明：應即與共方協議無條件停戰。否則彼即建議杜魯門總統將其召回，並終止美國之調處工作。蔣約見司徒雷登，告以一俟張家口收復，即可自動宣告停戰。為此，馬、蔣爭論至烈。馬說：政府於六月談判中，曾應允將張家口劃歸共軍駐守，現國軍已收復承德及古北口，故現在張家口之戰略地位，較之本年六月已減少其重要性矣。[91] 馬以去留爭。兩人鬧彆扭，三日不見面。經司徒之勸解，蔣於十月六日約馬晤談，允馬之建議，下令對張家口休戰十日。在此期間，三人小組商談軍事問題，五人小組商談政治問題。[92]

為此，馬於九日自赴上海，邀周恩來回京商談。周不但拒絕回京，且斥責馬氏調處之不公。其言曰：

「你（馬）與司徒大使只在中共拒絕政府要求時，才發表聲明；而在政府拒絕中共要求時，則不發表聲明」。

「司徒大使參加談判，政府提出五點要求，等於破壞司徒大使的調處，你們那時又不發聲明。而在五項要求遭中共拒絕以後，你卻發出聲明了。」[93]

馬表示：共方既謂余調處不公，則余應退出調人之地位，遂於當日下午六時獨自返京。[94]

蔣對馬氏之受辱，頗有「幸災樂禍」與「報復」之心理。其自記曰：

「馬之飛滬訪周，希邀共黨之青垂，然竟為共黨無情拒絕，此

---

91 《大事長編》，民國三十五年十月一、二、四日。卷六，上冊，頁二六三至二七二。

92 《大事長編》，民國三十五年十月六日。卷六，上冊，頁二七五。

93 周恩來，〈蔣介石的兩條要求……〉，一九四六年十月九日。《談判文選》，頁六七一至六七二。並見《戰後中國》（三），頁二二八。

94 《事略稿本》（六七），民國三十五年十月九日。頁二七二。

其所受之打擊，在彼（馬）或以為比余（蔣）所受於彼者，更為難堪乎？乃彼始承認共黨已不容其調解，而遺棄不顧矣。」[95]

五、第三方面最後奔走的失敗

周恩來既對馬歇爾所提對張家口休戰十日之建議，加以拒絕，國軍遂繼續向張家口推進，共方則集結重兵，準備包圍國軍，而國軍傅作義部，以騎兵突行收復張北，再自張北南下，逕趨張垣，行動敏捷，使其無法拒抗。張家口遂於十月十一日收復。[96]

如此，可以斷絕共軍關內與關外之陸路聯絡，及關內共軍彈械之接濟。[97]蔣介石大為滿意，認為：

> 「張家口收復，察省底定，北門鎖鑰在握，一年來所最為憂慮者，至此始得解決。而內蒙局勢，亦因此轉趨安定。共軍竄竊之瑕隙，至此已大部遏阻矣。」[98]

張家口之收復，蔣即自動下令停戰，並決定由國府頒發國大召集令，以十一月二日為國大代表報到之日。這是不願與共方拖扯下去了。王世杰欲勸阻之，蔣以為此會既只制憲而不行憲，儘可不再顧慮反對。[99]

蔣繼於十七日發表關於中共問題之聲明，並由馬歇爾送交中共。聲明內容含有八款，此八款大都為中共原已同意者，或原為中共所要求者。其最要之點如：

---

95 《蔣介石日記》，民國三十五年十月十二日後「上星期反省錄」。

96 《事略稿本》（六七）民國三十五年十月十一日。頁二八〇至二八一。

97 《王世杰日記》，民國三十五年十月十一、十二日。第五冊，頁四〇五。

98 《事略稿本》（六七）民國三十五年十月三十一日「本（十）月反省錄」。頁四〇二。

99 《王世杰日記》，民國三十五年十月十二日。第五冊，頁四〇五。

⑴東北共軍及國軍應照六月間所擬定之駐地與分配，儘先實行。

⑵關內地方行政權問題，可交改組後之國府委員會解決。

⑶中共須於停戰令發佈之日，提出國大代表名單，以示願意參加國大。[100]

蔣又商得孫科之同意，由孫發表談話，敦勸中共接受蔣之八款。孫商得蔣之允許，由政府政協代表推邵力子、吳鐵城及雷震赴上海，邀請中共及其他黨派人士來京商談。[101]這是蔣在軍事勝利後，再次以戰逼和的嘗試。

中共方面，對於繼續談判，並不拒絕，只是談而不和。延安方面的指示是：

> 「在全國大打條件下，一切談判是為徹底暴露美、蔣反動面目，教育群眾。只要美、蔣一日不主動放棄政治談判，以欺騙群眾，則我亦不應主動對美、蔣宣告談判最後的破裂，使自己陷於被動。」[102]

因此，周恩來為了爭取說服第三方面的某些人士，及「揭露國民黨假談判真打的陰謀」，即同第三方面人士黃炎培等多人，於十月二十一日來到南京，準備繼續談判。[103]當日蔣即接見彼等。周向蔣表示，不能接受其八條。蔣告知王世杰，謂國府委員會可照政協會議改組，行政院須於國大會後改組。一切交孫科處理，即赴台灣。[104]

第三方面人士提出折衷方案，主張現地停戰，關外之長春鐵路由政

---

[100] 《王世杰日記》，民國三十五年十月十六、十七日，第五冊，頁四〇七至四〇八。

[101] 《王世杰日記》，民國三十五年十月十八、十九日。第五冊，頁四〇八至四〇九。

[102] 《周恩來年譜》，一九四六年十日十三日。頁六九七至六九八。

[103] 《周恩來年譜》，一九四六年十月二十一日。頁七〇〇。

[104] 《王世杰日記》，民國三十五年十月二十一日。第五冊，頁四〇九至四一〇。

府立即接收，東北共軍分駐於嫩江、合江、黑龍江三省。[105]

周恩來憤怒地責備他們，說這個方案是對中共「落井下石」。因此，第三方面人士即到孫科、馬歇爾處收回方案。事後周告知其同夥李維漢說：對中間分子，平時以說服教育為主，但在他們嚴重的動搖關頭，必須堅決鬥爭，糾正他們的動搖。[106]

說起來，這些第三方面人士，也只是希望解決問題，得到和平，而努力奔走。但共方只是為宣傳而談判，如此談判，怎會有結果？

但第三方面人士尚不死心，於十月三十日晚在孫科寓會談，到會者有民盟黃炎培、沈鈞儒、梁漱溟、章伯鈞、張申府、羅隆基、徐溥霖、蔣勻田，青年黨曾琦、李璜、陳啟天，無黨派代表莫德惠、繆嘉銘、胡政之等，政府代表除陳立夫外，王世杰、邵力子、張厲生、雷震等均到。首先由孫科說明政府之意見：⑴行政院須在國大閉會後改組。⑵憲草照從前所協議者。⑶地方政權問題，中長路沿線各縣市先由中央接收，其餘由改組後之國府委員會解決之。

孫之第二項說明，等於取銷國民黨二中全會的修改案；第三項即不提蔣之五條件（實際上，國方軍事之進展，已完成此條件）。似為國方最大的讓步。

但羅隆基報告中共方面之意見：⑴不能以提出國大代表名單作為停戰條件。⑵欲中共提出國大名單，須先改組國府，同時改組行政院；協議修正憲草；協議國大名額及開會日期。否則不能提出國大名單。關於停戰問題，須為無條件停戰。地方政權問題，不能以某一省城或縣城在國軍手中，即視為此全省或全縣之政權無問題。

羅之轉達共方意見，使問題更為複雜，而無從解決了。所以李璜表示：第三方面覺得奔走以來，已無力可盡，最好由政府代表與中共代表直接面談。王世杰問：「昨日見面時，諸君提出問題，希望獲致解決，

105 《王世杰日記》，民國三十五年十月二十八日。第五冊，頁四一二。

106 《周恩來年譜》，一九四六年十二月八日。頁七〇一至七〇二。

……何以各位今天忽轉而消極？」李璜答稱：「此乃有如連環，不能打開，即政府要先提國大名單，而中共要先改組國府及行政院。政府所要求者，中共做不到；中共所要求者，政府不許可。」曾琦說：「我索性說穿中共之隱衷，中共以為政府今日之停戰，是因冬令不宜於戰爭，騙得中共參加國大後，將來仍不免戰爭。」[107]

在第三方面人士調解不成之後，蔣於十一月二日考慮：「可否電約毛澤東來京之研究」。[108]並草擬致毛電文如下：

> 「延安毛澤東先生勳鑒：握別經年，想念殊殷。此一年來國事紛紜，靡有寧息。和平建國之始願，迄未達成。鋒鏑餘生之同胞，更增痛苦。興念及此，昕夕不安。中共駐京代表於政治協商會議以後，對各項實際問題，均未能與政府為具體確定之解決，致使枝節叢生，紛爭無已。遂時日遷延，國家蒙受巨大之損失，良堪悵惋！中〇（正）認未得從速解決紛爭，達成團結一致和平建國之目的，惟有賴於先生之來京一行，與中〇〔正）彼此罄談，面商一切。庶幾披瀝肺腑，增加諒解，促成問題之解決。國計民生，均所利賴。切望早日命駕，以便派機迎迓。不勝殷盼之至！蔣〇〇（中正）。」[109]

由此電文觀之，蔣氏謀和之意，至為懇切。此時正是蔣在軍事上取得優勢，可能認為「逼和」有達成之希望。惟此電未見發出，亦可能認為不為毛氏所接受。於此可見蔣氏陷於和戰兩難之境。

拖到十一月七日，距國大開會（十一月十二日）只有五天，談判尚

---

107 〈陳布雷上蔣主席報告政府代表與第三方面人士會談情形〉，民國三十五年十月三十一日。《戰後中國》（三），頁二三七至二三九。

108 《蔣介石日記》，民國三十五年十一月二日。

109 蔣中正致毛澤東電底稿，民國三十五年十一月。國史館檔案《蔣中正文物》，檔號 080104，第一四卷，08A01414 號

無結果。蔣於是晚約集王世杰等會商，王請蔣對和戰問題，應確定方針，並謂「政府決策應著重東北問題之解決，東北問題必須在最近三、四月內求一解決，無論為武力的解決，或和平的解決，斷不可延擱不決。」蔣謂當尋求和平解決之道，並允考慮由政府自動宣佈停戰。因於十一月八日發佈停戰命令。這是希望和談能夠繼續下去。

九日，王世杰等在孫科寓所與周恩來及其他黨派諸人，直接談話。中共仍堅持國大必須延期。會後，王向蔣建議：如彼方明後日提出國大代表名單，國大開會不妨延期開議。蔣認為有困難。[110]

十日，國、共及各黨派代表續行會談，名為「非正式綜合會議」。中共堅持國大須改期，行政院須於國大集會前改組。王世杰謂如中共能將國大代表名單立即提出，則可提請政府考慮延期數日。周恩來謂不能先提名單。會畢王語孫科，國大集會只餘一天，殆無協議之可能。青年黨曾琦、民主社會黨張君勱（民盟中一派）及無黨派人士擬即提出名單，參加國大。遂改定十一月十五日開幕。這是延後三天，以為緩衝。中共仍無參加之表示。[111]

各方仍作最後之努力，十二日，續行協商，共方代表表示：如不將國大暫行完全停止，則中共不特不願參加，且不願商談國大之事。[112]此時民盟人士章伯鈞、沈鈞儒、張申府已簽名參加國大，因周恩來之勸告，勾去簽名。[113]

至此，國共和談，乃告決裂。

十一月十三日，周恩來對馬歇爾說：「此一決裂，乃由政府而非由吾人（中共）所發動。整個問題，固繫於政府，而非繫於吾人也。」馬

---

[110] 《王世杰日記》，民國三十五年十月七、八、九日。第五冊，頁四一九至四二一。

[111] 《王世杰日記》，民國三十五年十一月十、十一日。第五冊，頁四二二至四二三。

[112] 《王世杰日記》，民國三十五年十一月十二日。第五冊，頁四二四。

[113] 《周恩來年譜》，一九四六年十一月十二日。頁七〇四。

不以為然，認為共方不能無錯，說共方有「一種錯誤的畏懼」，對國方的建議，及一切舉措，均不置信。[114]

周率中共代表團李維漢等一行十餘人於十九日，飛返延安。二十一日，與毛澤東、劉少奇在棗園談話。毛說：中國人民中間以及我們黨內都有打不打的問題，但這個問題現在是解決了，剩下的問題就是勝不勝。毛在這次談話中，第一次提出做打倒蔣介石的工作。[115]

馬歇爾的調處任務，至此可算終了。其失敗原因，魏道明和徐永昌有一評論如下：

魏：「渠（馬）來努力國共和解，本屬不可能之事。今日得此結果，雖云應有，亦必甚慍。吾人擬以渠失敗而去，蘇（聯）人必來；來必成功。蓋蘇人雖無善意，卻有地位力量，不似美之有善意，而無地位力量者。吾人處茲危局，亦祇有暫屈與和而已。

徐：「對馬之慍，應解釋以整個歐美國家不能左右蘇聯，馬翁如何能左右中共（原注：緣中共今日亦即蘇也）。伯聰（魏字）恐美國待我消極，故以蘇要之，至善。且恐為必然趨勢。似當老實告之。」[116]

魏氏之言，似非「空谷來風」，可能得自某方的訊息。即在馬氏退出調停之後的數日（十月十五日），俄使館人員向蔣經國要求：

> 「⑴希望國方懷疑美國對華政策。⑵希望對共黨從速停戰，否則將為美國所乘，將失卻自主地位。⑶中俄外交如能增進改善，則共黨關係可擱置一邊。⑷探詢蔣氏是否有訪俄之意。⑸表示俄方並未接濟中共。」[117]

---

114 〈馬歇爾與周恩來談話摘要〉，一九四六年十一月十二日。《戰後中國》（三）頁二四七、二五一。

115 《毛澤東年譜》，一九四六年十一月二十一日。卷下，頁一五〇至一五一。

116 《徐永昌日記》，民國三十五年十二月八日。第八冊，頁三四九。

117 《蔣介石日記》，民國三十五年十月十七日。《事略稿本》（六七），民國三十五年十月十七日。頁三二二至三二三。文句略與蔣之《日記》不同。

顯然的，可能由於蔣經國主動向俄方徵詢，而俄方有此要求也。蔣介石乃有如下之考慮：

要蔣經國再向俄方探詢：⑴問其如何著手改善中俄外交關係。⑵如何將共黨擱置一邊。⑶中國決不受任何國家之控制，必取自主與主動地位。[118]

遲至十二月二日，俄方始有回答。這天，蔣經國向蔣報告與俄使館人員談話經過，說俄方「故意」表示：

> 「⑴中國政府如能不親英美，則俄亦不扶助中共。⑵政府軍隊如進攻延安，則中共總部必遷往東北。⑶中俄兩國有關東北之協定，希望早日實行；並應先由簽訂經濟協定著手。⑷希望政府對中共能迅謀妥協。」[119]

俄方上項條件，顯然徵得中共的同意，自非蔣氏所能接受。蔣曰：「此乃俄國與中共最近之企圖也」。[120]

蔣之親美而遠蘇，美是成事不足，蘇是破壞有餘。反之，搞好對蘇關係，國共和解，或較美馬調解為有效也。但蘇之條件，直要蔣氏屈伏，亦非蔣氏所能接受。美則口惠而實不至，只是一味對蔣施壓。蔣氏處境，可謂難矣！

六、和談決裂原因之檢討與評析

戰後國共和談，從一九四五年八月二十八日重慶會談，到一九四六年十月由第三方面人士的調解，為時一年又兩個月的談判，爭論不息，糾纏不清，無非是圍繞著和與戰問題在打轉。概括言之，馬歇爾是以和

---

118 同上《蔣介石日記》。並同上《事略稿本》，頁三二三。

119 《事略稿本》（六八），民國三十五年十二月二日。頁一一至一二。

120 《事略稿本》（六八），同上日期。頁一二。

避戰，蔣介石是以戰和逼和，但卻戰而不決，和則無成。毛是戰而不和，以及談而不和，準備決戰。從一九四六年一月十日到同年二月二十五日，由停戰令的頒佈、政治協商會議的舉行，以及整軍方案的簽訂，由於蔣、毛接受馬之調解，所以馬之以和避戰的進行，至為順利。但其結果，祇是紙面上的協議，並無助於避戰也。

但蔣、毛對於馬之調處工作，並非沒有意見。蔣認為馬「對我國內情形及中共陰謀，並無了解，終將誤大事也。」對於馬氏所提意見，蔣則認為過於偏袒共方。[121]且認為馬氏「已完全為共黨宣傳所迷惑矣」。[122]

但對馬也有肯定之處，謂其「懷柔中共，以求得共軍之就範，使整編軍隊問題得以和平解決。」[123]惟其整編方案，乃紙上談兵耳！

毛澤東則認為馬之「懷柔」中共，是「放長線」，蔣也跟著「放長線」。所謂「放長線」，是為「釣大魚」。所以毛說：放半年，我們就會忘了黨歷來的路線。即是忘了「打倒法西斯殘餘勢力和資產階級中的反革命，那就危險得很。」[124]

對於整軍方案，毛說：「美國和蔣介石要以全國軍隊統一來消滅我們，我們要統一，而不被消滅。」[125]其法，就是表面配合，暗中抵制。

到了一九四六年三、四月間，蘇軍自東北撤退，國共兩軍為爭奪接收，再起衝突，馬氏以和避戰策略便告失效了。此時馬氏返美述職，[126]由吉倫將軍代理其職務，力圖挽救，雖有三月二十七日東北停戰協議的成立，並未能達成停戰的效果。迨馬於四月十八日回到中國。中共已隨蘇軍之撤走，奪取國方已接收的四平街和長春。蔣於是月二十八日與馬

---

121 《大事長編》，民國三十五年一月二十二日。卷六，上冊，頁二四。

122 《大事長編》，民國三十五年二月二十五日。卷六，上冊，頁五八。

123 《大事長編》，民國二十五年三月三十一日。卷六，上冊，頁九〇。

124 《毛澤東年譜》，一九四六年三月十五日。下卷，頁六一。

125 《毛澤東年譜》，一九四六年二月十二日。六卷，頁五七。

126 據梁敬錞，《馬歇爾使華報告書箋註》，馬係自己請求回國，並非杜魯門電召（據美國國務院檔案記載）。頁一四五。

商討東北問題，達五小時之久，察覺馬氏之心理及態度：「時現恐懼與無法應付之情態」，「一惟共黨之要求是從。」蔣認為馬的「消極與懷柔方法」，已經無效了。[127]

也就是說，馬的以和避戰之策失效了。馬雖仍然堅持其消極與懷柔方法，但蔣則自行其道，乃行以戰逼和之策。因於五月十九日拿下四平街，二十三日進佔長春。蔣認為他的以戰逼和成功了。馬氏不以為然，認為：「共軍現在避戰，如國軍跟蹤而進，則必延長戰線，予共軍以處處可以截擊之機會。」[128]毛澤東的決定是：「東北是未了之局，我黨須準備長期鬥爭。」[129]

為執行毛之決定，乃由其代表周恩來施展拖延戰術，利用馬歇爾對蔣施加壓力，爭取到二十三天（六月七日至三十日）的停戰時間。周之拖延戰術，頗使國方代表徐永昌深感無奈，徐說：「連日共方提出之對案，仍係抱拖延政策，一味胡纏。」「所以日言和平者，特玩弄吾人耳。」[130]

在此拖延期間，毛澤東接受東北蘇軍代表之建議，指示關內共軍發動「報復作戰」。蔣之以戰逼和策略為之失效矣。

到了一九四六年七月以後，共方更由消極的爭取停戰時間，進展到積極的以和備戰。即是為宣傳而談判，以談判為宣傳。依毛澤東之說：「中國人民中間以及我們黨內，都有打不打的問題」。[131]為了袪除「不打」的問題，所以要用談判來教育人民。就是周恩來所說的「經過談判，中國共產黨的和平民主方針，與蔣介石的獨裁內戰方針，為群眾所認識」。認為「和平雖不可能，但為了教育人民，談判是必須的。」[132]

---

127 《大事長編》，民國三十五年四月二十八日。卷六，上冊，頁一二四。

128 《大事長編》，民國三十五年五月五六日。卷六，上冊，頁一五三。

129 《毛澤東年譜》，一九四六年五月二十七日。下卷，頁八六。

130 《徐永昌日記》，民國三十五年六月二十七、二十八日。第八冊，頁二九三。

131 《毛澤東年譜》，一九四六年十一月二十一日。下卷，頁一五〇。

132 《周恩來年譜》，一九四六年十一月二十一日。頁七〇六。

目的就是「教民作戰」，設定「倒蔣」、「反美」的作戰目標。

從一九四六年七月到十月，國軍攻佔張家口前後，三個月的邊打邊談，國方打佔優勢，談則無成，蔣之以戰逼和，再度失效。所以毛在談判決裂後，大大地鬆了一口氣說：「中國人民中間以及我黨內都有打不打的問題，但這個問題現在是解決了，剩下的問題便是勝不勝。」[133]

蔣之以戰逼和既未收效，亦即戰略的失敗。反之，即為毛之戰略的成功。從此國共之戰，只有長期的延續及擴大下去。此對國方絕對不利。共方亦看準國方的弱點及困境，深知國方「一切計劃均以半年為期，半年後毫無打算。」據周恩來之分析：蔣「對長期作戰計劃，亦無任何把握，美式彈葯只夠半年。……糧食、被服運輸受汽油限制，兵員補充，計劃調保安團赴前線，但困難更多。財政上，宋（子文）、陳（果夫）矛盾極大，宋實在拿不出錢來。……海陸空（軍）中下級人員悲觀厭戰更甚。」一些將領中，「連白崇禧、劉為章（斐）等人，都感覺前途茫茫。」至於「國大一幕，對蔣也是勢成騎虎。」[134]

因此，共方必欲迫使國方走上長期戰爭之路，以拖垮國方。

回顧一年多來的國共和談，雙方皆曾強調需要和平而反對戰爭。但其結果，適得其反。而國共各將破壞和平的責任，歸諸對方。但在馬歇爾的離華聲明中，認為責在國共雙方，說是「和平之最大障礙，乃中國共產黨及國民黨彼此所懷之完全而幾乎具有壓倒力量之懷疑心理。」在國民黨方面，馬為以為「存在一有力量之反動派」，對其「所作各種努力均加反對」；中共方面，亦有「過激分子」，絕不猶疑使用激烈決手段，以求推翻政府或使其崩潰，而不顧及人民因此所受之苦痛。[135]

---

133 《毛澤東年譜》，一九四六年十一月二十一日。下卷，頁一五〇至一五一。

134 周恩來，〈談判使黨贏得了人心〉。《談判文選》，頁六九八。

135 馬歇爾特使離華發表對中國局勢之聲明，一九四七年一月七日。《戰後中國》（三），頁二六三至二六四。

這是對雙方各打「五十大板」，惟其本人無錯。

國共兩方對於馬氏聲明之反應，可謂「各自表述」。蔣認為馬之指摘國民黨有「反動派」，實無其事；且謂馬氏深受中共宣傳之影響，已至「牢不可破」。[136]

周恩來認為馬氏所謂「國民黨內有反動集團」，是對的。「但遺憾的，是他（馬）並未指出蔣介石就是這個反動集團的最高領袖」。至於馬氏所說「中共黨內有激烈分子，不顧國家利益與人民痛苦，這是最不合事實，而且企圖污辱中共的說法。」[137]此皆片面之詞也。

就史實言之，中共黨內激烈分子的最高領袖，非毛澤東莫屬焉。惜蔣、毛二氏重慶會談，雖是「握手言歡」，但未能「化干戈為玉帛」。

至於國共和解之不成，美、蘇二強在華之角力，尤為重要的原因。馬歇爾為求調處工作的成功，其重要措施，即為拉攏中共，採取對共「懷柔」政策，目的是求共軍之就範，使整編軍隊得以和平解決；希望中共脫離蘇聯關係，而傾向美國；不使共軍佔據東北，而成為蘇聯之傀儡。[138]

同時，馬所主導的停戰令，使蔣「先圖關外」，名義上是為接收東北主權，實際則為美國勢力插足東北。而蘇方亦即採取針鋒相對的報復措施，其最有效的辦法，便是幫助共軍控制東北，阻止國軍的接收，鼓勵東北共軍「放手大打」，使馬之調處工作為之落空。

因此，在美、蘇兩強的角力下，實亦加劇了國共的衝突，和解更難了。

---

136 《蔣介石日記》，民國三十六年一月十一日後「上星期反省錄」。《大事長編》，民國三十六年一月十二日。下冊，頁三六四。

137 周恩來，〈評馬歇爾離華聲明〉，一九四七年一月十日。《談判文選》，頁七二一、二七四。

138 《大事長編》，民國三十五年三月三十一日。卷六，上冊，頁九〇。

第六章
只打不談挫折頻仍

一、邊打邊談的戰果

如果說：一九四六年是國共邊打邊談的一年，那末，一九四七年便是國共只打不談的一年了。邊打邊談這年，國方打占優勢，談則無成。只打不談這年，打則由優勢轉為劣勢矣。大陸學者金冲及著有《轉折年代——中國的一九四七年》，[1]是就共方而言。反之，在國方來說，便是「挫折年代」了。

根據國方的統計，國方在關內的河北、山東、山西、陝西、熱河、河南、甘肅、寧夏、江蘇、安徽、綏遠、察哈爾等十二個省區，從一九四六年一月十三日到一九四七年三月二十日，共方佔有的四一〇座縣城中，邊打邊談這年，國方收復一九八座，佔百分之四八點二。這十二個省區總共八〇二座縣城，共方尚佔二一二座，國方則佔五九〇座。共方的二一二座縣城中，以河北（七三）、山東（六三）、山西（四一）、陝西（一四）為多。國方面積為 2,172,103 平方公里，人口為 136,743,951。共方面積為 418,497 平方公里，人口為 51,967,049。[2]

---

1 金冲及，《轉折年代——中國的一九四七年》，（北京：三聯書店，二〇〇二年）。以下簡稱《轉折年代》

2 〈陳誠參謀總長之軍事報告〉，民國三十六年三月十七日。《戰後中國》（二），表二二，頁八八八至八八九。

關外方面，從一九四六年一月十三日到一九四七年三月五日止，東北九省總計一五五座縣城中，共方佔有一〇二座，分別是遼寧一，安東五，吉林一一，松江二一，合江一八，黑龍江二三，嫩江一六，興安七。國方佔有五三座縣城，分別是遼寧二四，安東一〇，遼北一〇，吉林九。在九省中，國方僅有四個省的全部或一部分。共方則有八個省的全部或一部分。面積共方為 763,105 平方公里，人口為 15,980,286。國方面積為 260,541 平方公里，人口為 18,348,643。國方佔有的縣城和面積雖較共方為少，但均為人口稠密及資源豐富地區。[3]

國方一九四六年戰局的好轉，主要是在下半年，這半年的戰果，據參謀總長陳誠一九四七年一月八日向國民黨中央之報告：

> 「去年（一九四六）七月以前，我軍完全處於被動，七月以後，共產黨打我們，就給予反擊，總算還能達成任務。四平街收復以後，十二月間又收復了安東。華北方面，最大效果是收復冀東與張家口。蘇北只有一縣未經收復。隴海線魯西也大部分收復。一般說來，軍事上很順利，收復的有一五〇多縣（按：關內收復縣數一九四六年十月十六日的統計為一一九座、一九四七年三月二十日統計為一八九座）。土匪傷亡大概在三十萬左右，投誠自首的有九萬多。」[4]

又據陳誠同年三月十七日向國民黨三中全會的報告：自一九四六年一月至四十七年二月止，共軍負傷者為 604,667 人，陣亡者 337,088 人，被俘者 74,170 人，投誠者 134,800 人，總計 1,150,725 人。[5]

---

3 〈陳誠參謀總長之軍事報告〉，《戰後中國》（二），表二三，頁八八九至八九〇。（表列中共佔有一〇〇縣，細數為一〇二縣，從細數）

4 陳誠軍事報告，民國三十六年一月八日。國民黨中常會五〇次、國防最高委員二一四次會議速紀錄。國民黨黨史會藏檔（下同）。

5 〈陳誠參謀總長之軍事報告〉，《戰後中國》（二），表二〇，頁八八六至八八七。

共方的戰果是從一九四六年七月至一九四七年一月的七個月作戰，殲滅國軍正規軍五十六個旅，七十一萬餘人。平均每月殲滅國軍八個旅。地方保安部隊還沒有計算在內。到這年七月，已殲滅國軍九十七個半旅，七十八萬人，保安部隊等雜牌軍三十四萬人。共一一二萬人。[6]

二、國共雙方兵力概況

進至一九四七年，中共的兵力和戰力，已相當強大，據國防部長白崇禧九月初的報告，共軍總兵力為860,150人，包括野戰軍613,150人，軍區部隊247,000人。野戰部隊戰力較強，軍區部隊等於第二線部隊，是整補的。就地區分，關外有444,000人，關內有416,150人。關外的東北民主聯軍由林彪統率，野戰軍有399,000人，軍區部隊45,000人，包括韓共、日軍及東蒙自治軍。對國軍有五次攻勢，第五次規模尤大。關內方面，主要戰場在山東，自一月份起至六月底止，是國軍受挫的階段，損失至大，傷亡官兵達四十萬人，其中四分之三在山東，被俘的將領也不少。[7]

據共方稍早七月初的統計，其作戰部隊為九十萬人，地方部隊六十萬人，軍事機關四十萬人。分佈地區如下：

山東：二十七個頭等旅。

太行：十三個頭等旅，十四個二等旅。

---

6 金冲及，《決戰──毛澤東、蔣介石如何應對三大戰役的》（北京：北京大學出版社出版，二〇一二年）。頁〇一五。（以下簡稱《決戰》）。〈毛澤東關於第一年作戰總結及今後計劃〉，一九四七年七月十日。《中共文件》，第十六冊，頁七四五。

7 〈國防部長白崇禧之軍事報告〉，民國三十六年九月九日。《戰後中國》（二），頁九〇二至九〇三。

西北：邊區六個旅，陳賡四個旅。

晉綏：三個旅，五台九個頭等旅，四個二等旅。

東北（包括察北、冀東）：頭等、二等三十二個旅。

全軍共計一一二個旅（東北、山東兩炮縱，晉綏四個騎兵旅不在內）。[8]

國方兵力，據國防部的統計，至一九四七年三月十五日止，全國原有八十六個軍，二三〇個師，已整編者五十七個軍，整編為一四五個整編師（師下為旅）；未整編者者有二十七個軍，七十四個師。[9]

據共方資料，國軍的單位分佈如下：

南線：共一五四個旅。山東（包括蘇北）八十八個旅，太行二十六個旅，西北（包括晉南、榆林、寧夏）四十個旅。

北線：共六十四個旅。東北二十四個旅，五台及晉綏四十個旅（孫連仲十五個旅、傅作義十個旅、閻錫山十五個旅）。後方守備兵力三十個旅。[10]

國軍南北兩線計為二一八個旅，約多於共方一倍。惟士氣及戰鬥力不及共方。

三、國軍魯南戰場之受挫

國軍在山東戰場的受挫，是在一九四七年的上半年的魯南、萊蕪及孟良崮三次戰役。指揮將領初為徐州綏靖公署主任薛岳，旋以萊蕪戰役失利，於三月三日撤銷徐州綏署，以陸軍總司令部分設徐州及鄭州兩指

---

8 〈毛澤東關於第一年作戰總結及今後計劃〉，一九四七年七月十四日。《中共文件》，第十六冊，頁四七六。《毛澤東年譜》，一九四七年七月十日。下卷，頁二〇四。

9 〈陳誠參謀總長之軍事報告〉。《戰後中國》（二），表六，頁八六一。

10 《毛澤東年譜》，一九四七年七月十日。下卷，頁二〇四。《中共文件》，第十六冊，頁四七五至四七六。

揮所，由總司令顧祝同統一指揮。實際是參謀總長陳誠至徐州指揮作戰。[11]

根據共方評估，綜合山東南北兩線國軍兵力，共九十餘團之眾，其能使用於第一線之兵力，亦有六十團以上，且各路齊頭併進，緊緊靠攏，步步為營，不易各個消滅。[12]

共方為山東野戰軍司令員陳毅和華中野戰軍司令員粟裕。一月下旬，兩野戰軍合併為華東野戰軍，司令員陳毅，粟裕副之。轄第一至第十二縱隊（缺第五縱隊）和特種兵縱隊。[13]據國方估計，在魯南的共軍有六十七個團，可以參加作戰的有八萬餘人。[14]

魯南戰役：是國共進入一九四七年後的第一場大戰。一月二日晚，共軍以七萬餘眾襲擊卞莊、向城（在臨沂西南三十五公里）的國軍整編第二十六師，師長馬勵武（黃埔一期）離開部隊，在嶧縣城內同家眷過年。該師在毫無準備下倉猝應戰。[15]到四日晨，一個旅長受傷，一個旅長陣亡。[16]兩個旅中失去了三個團，差不多去了一半。這兩旅砲比較多，損失很大。[17]損失之嚴重，蔣自記曰：

「自本（一）月二日起，嶧縣東北之向城附近，第二十六師與

11 《大事長編》，民國三十六年三月三日及五月十七日。卷六，下冊，頁三九七、四五一。

12 〈陳毅粟裕譚震林關於殲滅山東南北兩線敵人的作戰方案〉，一九三七年二月五日。《從延安到北京》，頁一九四。

13 《毛澤東年譜》，一九四七年一月下旬。下卷，頁一六六。

14 陳誠軍事報告，民國三十六年二月十九日，國防最高委員會常會二一九次會議速紀錄。

15 《轉折年代》，頁一〇六。

16 陳誠軍事報告，國防常會二一九次會議速紀錄。

17 蔣主席報告共產黨問題，民國三十六年二月五日。國防最高委員會常會二一七次會議速紀錄。

第一快速戰車部隊，被共匪六個師所包圍、突擊，損失甚大。據報旅長、團長陣亡者三人，戰車部隊雖已突圍脫險，然美國一〇五重砲兩營，皆已損失，汽車之數亦大。半年以來勦匪損失，以此為最大。此乃伯陵（薛岳）指揮錯誤，對戰車、重砲皆置於最前方突出部，且其時甚久，此無異送精械於匪部，違反戰術原則所致也。」[18]

九日，共軍再攻嶧縣，經過一晝夜激戰，十一日拂曉，城陷。並俘虜留在城內的第二十六師師長馬勵武。十九日，共軍再攻棗莊，國方守軍整編第五十一師和兩個團，也在一日之間被殲，師長周毓英被俘。歷時十八天的魯南戰役，共殲國方兩個整編師、一個快速戰車縱隊，計五萬三千餘人，其中被俘者一萬七千餘人，以及大量武器坦克、汽車、火炮等。打破了國軍會攻臨沂及殲滅華東解放軍的計劃。[19]是役國軍誤用機械化部隊，損失奇重。參謀總長陳誠頗受責備。[20]其實陳誠更是滿腹委曲，他說：

「古人說：名不正，言不順。師出有名。我們在前方和團長以上的長官都談過，究竟是打是和？他們都表示懷疑，說後方總說我們好戰，連死了的官兵也不知為甚麼要打。最近有一件公事，國防部已經呈復行政院，公事是說勦匪傷亡官兵不准褒揚。……現在變為名不正言不順。……現在我們前方士氣相當消沉。……還有一點，是前方官兵生活壓迫太厲害了，前方不說沒有錢；即是有了錢，也買不到東西，現在是沒有錢沒有東西。」[21]

陳對國防部頗有微詞，顯然是對國防部長白崇禧的不滿。

二月十七日，陳自徐州前線回京述稱：中共之魯南根據地臨沂，在

18 《蔣介石日記》，民國三十六年一月五日。

19 《轉折年代》，頁一〇七至一〇八。

20 《王世杰日記》，民國三十六年一月十九日。第六冊、頁一一。

21 陳誠軍事報告，國防常會二一九次會議。

二月十五日已為國軍佔領，僅消滅陳毅新六師的一個團，有一軍事教官來投誠，說延安方面知道決戰於他們不利，有電報要他們離開臨沂二百華里。[22]

國防部則連續發表勝利消息，如臨沂之攻下等等；但共黨宣稱則為自動的放棄。蔣則視為戰略的成功，其自記曰：

> 「臨沂已經收復，陳毅率匪向泗水退卻，豫東民權一戰，劉匪伯誠（承）股損失當在三分之一，亳縣亦已收復，此次戰略，可說完全成功。」[23]

前軍令部長徐永昌以為：

> 「小的勝利亦必有之，被迫而自動放棄，亦係事實；但斃傷幾萬，恐是胡說。但我經濟紊亂，幾將崩潰，無論軍政，到處貪污，其危險且非軍事所能補救，況軍隊戰鬥力多趨衰弱途徑耶。」[24]

萊蕪戰役：國軍為掃蕩沂蒙山區之共軍，以歐震及李仙洲兩兵團實施南北分進合擊。陳毅乘李兵團南進深入之際，將其主力秘密北移，於二月二十一日到達萊蕪地區，向李兵團猛攻。國軍北線第二綏靖區司令王耀武，令李兵團向北撤退。二十三日，李部第七十三軍及整編第四十六師經吐絲口轉進時，以通過隘路，疏於警戒，遭遇伏擊，兵團司令李仙洲及軍長韓浚被俘，山東局勢為之轉急。[25]

是役經過，據共方陳毅的報告說：

> 「萊蕪戰役，于哿（二十日）午結束，頑（指國軍）之七十三軍之七十七師全部，殲滅于博山西南地區。哿晚完成對李仙洲及七

---

22 陳誠軍事報告，國防常會二一九次會議。

23 《蔣介石日記》，民國三十六年二月十五日。

24 《徐永昌日說》，民國三十六年二月二十日。第八冊，頁三七七。

25 《大事長編》，民國三十六年二月二四。卷六，下冊，頁三九三至三九四。

十三軍、四十六軍、十二軍、新三十六師之包圍。戰鬥于梗（二十三日）午後五時已大部解決。……此役共殲頑敵計十七個步兵團，加二十四個直屬營，另擊潰暫十二師等部四個團之援隊。」[26]

是役國軍被殲五萬六千餘人，連同南路和膠濟路沿線作戰，被殲共達七萬多人。[27]蔣自記所感曰：「萊蕪所造成之最大損失，實為國軍無上之恥辱。」[28]他認為：

「高級將領無識、無量，小勞即矜，小勝即驕，體多病弱，心多自私，精神衰退，勇氣喪失，……紀律盪然，廉恥道喪，對共匪之梟張慓悍，對我軍之損失被俘，視為常事，不僅不以為恥，而且不以為意，悲乎！」[29]

蔣對參謀總長陳誠之誤判，也有責難。其自記曰：

「臨沂收復以後，辭修（陳誠）以為匪已向黃河北岸潰竄，故對勦務一若已完者。故其自徐州回來請病休假，且時現自足之驕態。不料陳毅主匪已向我萊蕪吐絲口一帶進攻，前方布置未妥，多為匪在途中襲擊消滅。」[30]

萊蕪戰役失敗，濟南亦危，為此，蔣於二月二十五日飛臨濟南，召集會議，研討濟南防禦方略，決定放棄膠濟路，據守濟南、濰縣與青島三個據點。[31]

---

26 〈陳毅粟裕譚震林關于萊蕪戰役……電〉，一九三七年二月二十三日。《從延安到北京》。頁一九八。

27 《毛澤東年譜》，一九四七年二月六日。下卷，一六九頁。《轉折年代》，頁一一九。

28 《大事長編》，民國三十六年二月二十八日。卷六，下冊，頁三九五。

29 《蔣介石日記》，民國三十六年二月二十二日「上星期反省錄」。

30 《蔣介石日記》，民國三十六年二月二十二日「上星期反省錄」。

31 《蔣介石日記》，民國三十六年二月二十五日。

孟良崮戰役：掃蕩沂蒙山區共軍的國軍張靈甫整編第七十四師，配以整編第二十五師及第八十三師各一旅，掩護左右兩翼，於五月十三日進至坦埠附迎地區，華東野戰軍以五個縱隊，於十五日完成了對七十四師的合圍，該師乃於十四日集結於孟良崮。[32]蔣頗怨陸軍總司令顧祝同指揮之失當。其自記曰：

> 「顧總司令對先攻莒縣，不攻沂水，使我進攻坦埠之第七十四師孤立被圍，其指導錯誤，殊乏常識，其愚拙不可恕諒，以致本（十四日）晨匪部乘隙全力反攻，使坦埠之役，功敗垂成。」[33]

蔣對第七十四師退入孟良崮，初尚深慶得計，認為「幸該師已於昨日安全撤退，在孟良崮布置陣地，未為匪所算，此次匪果被我強制，其不能不與我決戰形勢之下，如我各部隊能把握此惟一戰機，必可予以制命之打擊。」[34]

蔣氏的僥倖樂觀，迅為事實所粉碎，次日（十六）晚，蔣「臨睡前，得七十四師不利情報，憂慮更甚，悲痛之情為近來所未有也。」[35]

孟良崮為岩石山地，構築工事困難，水源奇缺，飛機空投的粮彈和水囊，大多落在共軍陣地。共軍為阻截國方各路援軍，加緊猛攻。到十六日下午，全師被殲。師長張靈甫和副師長蔡仁杰陣亡。官兵被俘的有一九、六七六人，連同各路被阻擊的，共有三萬二千多人的傷亡或被俘。是役對國方而言，是極大的挫折，整編第七十四師，是國軍最精銳部隊的「五大主力」之一，竟被殲滅，其影響於軍心者至鉅。[36]

以上魯南各次戰役，據國防部長白崇禧四月二十六日言：已損失十

---

32 《大事長編》，民國三十六年五月十六日。卷六，下冊，頁四五一。

33 《蔣介石日記》，民國三十六年五月十四日。

34 《蔣介石日記》，民國三十六年五月十五日。

35 《蔣介石日記》，民國三十六年五月十六日。

36 《轉折年代》，頁一五六至一五七。

五個師，數百門砲。至五月十五日，孫立人說：山東之損失達十九個師。士氣之衰頹，將領之腐敗，實為之因。[38]

上述損失，尚不包括孟良崮戰役的損失在內。

四、東北共軍第五次攻勢

一九四六年九月十三日，東北保安司令長官杜聿明自瀋陽至牯嶺，向蔣介石報告東北軍情，杜欲收復安東，以斷共軍由膠東海運之入口。蔣則嚴戒其對安東不可採取軍事行動。[39]但在十月二十五日，國軍收復了安東。蔣曰：「共軍在東北與山東半島間之運輸線，自此可以遮斷矣。」[40]且謂「安東、通遼與開魯相繼收復，南滿之基礎已穩。」[41]

蔣對收復安東問題，何以前後有此矛盾？可能是參謀總長陳誠到瀋陽後的新決定。據金沖及在其《決戰》一書中寫道：

> 「九月，蔣介石在廬山召開事事會議，進一步謀劃對各解放區的進攻策略，國民黨參謀總長陳誠于廬山軍事會議後，直飛瀋陽，召開東北國民黨高級將領會議，根據東北國民黨軍兵力不足，無力對南北滿同時發動進攻，以及東北民主聯軍南滿部隊，對瀋陽威脅較大的威脅情況，制定了『南攻北守，先南後北』的方針與計劃，即在南滿採取攻勢，在北滿暫取守勢，首先消滅東北民主聯軍南滿主力，……再全力北上……佔領全東北。」[42]

---

37 《王世杰日記》，民國三十六年四月二十六日。第六冊，頁五五至五六。

38 《王世杰日記》，民國三十六年五月十五日。第六冊，頁六八。

39 《事略稿本》（六七），民國三十五年九月十三、十四日。頁九〇至九一。

40 《事略稿本》（六七），民國三十五年十月二十七日。頁三七七。

41 《事略稿本》（六七），民國三十五年十月三十一日「自記本（十）月反省錄」。頁四〇一。

42 金冲及，《決戰》，頁七〇。原引《中國人民解放軍第四野戰軍戰史》，頁一四七至一四八。

時共方在南滿僅剩臨江、長白、撫松、濛江（安東省東北邊境）四個縣，部隊四萬人，人口稀少，粮食困難。[43]國軍以六師之眾，攻向臨江，共軍集中在北滿的十二個師兵力，自一九四七年一月五日南下，進行「三下江（松花江）南、四保臨江」戰役，屆至四月三日，共殲國軍三萬餘人，改變了東北戰場的形勢。[44]復以經過土改，東北民主聯軍到五月初，已達四十六萬餘人，其中野戰軍二十五萬餘人。[45]

五月十三日，林彪統率東北民主聯軍四十餘萬，開始第五次攻勢。在此之前，曾有四次攻勢，而以這次規模最大。其主力由懷德猛撲四平街，國方守軍為陳明仁之第七十一軍，頗受損失。第八十八師與九十一師在公主嶺全軍覆沒，情勢嚴重已極。[46]

杜聿明於五月二十日報告東北戰況，謂通化激戰，梅河口、海城交通斷絕，通、梅間有敵八萬，普蘭店亦有五萬，營口、大名橋、海城、鞍山、本溪諸要點，均無兵守備。我軍非一週不能集中，而敵可在一週內竄至瀋陽近郊。[47]

由於形勢之嚴峻，蔣於三十日飛臨瀋陽巡視，自記所感曰：

「瀋陽內部複雜，工作腐敗，天翼（行轅主任熊式輝）威信絕無，光亭（杜聿明）臥病在牀，軍國大事推諉延宕，幾誤全局。」[48]

東北情勢儘管極為嚴重，一般將領多持輕敵苟安心理，蔣之處置，似亦不免輕忽將事。其自記曰：

---

43 《轉折年代》，頁一六一至一六二。

44 《轉折年代》，頁一六四至一六六。

45 《轉折年代》，頁三六六。

46 《蔣介石日記》，民國三十六年五月二十二日。

47 《事略稿本》（六九），民國三十六年五月二十日。頁五三七。

48 《蔣介石日記》，民國三十六年五月三十日。《大事長編》，民國三十六年五月三十日。卷六，下冊，頁四六四。

「召見廖軍長（新六軍）耀湘，談南滿匪情及東北作戰意見，彼主張不完全放棄南滿各地方，以民眾組織已有基礎，只要有少數部隊為民眾自衛之中堅力量，匪即不敢竄擾也。故決令安東省府固定不移。召集團長以上官長訓示後，再見耆紳，處置補給與財務，皆令天翼負全責，以免貽誤大局。深信此來對事權與指揮統一之規定，乃可使東北基礎不致動搖，收效必宏也。」[49]

六月二十二日，共軍攻入四平街市區，國軍苦戰死守，即從瀋陽、長春南北兩路馳援夾擊，共軍乃於六月三十日向北撤退，四平之圍遂解。是役據國方調查，共軍番號有第一、二、三、六縱隊，十個師，及東滿、中韓兩師，砲兵部隊等，並有日、蘇、韓技術人員，武器彈藥大部為日本關東軍所有。[50]國方守軍被殲一萬七千多人。迫使國軍退縮於鐵路沿線之狹長地帶，也使東北共軍根據地連成一片。[51]

經此戰役，四平街已成一遍廢墟。據一記者七月一日親歷其境之報導：

乘車取道鐵西街入城，方行數丈，薰天臭氣，迎面撲來。行抵城郊，目睹所有民房，皆成廢墟，死屍枕籍，為狀極慘。車過戰壕時，屍體累累，數以萬計。入城後，長達十餘里之堅固堡壘，均為砲轟毀。繼沿教育廳、市政府、中、中、交三銀行、青年館、電力局等前進，所有建築，均斷瓦殘壁。途經車站時，則見堆積如山之大豆，正在爆烈燃燒中。鐵路以東房屋，遍體鱗傷。鐵西街僅有三、五市民，面容憔悴。鐵東街見有數十市民，皆面目黝黑，嗷嗷待哺。富麗堂皇之四平建築，今已完全不存。歸途中，見天主教堂內二百餘投降共軍，狀甚狼狽。[52]

---

49 《蔣介石日記》，民國三十六年五月三十一日。

50 《大事長編》，民國三十六年七月一日。卷六，下冊，頁四八九。

51 《轉折年代》，頁三六六至三六七。

52 《事略稿本》（七〇），民國三十六年七月一日。頁二〇八至二一〇。

蔣氏既明知熊式輝「威信絕無」，而又令其負全責。經此挫敗，始悟熊之「無恥」。其自記曰：

> 「此次軍事之挫折，能使吾徹底覺悟所部將領之腐敗怯懦。天翼之自私取巧，固其天性，乃早知之，而其臨難無主，貪生怕死，以及其畏匪無恥之言行，一至於此，是所不料；然不至此時，亦不易發現其真性。」[53]

熊為蔣之親信，對蔣也頗有微詞，迨蔣以參謀總長陳誠代之，熊即閒散，他對徐永昌說：「渠在東北，辭修（陳誠）事事掣肘，辭修到後，兵力增加，尤其物資增給五倍十倍於過去。且舉明莊烈（按：崇禎帝、亡國之君）故事及權臣在內，未有大將能成功於外者。若之與蔣先生，亦可歸咎於緣法。」[54]

東北局勢之嚴峻，以兵力之損耗為最。行轅主任熊式輝早在五月二十日自東北抵達南京云：東北國軍今年以來損失達五十二營；原來東北有五軍。[55]現時僅剩三軍。[56]

參謀次長劉斐於六月中視察東北後述稱：東北原有六個軍（按：增周福成第五十三軍一個軍）。去歲（一九四六年）計劃僅保長春、瀋陽、彰武一帶，以戰略守勢行戰術攻勢，集中力量，爭取主動，以打擊共軍。乃熊（式輝）、杜（聿明）貪當時之利，攻略安東、永吉，嗣受共軍反攻，損失約六個師（三分之一）。繼又受四平街等處之圍，損失又約五、六個師（不到二分之一）。[57]

---

53 《蔣介石日記》，民國三十六年六月二十四日。

54 《徐永昌日記》，民國三十七年一月二十一日。第九冊，頁八。

55 《戰後中國》（二），表六，頁六一。表列七個軍，二十一個師，內有兩個軍在熱遼邊境。

56 《王世杰日記》，民國三十六年五月二十一日。第六冊，頁七二至七三。

57 《徐永昌日記》，民國三十六年六月十六日。第八冊，頁四三三。

劉之報告，似欠全面。攻略安東、永吉，乃參謀總長陳誠去歲到瀋陽決定的「南攻北守，先南後北」的作戰計劃。

國民黨元老張繼、齊世英、鄒魯及孫科等，在六月十八日的國民黨中央政治委員會會議上，紛紛發言，對東北局勢，表示極度悲觀。各人發言節略如下：

張繼：「現在真是江河日下，今日並非不信總裁（蔣）；不過派往東北軍隊都是精華，這種精華消耗到不精華。將如何？我們不能盡恃命運，到北方不保，恐南方亦難保。到那時又將如何？莫非真如總裁常說我們要做白俄麼！又聞孫立人頗能軍，何以杜（聿明）長官撤之？」

齊世英：「東北果至圍瀋陽，恐長春、四平街更無法保守。現在東北之國軍精華，已多空額而漸疲弊，而共軍則日得蘇聯援助，久之恐真應了張溥泉（繼）先生話。」

鄒魯：「我們能抗日而不能打共，全因不恐日而恐蘇；因恐蘇亦必恐共。我每談共匪必須打，傍邊即有勸我留點餘地吧！可證人心已死。」

孫科：「勦共最少必有兩個把握之一，即美國助吾人勦共，蘇聯不助共匪擾亂。今可明確的認識美國不助我內戰，而蘇聯確切的助共叛國。如此我們勦共決無把握，此一年前吾人判斷者。現在大連不能接收，而接亦必須文人。且正完全利用大連港運接濟共匪，亦即蘇聯不遵中蘇友好條約之一端。現在我們一日一日已不優勢，此美國對我軍事批評者的話。但北韓共軍十餘萬如何來的？外蒙、新疆兵如何來的？蘇不令他們來，他們敢來麼？……所以如無美國援助我們的把握，我們勦共決無把握；尤其是東北。所以應決心即撤出東北之兵，是今日使美國明朗化之最大最要辦法，即以退為進是也，且可撤歸以鞏固華北。」

鈕永建認為：「退出東北誠是一法；但太搖動軍心。最好事先將地方交給東北地方人士。」梁寒操即提議起用張學良，並主張將孫科之意見向美方試探。最後陳布雷請將是日所有意見，轉陳總裁。[58]

58 《徐永昌日記》，民國三十六年六月十八日。第八冊，頁四三四至四三六。

蔣介石對以上諸人意見作何反應？在六月三十日的中常、中政聯席會議上表示，認為中共的優點不在軍事，而是黨的組織和宣傳。國民黨的失敗，也就是組織和宣傳方面。因此，解決的辦法，先要從黨和團的本身改革做起，提議撤銷三青團，歸併於國民黨。[59]

關於國際援助問題，必須自己有辦法。這是蔣對孫科的答復。對鄒魯所言恐共問題，實以一下和、一下打，而致黨員煩悶，非畏共也。至此，會議主席孫科提出蔣之對共討伐令，請討論。發言者有賴璉、谷正鼎、戴季陶等，李石曾出示吳稚暉請代陳之函件，亦主討伐。最後結論關於厲行總動員，眾無異議。[60]

孫科在六月十八日的會中，提出國軍自東北撤退問題，會中無討論，次日蔣約王世杰與張羣商討此事，意欲決定自東北撤退，囑司徒雷登大使告知馬歇爾國務卿。王力阻其議，認為「我軍仍應死守東北，不可撤退；倘竟撤退，則非待世界三次大戰，東北不能恢復。且東北淪於中共之手，關內亦決無和平；我在東北部隊，一經撤退，亦未必能再作戰。」最後蔣決定只向馬徵詢宜否撤退之意見。[61]

馬歇爾之態度，極為冷淡，其電司徒雷登大使轉告蔣曰：「現余為國務卿，不能對東北軍事情勢作具體之建議。」[62]駐美武官皮宗敢向蔣報告，謂「彼（馬）在中國失敗，不免悻悻於懷，因個人之情感用事，不免影響其對華政策」。「彼等以我國情形不佳，故取旁觀態度。」[63]

王世杰於九月赴美參加聯合國會議時，三十日至華府晤杜魯門總統，談及滿洲問題之嚴重性，王謂有人建議中國放棄滿洲，以縮短戰

---

59 《大事長編》，民國三十六年六月三十日。卷六，下冊，頁四八六至四八七。

60 《徐永昌日記》，民國三十六年六月三十日。第八冊，頁四四三至四四四。

61 《王世杰日記》，民國三十六年六月十九日。第六冊，頁九三。

62 〈美國務卿馬歇爾電〉，一九四七年七月。《戰後中國》（三），頁三七八。

63 〈駐美武官皮宗敢呈蔣主席電〉，一九四七年七月十五日。《戰後中國》（三），頁三七九。

線，此議中國人決不能接受。杜氏表示彼亦決不贊同此議。但魏德邁於七、八月訪華時，曾主張兩年前向蔣所提之建議，即將滿洲暫由中、英、美、蘇、法五國共管。其訪華報告書中，亦將此主張列入。美政府暫不肯發表魏之報告，即以此故。[64]

蔣對魏之報告內容，亦有所聞，自記所感曰：

> 「閱美《合眾社》所傳魏德邁對其政府之報告要點之消息，當近事實無疑。……美之對我態度與言行，凡有血氣者，莫不痛憤，其加我以侮辱之程度，殊難再事容忍。但一想及目前共匪在前，暴俄在側，昔賢勾踐在吳，臥薪嚐膽長期之恥辱，尚能忍辱，而我豈可以小不忍而亂大謀。」[65]

八月二十二日，「魏德邁對我政府首腦（似對蔣）之談話，無異嚴厲之訓詞，類於斥責裁判。」[66]蔣氏深有所感曰：

> 「魏德邁使團所加於我國者，為驕橫，為侮辱。美國記者對我國之欺弱侮寡，對我民族之賤視，幾乎以我為其殖民地猶不如也。」[67]

魏德邁對華態度，素稱友好，此次變劣，似非偶然。彼亦主張集中兵力解決關內共軍，而對東北不妨暫時放棄。蔣不同意，以為「無東北，則華北無屏障。」[68]理論固然正確，其力不足何！

---

64 《王世杰日記》，民國三十六年九月二十九日。第六冊，頁一三四至一三七。

65 《蔣介石日記》，民國三十六年八月二十一日。

66 《蔣介石日記》，民國三十六年八月二十二日。

67 《蔣介石日記》，民國三十六年八月二十三日「上星期反省錄」。

68 《大事長編》，民國三十六年八月五日。卷六，下冊，頁五二九。

五、動員戡亂全面動亂

七日四日，國民政府國務會議通過《厲行全國總動員戡平共匪叛亂方案》，這是根據六月三十日國民黨中常、中政聯席會議的決議。共方的反應，是《新華社》發表經毛澤東修改的社論：《總動員與總崩潰》。此際國共雙方皆厲行動員，大有烽火燎原之勢。中共中央於七月二十三日發出關於晉冀魯豫野戰軍直出大別山的指示，出至皖西，建立臨時根據地，相機渡江至皖南，進而以閩、浙、贛為目的地。[69]

指向大別山之共軍，為劉伯承、鄧小平指揮之晉冀魯豫野戰軍，全軍四個縱隊，共十二萬四千餘人，[70]於八月十一日從民權至商丘間和虞城地區越過隴海路，於二十七日渡過淮河，進入大別山地區，完成了千里躍進工作。[71]在豫東南、鄂東、皖西佔領十餘縣及廣大鄉村。[72]迅即進據皖中，先後佔領廬江、桐城、舒城、六安等縣，安慶、合肥垂危，武漢、九江、蕪湖、南京受其威脅，人心動盪加甚。[73]

劉、鄧大軍雖然實現了戰略目標，但沿途也被迫丟棄幾乎所有重武器，損失三萬多人，近萬人被俘。進至大別山後，僅為九萬餘人。[74]

劉部在大別山之根據地已漸形成，此為蔣介石「最大之顧慮」，因於十一月三日設立國防部九江指揮所，由膠東及津浦線檄調五個整編師圍剿之。[75]十二月五日，劉部退出大別山區，越平漢路西撤。只剩下五萬八千多人。[76]留在大別山的游擊隊，尚有萬餘人。

---

69 《毛澤東年譜》，一九四七年七月二十三日。下卷，頁二〇八至二〇九。

70 楊奎松，《國民黨的聯共與反共》（北京：社會科學文獻出版社出版，二〇〇八年）。頁六六五。

71 《毛澤東年譜》，一九四七年八月二十七日。下卷，頁二二四。

72 《毛澤東年譜》，一九四七年九月十五日。下卷，頁 二三一。

73 《大事長編》，民國三十六年九月三十日。卷六，下冊，頁五六二至五六三。

74 《國民黨的聯共與反共》，頁六六五。

75 《大事長編》，民國三十六年十一月三日。卷六，下冊，頁五七六。

76 《國民黨的聯共與反共》，頁六六五。

直出大別山之共軍，雖有重大損失，國方亦頗受不利之影響，據國防部長白崇禧的分析：

> 「劉伯誠（承）竄擾，政治意義重於軍事意義，經濟意義重於軍事意義，共匪到處擾亂，使人心不安，籍此宣傳共產主義，其手段就是乘農民收割時，將農家儲藏的粮食，分給人民，或者予以焚毀，使貧苦人民對共匪發生好感，使我們發生粮食問題。這種竄擾，可以說是一種政治戰或經濟戰。」[77]

此外，共軍陳毅部復由魯北、魯中向魯西竄擾；陳賡部則由晉南渡河向豫西、陝東竄擾。分股流竄，出沒無常，分散國軍，使不能集中；疲勞國軍，使無法解決戰局。[78]

東北問題，蔣於八月二十日撤銷東北保安司令部，東北各部隊編為四個兵團，以孫渡、陳明仁、周福成、廖耀湘分任司令官，由行轅直接指揮。行轅主任以參謀總長陳誠代熊式輝。此時東北國軍之數量與質量，巳大非昔比矣。

九月十四日起，東北中共民主聯軍發動秋季攻勢，在遼西走廊殲滅國事第七十九軍軍部和兩個師，進而在中長路長春至鐵嶺間，殲滅國軍二萬餘人。[79]對瀋陽形成鉗形攻勢。十月三日，陳誠電蔣：「瀋陽防務空虛，請求加派軍隊。」蔣令於平津地區抽調一師空運瀋陽。[80]

十六日，共軍轉移主力圍攻吉林永吉之第六十軍，歷時十八晝夜。迨國軍新一軍北上進入長春，予共軍以側背威脅，永吉之圍始解。[81]

---

77 國防部長白崇禧之軍事報告，民國三十六年九月九日。《戰後中國》（二）頁九〇二至九〇三。

78 《大事長編》，民國三十六年九月十五日。卷六，下冊，頁五五八至五五九。

79 《國民黨的聯共與反共》，頁六六七。

80 《大事長編》，民國三十六年十月三日。卷六，下冊，頁五六四。

81 《大事長編》，民國三十六年十一月一日。卷六，下冊，頁五七五。

次年（一九四八）一月五日，再發動冬季攻勢，殲滅國軍新五軍兩師，軍長陳林達被俘。之後，連據遼陽、鞍山、開原及四平街，殲滅守軍第七十一軍第八十八師，迫使吉林守軍撤往長春。至此，國方在東北只剩下長春、瀋陽和錦州幾個孤立據點，交通全被切斷，只靠空運補給。[82]

國軍西安綏靖主任胡宗南指揮所部十五萬人，於三月十三日發動進攻中共之「赤都」延安，企圖在三至六個月內，把中共中央和解放軍逐出西北，以便東進，擊破中原或華北戰場之共軍，此舉反而造成本身的困境。[83]

蔣於三月二日曾與胡宗南、劉斐研討收復延安計劃，決定積極進行。此對政略、外交，皆有最大意義也。[84]蓋因中共近乘莫斯科四國外長會議前夕，揚言發動「西北春季攻勢」，以與俄共企圖干涉中國問題相呼應。[85]

胡宗南即以整編第一軍董釗部為右兵團，整編第二十九軍劉戡部為左兵團，兩軍共六個師，十四個旅（二十九個團），四個砲兵團，計三十三個團，分由陝西之宜川、洛川，進入中共之邊區，大部行經無人荒山，向延安前進。[86]於三月十九日克延安。云「斃傷匪軍一萬六千餘眾，俘匪一萬餘眾。」[87]

---

82 《國民黨的聯共與反共》，頁六六七。

83 《轉折年代》，頁一二八。

84 《蔣介石日記》，民國三十六年三月二日。《大事長編》，民國三十六年三月一日。卷六，下冊，頁三九七。

85 中共〈軍委關于陝北戰局形勢的通報〉，一九四七年三月十八日。《從延安到北京》，頁二一四。

86 中共〈軍委團於陝北戰局形勢的通報〉，一九四七年三月二十八日。《從延安到北京》，頁二一四。

87 《大事長編》，民國三十六年三月十九日。卷六，下冊，頁四〇八至四〇九。

實際上，中共邊區部隊於十九日上午全部撤出延安，下午胡軍進入，只是一座空城。[88]

陝北的共軍總指揮為中共中央軍委副主席兼總參謀長彭德壞，習仲勳副之，成立西北野戰兵團。此時，共軍駐陝甘寧邊區的野戰部隊只有四個旅約一萬七千人，連同地方武裝總兵力為三萬人。然以熟悉地形，善於隱蔽，俟機襲擊，在三月二十三日，四月十四日，五月四日，先後在青化砭、羊馬河、龍蟠鎮的三次戰役，殲滅胡部一萬四千人。共軍傷亡二千二百餘人。[89]使胡之十多萬的部隊，被牽制在陝北戰場，無法脫身。而且由於董釗整編第一軍從晉南西渡黃河，困在陝北，致山西閻錫山的部隊，不斷受到共軍的攻擊，已退縮在晉中地區。[90]

晉南空虛，運城因之失陷。

到了十月以後，長江以北各地，大為動亂，蔣自記曰：

> 「月（十）來共匪可謂竭其全力，以發動攻勢，南至廣濟、黃梅與團風（鄂東）、望江（皖西），西至盧氏（豫西）、商縣｛陝南），北至榆林（陝北），我軍實有十二個團以上，被其消滅，損失不為不大。且劉（伯承）匪大別山根據地，已逐漸形成，此為我最大之顧慮。……但陝北自我軍主力撤退後，已陷於被動，故榆林更陷於孤危矣。」[91]

國方亦不無斬獲，如收復膠東各重要港口，且將其軍需老巢與海外接濟線徹底毀滅，如期達成任務，是本（十）月的收獲。[92]但對整個大局的挽救，仍無所助也。

---

88 《轉折年代》，頁一三二。

89 李慶豐，〈全局在胸主動在握〉，《從延安到北京》。頁二二七。

90 《轉折年代》，頁一四六至一四七。

91 《蔣介石日記》，民國三十六年十月「反省錄」。《大事長編》，民國三十六年十月三十一日。卷六，下冊，頁五七三。

92 《蔣介石日記》，民國三十六年十月「反省錄」。

共方軍隊到十月份已發展到二二〇萬以上，國方部隊下降到二五六萬。在東北取守勢，華北由傅作義、南線由顧祝同、白崇禧、胡宗南負責，以蔣為中心。[93]

軍事的挫敗，黨內的雜音便隨之而起，早在魯南戰役失利時，蔣之親信參謀總長陳誠即有怨言，謂「關於近日對中共軍事之失利，彼（陳）覺自己不能負責，因為命令多不由彼決定或發出。」[94]何人決定或發出？顯然指蔣而言。國防部長白崇禧更是露骨的說：「蔣先生之親自指揮，更屬非事，尤其遠隔前方，情報不確，判斷往往錯誤。」又云：「蔣先生作風不改，前途不堪設想。」[95]

因此，有很多人因時局不利，以為過去如不與共黨決裂，或者和平有望；即不然，亦不至經濟、軍事敗壞至此。但亦有人認為共黨在奪取政權，酌行主義，決不與國府妥協。至軍事、經濟之敗與壞，乃國府無能問題，非決裂、和平與否問題。更具體言之，是用人不當。白崇禧以為去歲（一九四六）攻下長春，如依其主張不顧一切進追，當可攻達佳木斯一帶，因受馬歇爾壓迫，未能如願，至為惋惜。[96]此皆「馬後砲」也。

到了年底，局勢更壞，蔣自記曰：

> 「⑴大別山區劉匪乘隙向東北逃竄，又轉旋向東南方面，我軍未能如計劃圍殲。……⑵陳毅股匪主力威脅鄭、汴，破壞平漢與隴海兩鐵路約四百公里。⑶萊陽失陷，損失軍火甚多。……⑷東北匪全力進犯遼西，威脅錦、瀋，使我不能有片刻整補時間。」[97]

93《周恩來年譜》，一九四七年十二月二十五至二十八日。頁七五六。

94《王世杰日記》，民國三十六年五月三十一日。第六冊，頁七九。

95《徐永昌日記》，民國三十六年九月二十八日。第八冊，頁四八八。

96《徐永昌日記》，民國三十六年十月二十二日。第八冊，頁四九六。

97《事略稿本》（七一），民國三十六年十二月二十一日「一週反省錄」。頁六七五至六七六。

「本（十二）月憂患最深，尤以最後十日，各方告急與失敗之報，幾乎如雪片飛來，不能有一刻之閑暇。……運城失陷，實為軍事上之重大損失，第三師幾乎全部殲滅，萊陽被陷未能克復，東北、華北形勢皆甚吃緊，本月份之軍事最為不利。」[98]

中共軍事已經取得大的勝利，是否如毛澤東所言：「如我軍大勝，必可議和。」或云：「半年至一年內如我打勝，和平有望」呢？[99]此在民間而言，無不渴望和平。早在五月中，國民參政會即將集會時，民主同盟人士及其他若干參政員（包括周鯁生、張君勱等），羣欲發起「恢復和談」運動。國府委員會即開臨時會議，討論參政員恢復和談之運動問題，未作決定。[100]

迨六月六日國務會議再度討論此一議案時，眾均默不發言。這是因為在目前軍事狀態下，中共決不來京商談和平。蔣意欲軍事好轉之後再作決定。[101]是即並非不欲和談，乃是共方的問題。中共中央的決定：中國人民革命戰爭，應力爭不間斷地發展到完全勝利，應該不讓敵人用緩兵之計（和談），獲得休整時間。[102]

形勢之倒轉，誠是不可思議。一年前，共方要停戰而談，國方不允。今則國方要談，而共方不允矣。

六、通貨膨脹與經濟恐慌

通貨膨脹是民眾貧困的直接原因，也是導致人民反內戰的原因之一。有謂通貨膨脹給國民黨政權的打擊是致命的，毀掉了國民黨政權整

98 《蔣介石日記》，民國三十六年十二月「反省錄」。

99 《毛澤東年譜》，一九四六年六月十九、二十五日。下卷，頁九三、九七。

100 《王世杰日記》，民國三十六年五月十七日。第六冊，頁六九至七〇。

101 《王世杰日記》，民國三十六年六月六日。第六冊，頁八四至八五。

102 《周恩來年譜》，一九四七年十二月二十五至二十八日。頁七五六。

個政治、經濟和社會基礎。CC 領袖陳立夫說：「軍事上失敗，把游擊部隊放棄，使他們成為共產黨部隊；財政上的失敗，是幫助共產黨把有錢的老百姓變成『無產階級』，這兩大失敗，是我們為什麼要到台灣來的最大原因。」[103]

造成通貨膨脹的主要原因，有學者認為：

> 「今天惡性通貨膨脹，歸根究底，在於內戰的持續，政府要『戡亂』，共產黨要『作亂』，農村破產，工商崩潰，財政收入一天一天的減少，軍費一天一天的增加。」[104]

通貨膨脹的直接現象，是法幣貶值和物價飆漲，影響所及，不下於軍事的潰敗。法幣貶值情況以美元匯率為例，一九四六年二月，行政院長宋子文才把外匯官價從 1（美元）：20（法幣），一下提高到 1：2,040，大體接近市價匯率。但法幣不斷貶值，到一九四七年二月，市價已是 1：12,000 了。[105]

據王世杰是月十一日《日記》：「近日因政府發行大票（每張一萬元），並停售黃金，上海及南京突起金融風潮。黃金每兩突由五十、六十萬元漲至九十萬元；美鈔由每美元由七、八千元漲至一萬六千元。」[106]

至七月下旬，幣值猛跌，每美元之黑市值幾超過四萬元（官價仍為 1：12000）。[107]

至次年（一九四八）一月，美鈔黑市之價為每美元值法幣十四萬元了。[108]

---

103 陳立夫，《成敗之鑑》，頁三三八。

104 林桶法，《戰後中國的變局》，頁一八八。原注據史道源《論改革幣制》，天津《大公報》，民國三十七年三月三日。

105 《轉折年代》，頁一七九。

106 《王世杰日記》，民國三十六年二月十一日。第六冊，頁二三。

107 《王世杰日記》，民國三十六年七月二十五日。第六冊，頁一一六。

108 《王世杰日記》，民國三十七年一月九日。第六冊，頁一四八。

物價飆漲，以一九四七年為最嚴重，茲以一九三八年（抗戰之第二年）為基期，全國物價指數到一九四七年的歷年指數如下[109]：

年份	指數	年份	指數
九三八	100.00	一九四〇	403.10
一九四二	3,489.30	一九四四	24,3902.50
一九四五	119.580.40	一九四六	226,183.12
一九四七	835,287.30		

以南京為例，如以一九三七年一至六月的躉售物價指數為 100，到一九四六年六月，已達 472,978，同年十二月，則為 720,133。一九四七年十二月，猛升為 10,400,400。在一年半的內戰中，上漲了二十二倍。[110]

據南京市政府一九四七年的統計，該市躉售國貨價格，較一九三七年上漲了 104,004 倍，其中金屬類上漲最劇，138,377 倍；零售國貨上漲 100,505 倍，其中以燃料為最，達 159,245 倍；公務員生活費指數上漲 83,931 倍；工人生活費指數上漲 63,301 倍。時隔二月，江蘇全省躉售國貨價比戰前增至二十萬倍以上，零售價漲至二十一萬倍。江蘇省主席王懋功驚呼：「物價波動，幾如脫韁之馬，不可制止，人心浮動，社會不安。」[111]

上海自一九四五年十月至一九四六年底，十五個月中，物價增長二十八倍。[112]以米價為例，京滬一九四七年三月份，一石米七、八萬元，四月份為十五、十六萬元，五月中漲至三十萬元左右。[113]

戰前每石米不過十元。南京郊區之浦鎮於一九四七年五月七日，發

109 《戰後中國的變局》，頁一九二。

110 孫宅巍，《民國史論叢》（南京：鳳凰出版社出版，二〇一〇年）。頁五八八。

111 孫宅巍，《民國史論叢》，頁五九〇至五九一。

112 《轉折年代》，頁一七六。

113 《徐永昌日記》，民國三十六年五月十二日條。第八冊，頁四一〇。

生搶米和工人怠工事件。是日晨，浦鎮米價在數小時內連續跳躍，由每石十九萬元突破三十萬元大關，浦鎮鐵路工人便擁往金湯街與米商理論，衝突起來，各米店遂遭搗毀，存米被搶一空。當由軍警驅散及逮捕搶米者九人。事後浦鎮機廠千餘工人為米漲而怠工三日。在領得救濟費用後復工。同時，江蘇無錫亦發生搶米風潮，經憲警鎮壓平息。[114]

江蘇為全國最富庶地區，戰火尚未波及江南，因內戰而發生糧荒，他處情況，當更嚴重。

政府支出增加，稅收減少，幣值跌落，物價飆漲，只有靠印刷鈔票來維持。因此，法幣的發行額也跟著暴長。一九四五年十二月的發行額為 10,320 億元，至一九四六年十二月為 37,260 億，一九四七年十二月到了 331,890 億。[115]這年全年支出約五十萬億，收入不及三分之一。[116]

從一九四五年到一九四七年國府的財政收支與赤字如下（單位：法幣百萬元）[117]：

年份	財政支出	財政收入	赤字	赤字百分比
一九四五	2,348,085	1,241,389	1,106,696	47.1%
一九四六	7,574,790	2,876,988	4,697,802	62.0%
一九四七	43,393,805	14,064,383	29,329,512	67.5%

人民固然不能聊生，軍公教人員的待遇和生活，也是苦不堪言。國民政府雖不斷為公教人員增加薪金的基數和倍數，但始終跟不上物價的增長，而致生活水準急劇的下降。自一九四五年九月至一九四六年十月，南京等地的物價上漲了十七倍，而公教人員薪金平均只增加了七

114 孫宅巍《民國史論叢》，頁五八九至五九〇。

115 《戰後中國的變局》，一八九頁。

116 《王世杰日記》，民國三十七年一月九日。第六冊，頁一四八。

117 《戰後中國的變局》，頁一八七。原注據孫震等《中華民國經濟發展史》，（台北：近代中國出版社出版，民國七十二年）。第二冊，頁一四六。

倍；其生活指數，在一九四六年十月中旬為七九二〇倍，而其薪金及生活補助費合計尚未到一千倍。若以抗戰前（一九三七年上半年）物價為基數，至一九四七年四月，南京的生活指數巳上漲了一萬二千多倍。[118]

海軍總司令桂永清一九四七年七月報告海軍官兵待遇問題說：上校艦長月薪五十六萬元，士兵六、七萬元，而招商局船長九百餘萬元，水手一百萬有奇（平時士兵二十、三十元，水手四十、五十元）。公務員的月薪，武官最高級八百餘萬元（連軍米眷米在內），文官二百萬有奇，武官一上校級（簡任）約一二〇餘萬元，尚不如一銀行之傳達（工友）。[119]各級學校教師待遇，是比照政府各級公務人員。像公務人員一樣，教員月薪在市場上的購買力萎縮，只夠幾天的配給米價。大學教授因生活困難而罷教，例如國立河南大學和山東大學教授會議決議，自一九四七年五月五日起，實行罷教，青島中小學教師響應之。其他學校多有類是。[120]

長期的戰爭，對經濟的破壞，更是嚴重。即以粮食的生產和供應而言，據粮食部長徐堪的報告，抗戰時期淪陷各省，農村破壞很大，人民痛苦很深，粮食供應異常困難，勝利後比抗戰時期更為加甚。原因是：

⑴政府下令免賦，各省軍粮需要很大，均按當地市價購買，以致市價飛漲。愈漲愈購不到，只好攤派，人民痛苦愈深。

⑵若干地區為中共封鎖，蘇北是產粮地區，完全被封鎖，供需益加恐慌。由於共軍之擾亂，上海、天津、北平等市人口大增，粮慌更加嚴重。

⑶各地歉收，饑民很多，需要大量粮食接濟。

⑷善後救濟粮食，限於規定及運輸，不能運用。

⑸運輸困難。[121]

---

118 孫宅巍，《民國史論叢》。頁五八九。

119 《徐永昌日記》，民國三十六年七月十四日。第八冊，頁四五三。

120 《戰後中國的變局》，頁二〇二。

中共對付國民黨最厲害的一著，便是破壞交通，造成經濟困難。馬歇爾指出：

> 「固執之共產黨人士，絕不猶豫使用激烈之手段，以求達到目的，例如共黨之破壞交通線，以求摧毀中國之經濟，並產生一種便於推翻政府或使其崩潰之情勢，而不顧及中國人民因此所受之苦痛。」[122]

此對經濟之影響，旅美華僑領袖司徒美堂據其回國觀察所得，認為人民生活之苦的最大關鍵，乃為交通問題，全國如一人體，然南北東西各重要交通不通，如人體之上下四肢動脈不通，何能生活？無論通不通；即通亦朝通夕破壞，商家誰敢以血本運貨？如上海缺煤，內地缺布，既不能通運，則上海不能以布作煤，內地亦不能以煤作布，此理至為明顯。交通不通非他，乃共軍或其黨羽所破壞。如政府進行肅清工作，即是不和平，如斯而望人民生活有著，豈非緣木求魚！各國皆有在野黨，攻擊在朝黨，然亦祗能攻擊其惡劣，不得代為製造惡劣。今中共有武力破壞人民資以生活之交通，不許政府修復，而反以內地無布上海無煤責政府，有斯理乎？[123]

司徒美堂為中國致公黨駐美洲總部主席，是一位愛國僑領，曾於一九四五年十一月間與毛澤東往返致電，促制止內戰，以謀和平。[124]其對中共之破壞交通而影響人民生活，頗不以為然。

---

121 粮食部長徐堪的報告，民國三十五年六月二十六日。國防最高委員會常會一九六次會議速紀錄（國民黨黨史會藏檔）。

122 馬歇爾特使離華聲明，一九四七年一月七日。《戰後中國》（三），頁二六四。

123 《徐永昌日記》，民國三十五年十月一日。第八冊，頁三二五至三二六。

124 毛澤東、司徒美堂往返電，一九四五年十二月二十七、二十八日。《中共文件》，第十五冊，頁五二四至五二五。

而中共則視為重要戰略之一，指示所部：「破路、破車、翻車、襲擊、阻擊，遲滯頑軍前進，……這種交通戰將是長期的。」[125]而且「必須徹底破壞，動員兵眾，公私兼顧，主要須掘斷路基又寬又深，而讓鐵軌、枕木、器材，讓民眾取去。」[126]

此法對付國民黨至為毒狠。

七、中共的「第二戰場」

一九四七年二月一日，中共中央政治局會議討論毛澤東起草的〈迎接中國革命的新高潮〉的黨內指示，周恩來在會上作了國民黨統治區人民運動的報告，首次把這一運動，特別是學生運動，稱作「第二戰場」，同「第一戰場」人民解放戰爭相配合。[127]在此之前，雲南昆明西南聯合大學一九四五年「一二、一」學潮，揭開了序幕。教育部長朱家驊在國防最高委員會會議中報告說：

> 「關於全國教育界不安定情形，尤其是此次昆明學潮，都是共產黨所造成的。西南聯大在上（十一）月二十五日舉行自治座談會，討論內戰問題。這種會議過去也曾舉行過十多次，在昆明是常有的，此次舉行，適在時局不安定的時候。」[128]

起因是這年十一月二十一日，延安《解放日報》發出成立反內戰聯

---

[125] 中共〈軍委關於破壞交通線的指示〉，一九四五年十月十八日。《中共文件》，第十五冊，頁三六二。

[126] 中共〈中央關於東北作戰的指示〉，一九四六年四月八日。《中共文件》，第十六冊，頁一一二。

[127] 《轉折年代》，頁八六。《周恩來年譜》，一九四七年二月一日。頁七一八。

[128] 朱家驊報告昆明學潮，民國三十四年十二月十七日。國防最高委員會常會一七九次會議速紀錄（國民黨黨史會藏檔）。

合會的號召，中共雲南省工委立即組織發動各學校，舉行反內戰時事講演會等。二十四日晚，聯大中共支部在民青支部、學聯組織下，由聯大學生自治會與雲大、中法、英專三校學生自治會決定，次日晚在雲大至公堂召開內戰時事討論會，邀請若干教授演講。[129]

由於軍政當局小組會報決定要制止，因此本來預定在雲大舉行的，改在聯大舉行。參加的除聯大學生外，有中法大學、雲南大學、英專等校學生，不過聯大學生居多數而已。開會時間是晚上六時，到的教員有十餘人，並經自治會邀請錢端升、伍啟元和潘光旦、費孝通四位教授講演，錢、伍是國民黨員，潘、費是民主同盟。講演時外面就槍聲不斷，而且愈來愈密。本來不致罷課，但經此槍聲一鬧，罷課就成功。軍警方面成立了行動委員會，學生方面成立了罷課委員會，學生罷課以後，雙方就不斷有衝突，十二月一日，就有十二處發生衝突，尤其是聯大師範學院、文法學院、中學部等衝突更嚴重，有很多人受傷。最不幸的忽然發生炸彈爆炸，師範學院死了四人，因此風潮愈益擴大了。[130]

此事實由國民黨雲南省黨部主任委員、雲南省政府民政廳長代理省主席李宗黃等組織黨團人員，軍官總隊和第五軍分校學員，以及部分特工人員，衝入各校，見人便打，公然投擲手榴彈，造成學生四人死亡、十六人重傷的慘劇。[131]據傅斯年調查，認為慘案的禍首是李宗黃，目的是政爭，其次是邱清泉（第五軍軍長）。關麟徵（昆明警備司令）「代人受過」而已。[132]

昆明「一二、一」學潮也影響到成都、重慶。成都曾有遊行，也有罷課的趨勢，復旦大學也開過會。中央大學、重慶大學正借題鼓動，中央工專要求搬回去。教育部採取安撫措施，平息下去。[133]

---

129 楊奎松，《國民黨的聯共與反共》，頁五五三。

130 朱家驊報告昆明學潮。國防常會一七九次會議紀錄。

131 《國民黨的聯共與反共》，頁五五四至五五五。

132 《國民黨的聯共與反共》，頁五五九。

133 朱家驊報告昆明學潮。國防常會一七九次會議。

一九四六年十二月二十四日，北平發生的沈崇案，其規模之大，遠超過昆明「一二、一」學潮。沈崇為北京大學女生，門第顯赫，為清代名臣沈葆楨之曾孫女，林則徐之玄外孫女，更是顯得此案之特出。是晚被美軍強姦。平、津各大學左派學生發動反美運動。南京亦有遊行。某校學生於遊行時進入美使館，有極端侮辱美國人之語言。[134]

此對中共地下黨來說，「抗暴運動是一場遭遇戰」，因為誰也未曾預料此時會發生這樣一個迅速激起公憤的事件。於是北平中共地下黨負責人立即作出反應，進行聯絡活動，三十日，北平各大學抗議美軍暴行的示威遊行，於焉展開。[135]次年（一九四七）一月一日這一天內，天津、上海、南京、蘇州、杭州、重慶各地大學都有成千上萬的學生示威遊行。在整個的一月份，全國二十多個大、中城市的學生，均不斷有罷課、示威遊行。[136]台灣亦不例外，一月九日，台灣大學、師範學院等台北大中學生數千人，在新公園集會，高呼「抗議美軍暴行」、「美軍滾出中國」等口號。會後在市區遊行。[137]

左派之反美而親蘇，亦有不以為然者。如徐永昌記其所感曰：

> 「平、津一帶美兵之無理行為，遠遜於旅、大一帶之蘇軍，然而各地學生不稍責難蘇軍何也？新聞界亦然，對美則亦相責難，對蘇則曰必親之信之。若余（徐）為美國計，當即日撤去。蓋美軍駐中國，完全是害，直無利可言。或謂留以備蘇，實則美蘇果戰，此等據點，祇要中國不變為共軍政府，不愁中國不歡迎其即來，又何必預駐為？或謂今日美國對中國包藏禍心，則余尚未看出。」[138]

---

134 《王世杰日記》，民國三十六年一月四日。第六冊，頁二。

135 《轉折年代》，頁七七、八〇。

136 《轉折年代》，頁八二至八三。

137 《轉折年代》，頁八五。

138 《徐永昌日記》，民國三十六年一月十四日。第八冊，頁三六六。

這年五月，國軍在魯南戰場連遭挫敗，人心震盪，物價飆漲，中共又發動「反飢餓」、「反內戰」運動，聲勢浩大，且以南京為首選。這是中共地下黨以為南京是國方首都，政治影響較大，決定先由中央大學發動，因為中大學生多，中共黨員也多。[139]

十五日這天，中大、戲劇專科及音樂學院三千餘學生為要求副食費增為每月十萬元，結隊遊行至教育部，大呼朱家驊（教育部長）快出來，經朱解說現在每月四萬八千元，國家已難負擔。學生高呼不要廢話，為何打內戰？最後學生扭住朱，欲令同往行政院，經警官苦勸，朱始得脫。十二時許，大隊至行政院，王雲五副院長希能有代表講話，而學生高呼「社會實賢達拿出良心來」，歌唱《你這個壞東西》頗久。沿途大街小巷，寫遍油墨標語（多為反內戰者）、漫畫，舉目皆是。[140]

國府當局面臨此種情況，顯已束手無策。行政院十六日會議討論中大及上海等處學潮問題，認為現時學潮有擴大之勢，一因經濟的壓迫遍及各校學生；一因內戰之結束無期，人心苦悶。如何應付此種動盪形勢，誠為當前難題。朱家驊主張採取嚴厲辦法。[141]亦非有效之法也。

學潮不斷擴大，迅即蔓延全國各大、中城市，上海大同、同濟、復旦等大學，杭州浙大、北平北大、清華、天津北洋等各大學，湖北農醫學院等校悉罷課，山東大學則係教職員罷教，杭州英士大學五百餘人來京請願。[142]

二十日，南京以中大為首及其他京市學生與各地代表共約千餘人之遊行，口號為反對內戰、反對徵兵、繳粮。其要求條件為「增加教育經費」、「專科以上學生皆公費待遇」、「五月份副食十萬，以後按物價增數」等。雖有衝突鬥毆，僅止於受傷，警憲傷者稍多於學生，以學生

---

139 《轉折年代》，頁一九二。

140 《徐永昌日記》，民國三十六年五月十五日。第八冊，頁四一三。

141 《王世杰日記》，民國三六年五月十六日。第六冊，頁六八至六九。

142 《徐永昌日記》，民國三十六年五月十七、十八日。第八冊，頁四一五。

持有旗桿與油墨筒，但學生傷重於警憲，因警憲粗壯耳。[143]學生與警憲雙方對峙六小時之久，最後經過邵力子（國民參政會秘書長）調解，學生由原路返校。「五二〇」因此事件而得名。[144]

中共此一攻勢，對國方之威脅，不下於軍事之嚴重。蔣氏記其所感曰：

> 「共匪在我後方各大都市發動其各階層宣傳之威脅攻勢，一面擾亂社會秩序，由大學而中學而工廠，運動全國罷課、罷工、罷市，企圖前後方回應，推翻政府，奪取政權，而一般自由與知識分子之校長、教授，皆由中立而附和共匪之可能。」[145]

「五二〇」事件並未結束，左派報紙復提出「六月二日為反內戰日」，聯合各界罷工、罷市、罷教、罷課，要求成立民主的聯合政府。[146]不幸六月二日前夕，武漢大學發生了慘案。武漢警備司令部獲悉武大學生自治會為響應「六二」暴動，乃於一日晨派大批警憲入校，按名逮捕學生四十八名，不意忽涌出學生二百餘人，將汽車及警憲包圍，劫持二十六人，並將憲兵連長擊倒，奪去手槍，致起衝突。[147]此時執行人員中有鳴槍示威者，其他兵士隨即以槍亂射，遂致學生三人被殺，多人受傷。此事實由當地負執行責任之軍警長官及特務人員顢頇所致。而發令逮捕學生者，則為國民黨中央谷正鼎等所主持之「聯秘處」機構。[148]

蔣介石講到學潮問題，以為幾如無政府狀態，上海學潮完全為共黨策劃領導，所以令各負責者約束戒備。若武漢學潮非如上海之甚，何至

---

[143] 《徐永昌日記》，民國三十六年五月二十一日。第八冊，頁四一八。

[144] 《轉折年代》，頁二〇四。

[145] 《蔣介石日記》，民國三十六年五月二十四日。

[146] 《徐永昌日記》，民國三十六年五月二十三日。第八冊，頁四一九。

[147] 《大事長編》，民國三十六年六月二日。卷六，下冊。頁四六八。

[148] 《王世杰日記》，民國三十六年六月三日。第六冊，頁八一至八二。

竟致鬧出人命。且預先亦無命令指示，所以彭善（武漢警備司令）應予處分。[149]彭及稽查處長胡孝揚撤職查辦，被難學生優予撫卹。[150]

蔣且指出共黨策動並製造之種種暴動，如學生規定六月二日為總罷課，並號召罷市、罷工，實因六月二日乃係去年（一九四六）延安發動所謂反內戰運動之紀念日也。徐永昌評曰：

「中共日日在發動攻戰，而同時又日日發動反內戰，陰險極，亦巧妙極；其中共以外之人士，為其所迷惑，無乃愚蠢極！」[151]

然而一些黨政人員之顢頇，不替助長學潮，無異配合中共之「第二戰場」也。

八、政治之腐化與惡化

國方軍事之挫敗，並非純粹的軍事問題，亦非純因共黨勢力之強大而挫敗之，實由其本身諸多問題以促成之，尤以政治、經濟、社會等問題之影響為最著。就政治問題而言，貪汙腐化實為其致命之傷害；通貨膨脹、經濟恐慌、社會不安，以及民心士氣之低落等，皆是造成國民黨極大之挫折。就共黨而言，凡國方之害，即為共方之利。故共方亦竭力推波助瀾以擴大之，以加重國方之傷害，例如「四大家族」之說，對國民黨之殺傷力，可謂無遠弗屆。

就政治腐化問題而言，其主要現象，約為官吏貪污，公私不分，假公濟私，濫收濫支，營利分肥，事權不一，互相推委，上下其手等。[152]

抗戰勝利，國府接收官員之貪腐，使淪陷八年日偽地區之人民，大

149 《徐永昌日記》，民國三十六年六月八日。第八冊，頁四二八。

150 《大事長編》，民國三十六年六月七日。卷六，下冊，頁四七一。

151 《徐永昌日記》，民國三十六年五月二十九日。第八冊，頁四二二至四二三。

152 《徐永昌日記》，民國三十六年十月六日。第八冊，頁四九一。

失所望，尤以上海、北平為甚。甫在接收之始，蔣即獲據確報：

「京、滬、平、津各地軍政黨員，窮奢極侈，狂嫖濫賭，並借黨團軍政機關名義，佔住人民高樓大廈，設立辦事處，招搖勒索，無所不為，而以滬、平為尤甚。」[153]

蔣雖嚴令取締，效果顯然未彰。此予中共以最好之宣傳材料，其重慶《新華日報》形容：戰後人民對國府中央大員抱著渴望，等這些大員到達後，渴望就變成希望，再等國軍到達後，希望就變成失望，等到國民黨的接收工作開始後，由失望變為怨望，隨著怨望變成仇恨。[154]

國府派往光復區考察的官員邵毓麟在其回憶錄中說：

「經濟事業機構的接收，更是弊端百出，黑漆一團。再加經濟事業機構為利之所在，重慶所派人員，在上者或係盲人瞎馬，莫名其妙，原在下者卻睜開眼睛，混水摸魚，而共匪與偽組織人員，又楔入政府與人民間，大肆渲染，挑撥離間，所以勝利後的接收，別有用心的人，稱之為『劫收』。」[155]

邵為蔣介石的侍從室少將秘書，在其考察上海、南京後，向蔣面報看到的情況說：「像這樣下去，我們雖已收復了國土，但我們將喪失了民心！」[156]當時平津地區有一「順口溜」曰：「天天盼中央，中央來了更遭殃。」[157]

平津地區的報紙，更不時有貪污的新聞，冀察熱綏區清查團在清查

---

153 《大事長編》，民國三十四年十月二十五日。卷五，下冊，頁八五八至八五九。

154 林桶法，《戰後中國的變局》，頁二五。原注據一九四五年十一月十八日《新華日報》。

155 邵毓麟，《勝利前後》。（台北：傳記文學出版社，民國五十六年）。頁七六。

156 邵毓麟，《勝利前後》，七六頁。

157 《徐永昌日記》，民國三十四年十二月八日。第八冊，頁一九七。

後的報告中指出：

「本團認為接收工作之貪污寡效，由於人事者半，由於政策者半。查敵人侵佔華北，原有整盤計劃，推行此項計劃，有一統一機構。中央於接收之初，專注重一時國庫收入，不顧及百年建設大計。……關係各部份之派員來平，特派員頭銜者，不知若干名，接收機關不下數十處，各不相謀，各自為政，明為接收，實為搶攘。」[158]

諸如此類貪腐之風，光復後的台灣亦復如是。台灣雖受日本統治五十年，管制極嚴，行政效率至高，故對內地派來的官員貪污行為，台人感受更為強烈。對政府官員漫無紀律的反感，實為導致「二二八」事件的重要原因之一。即如徐永昌所云：

「台胞一向看慣過慣日人有計畫有辦法的生活，今國家一切設施，台胞當然不滿，官吏忸於內地之無法無天，漫不在意，其遭此小的挫折，誠大佳事。」[159]

據新任之台灣省主席魏道明云：

「前次之亂（『二二八』事件），實由長官公署上下所造成，渠（魏）本人如台人，亦必從亂。柯遠芬參謀長、葛敬恩秘書長，無理貪污其甚者，陳公俠（原台灣行政長官陳儀）為人作嫁而已。」[160]

這一事件發生的時日（一九四七年二月二十八日），正是山東萊蕪

158 《戰後中國的變局》，頁三四。原引南京二檔「經濟部冀察熱綏區特辦處接收文件（檔號五三八）」。

159 《徐永昌日記》，民國三十六年三月七日。第八冊，頁三八三。

160 《徐永昌日記》，民國三十六年七月二十四日。第八冊，頁四五九。

戰役失敗之後的第五天。

「為右則腐，為左則惡」，此為胡漢民早年對左右派之形容。國民黨之腐化與中共之惡化，成為強烈之兩極端，苦難者為中間之人民耳！

據國方山東省主席何思源一九四六年五月致行政院的報告，關於中共在萊蕪「普遍發動階級鬥爭」之對象與方法，大要如次：

⑴國特：凡國民黨政軍人員及其區鄉村幹部和親屬，統以「國特」稱之，將房產土地悉數沒收，人口驅逐不准離境，指定活動範圍，逼令乞討。

⑵漢奸：凡在日偽系統任職之人員，統以「漢奸」稱之，每人留地一官畝外，餘均充公。

⑶惡霸：凡公正士紳知識分子，以及稍有社會地位之人士，統以「惡霸」稱之。除沒收其財產外，必加侮辱。

⑷富農富商：凡稍有資產之商農，以結算舊賬辦法（三十年內），找租、找息、找工資，名曰「窮人大翻身」。

⑸二流子：凡鄉間衣食較好而無工作能力及遊閒分子，統稱為「二流子」，除鬥爭其財產外，並罰作奴役。

⑹鬥爭方式：確定每村鬥爭對象後，先發動醞釀，待羅織成熟，即於每村築起高台，召集民眾麕集台前，由鄉村幹部組成主席團，迫令被鬥者跪於台上，向大眾自認罪狀，每一罪行毒打一次，鬥爭一人恆三、五日至十餘日。夏則曝於烈日之下，冬則裸體於大寒之處。更有戴綠帽、著女衣、鳴鑼繩牽，遊集市鄉村者。凡在鬥爭之列者，一律取消其公民權，並以奴隸對待之。[161]

陳誠一九四六年九月視察華北收復的解放區後，對中共之清算鬥爭情形說：

---

161 〈山東省政府主席何思源上行政院報告〉，民國三十五年五月四日。《戰後中國》（二），頁三五六至三五八。

「至於清算，更是殘酷，第一次清算，第二次清算，到現在是第三次清算了。第一次清算是地主富農，第二次清算是自耕農，現在第三次清算那是什麼人都要清算。這種清算，什麼人都受不了，到綏遠有人告訴我，共產黨把玻璃杯、磁瓶搞破了放在地上，要他們在上面滾，問他還有錢沒有，親戚有錢的也要說出來。」

「最殘忍的要算對付所謂『國特』分子了，凡是對國家有點熱誠的，都會被指為『國特』分子，把人捆了縛在驢子上，拖上幾十里路，否則，就是把人浸在石灰水中。」[162]

解放區亦有「偶語棄市」者，陳誠一九四七年二月一日視察收復後的蘇北解放區的情況說：

「有兩件事可見匪的殘酷，有夫婦二人，其夫偶放一屁，妻說對我放屁，何不對八路放屁。為共匪所知，夫婦二人就都把命送了。另有兩夫婦在路上相遇，其妻適與另一女共黨黨員同行，夫婦講了幾句話，共產黨員就去告發，說他們夫婦講私話，講甚麼不知道，如果是正正當當的話，為甚麼她不可以聽。他倆夫婦被責備一頓。後來他的妻子寫了一封信給丈夫，說是不是夫妻不能說一句話。這封信又給旁人知道，他丈夫害怕起來，自動將信呈上去，他妻子見丈夫如此害怕，便自殺了。」[163]

中共駐南京代表周恩來曾在一九四六年五月初致電中共中央說：「最近上海、南京、重慶等地，接到許多封關於蘇北清算鬥爭的信件，

---

162 陳誠軍事報告，民國三十五年九月二十五日。國防最高委員會常會二〇五次會議速紀錄。

163 陳誠軍事報告，民國三十六年二月十九日。國防最高委員會常會二一九次會議速紀錄。

眾口一詞，提到過火」。「來信者多與我方原有好感，故不能一律以鬥爭初期，不可免的判斷答之。」周建議：「可否在蘇北之鬥爭方式，擇較溫和辦法，以便爭取上層中產者階級。」中共中央答復說：過火行為是個別現象，是難免的。請向民盟說明中共的土地政策。[164]

為此，周和民盟人士黃炎培、梁漱溟長談。黃反映所聞土改中過火行為，並提到劉崇祐遺言（按：遺言內容未詳）。周雜以題外的話岔之，說：「五四」運動之際，劉崇祐為律師，為我辯護營救外，更以金錢接濟，至今銜感。[165]

中共的清算鬥爭，是其羣眾運動的主要工作，根據中共晉冀魯豫局的指示：

> 「我區執行中央（一九四五年）十一月七日指示所發動的訴苦、清算、減租、增資的羣眾運動，有了很大成績。根據經驗，目前新區的羣眾運動，從反奸、清算、訴苦、復仇開始，都是合乎實際要求的。這樣可以把八年來壓榨羣眾，而為現在國民黨所接受，所培植敵偽統治，基本打垮。」[166]

對於所謂「過火」問題，中共中央說：

> 「最近期間，有一種所謂羣眾運動過火，壞人得勢，好人低頭的議論，已在開始叫囂。領導機關應該注意，不要被這些叫囂所左右，所嚇倒。應該大膽的，放手再放手的，……把敵偽殘餘和一切反動勢力的氣焰，堅決打下去。」[167]

---

164 《周恩來年譜》，一九四六年五月三日。頁六六三。

165 《周恩來年譜》，一九四年六月六日。頁六七〇。

166 中共〈晉冀魯豫局關於進一步發動羣眾工作的指示〉，一九四六年三月二十四日。《中共文件》，第十六冊，頁一二一。

167 中共〈中央轉發東北局對目前東北工作的指示〉，一九四六年四月十六日。《中共文件》，第十六冊，頁一三〇。

因此，所獲得的效果是：「只要我大膽放手，全力撐腰，確實與羣眾同生死，以戰爭與土改相結合，實行全區戒嚴，控制所有反動分子。」[168]

九、士氣低落與軍紀敗壞

軍事的挫敗，政治的腐化，物價的飆漲，經濟的恐荒，社會的不安，也造成民心士氣的低落，軍紀的敗壞。

魏德邁這年七、八月間來華考察報告中說：「中國各地多有冷漠無情與麻木不仁之現象，對眼前之問題不求解決，……多數能幹愛國之中國人士，原應滿懷希望與決心者，反陷於可鄙之失敗主義，言之誠屬令人喪氣。」[169]

即以素持積極態度的參謀總長陳誠而言，「彼對大局亦悲觀。……頗露消極之意，謂俟局勢稍好轉，即將引退。」[170]國民黨中央要員討論整個政治軍事形勢時，大多數人均有重大恐懼心。[171]蔣則認為當前處於不利情勢，是由於黨之腐敗，互相排擠，互相爭權，毫不知愛國與負責，外國人說我們衰老無能，精神委靡而墮落，一點不錯。[172]且認為：

> 「軍事挫折以後，本黨內部重要幹部多失信心，懷疑、抱怨、責難、推諉、譏上怨下，想入非非，且有以余（蔣）暫時辭職下野，為其竊議問題者。」[173]

---

[168] 中共〈邯鄲局關於開展新區工作的指示〉，一九四七年九月二日。《中共文件》，第十六冊，頁五一八至五一九。

[169] 魏德邁特使離華聲明，一九四七年八月二十四日。《戰後中國》（三），頁三七七。

[170] 《王世杰日記》，民國三十六年五月三十一日。第六冊，頁七九。

[171] 《王世杰日記》，民國三十六年六月十八日。第六冊，頁九二。

[172] 《徐永昌日記》，民國三十六年六月三十日。第八冊，頁四四三。

[173] 《蔣介石日記》，民國三十六年六月二十六日。

關於軍紀之敗壞，主要現象，約為濫要給養工料，強佔強購，空額太多，戰鬥情緒低落，干涉行政等。[174]

講到士氣之不振，國防部長白崇禧說：

「過去我各線皆優於共匪，今則僅山東一處優於共匪。而士氣甚低，其致此之由，實因整編與取消雜牌部隊，致軍隊減少，僅能控制點與線，無控制面的力量。士氣低落，人心怨上畏匪。」[175]

白氏之言，顯對陳誠的不滿。國防部次長秦德純說：

「今日軍官腐化驕傲已極，慌報軍情，不聽命令，敵打甲而乙丙不動，打乙而甲丙不動，共匪對國軍唯一方法，擇肥而食。國軍則偷安取巧，儌倖投機而巳。」[176]

國軍將領之不能合作，而各自為謀，其表現於戰場者，勇者任其自進，怯者聽其裹足，犧牲者犧牲而巳，機巧者自為得志，賞罰不公，彼此多存觀望，同床異夢。敵無可畏，可畏者，乃將領意志之不能統一耳。這是國軍整編第七十四師師長張靈甫向蔣反映的意見。蔣甚是之。[177]

國防部新聞局長鄧文儀的報告，謂今日之軍隊軟弱無力，幹部遲鈍，軍心渙散，士氣消沉，已有千百事實證明。其基本原因，為中、上級幹部，軍閥思想傾向之發展，視幹部為私有，以升官發財為目的。軍隊失去靈魂，犧牲精神，完全消失。[178]

蔣對軍紀之敗壞，顯亦有所了解，深為憂慮，認為：

---

174 《徐永昌日記》，民國三十六年十月六日。第八冊，頁四九一。

175 《徐永昌日記》，民國三十六年六月十四日。第八冊，頁四三一。

176 《徐永昌日記》，民國三十六年七月十四日。第八冊，頁四五四。

177 《大事長編》，民國三十六年五月六日。卷六，下冊，頁四四五至四四六。

178 《事略稿本》（七一），民國三十六年十一月十四日。頁四四三。

「將領昏庸，軍紀盪然，平時不加準備，臨戰驚慌失措。」[179]

「尤其是前方高級將領不學無術，疏忽輕敵，猶不自知其無知無能。」[180]

蔣經國由東北與華北回京，報告高級將領已全失其信心，幾乎自示其本身之一代，已經絕望，故貪污自保之念日甚一日。蔣亦自認為其「大意疏略，監教無方之過。」[181]

蔣就軍紀敗壞情況，綜合列舉如下：

⑴軍事高級幹部意見分歧，情感不睦。健生（白崇禧）牢騷與不滿為甚。

⑵各以私人權利為重，而無同仇敵愾之心。

⑶偶遭挫折與危急，皆意志沮喪，請求辭退以為自保，而曾無一人能臨難不苟，負責不懈，始終不變，險夷一致，可以托其大事，扶持危局者，至其能力與學術之不足，則尚在其次也。[182]

果如是，則無一人可用矣！

最為危險的，有些前線將領暗通中共，如國軍第三綏靖區副司令張克俠即為中共秘密黨員，與中共有來往，周恩來致電陳毅，謂西北軍張克俠與我們有來往，被國方注意，可接他的家屬到中共地區張家口，使張可以自由行動。

第八十四師師長吳化文，及暫編第二十一師師長孫良誠，派人在南京、上海與中共接洽，請派人做他們的工作。[183]

第四十六軍軍長韓練（煉）成，也早與中共秘密聯繫。該軍為桂系部隊，轄三個師，於一九四六年冬由海南島調至膠東。內部有派系矛

---

179 《蔣介石日記》，民國三十六年五月二十日。

180 《蔣介石日記》，民國三十六年五月二十一日。

181 《蔣介石日記》，民國三十六年六月二十四日。

182 《蔣介石日記》，民國三十六年六月二十二日。

183 《周恩來年譜》，一九四六年六月十七日。頁六七二至六七三。

盾，其中第一七五師師長甘城成，第一八八師師長海竟強，分別為李宗仁及白崇禧之外甥，掌握實權。韓為甘肅人，自成一系。其在軍部中，安排兩名中共地下黨員，為其工作。萊蕪戰役時，與陳毅約定，在關鍵時刻，脫離指揮崗位，致第四十六軍陷於混亂狀態。[184]當時國方認為韓已自戕。[185]不意後來竟在南京出現，謊稱由萊蕪撤出時，率特務營數百人，突圍八百里，僅以身免。且云曾作一統計，親自呈蔣主席，說有四十七個師為共軍所毀。[186]

如此敵我不分，這個仗怎能打下去！

談到士氣低落問題，有謂部隊幾如住家，無復緊張努力於備戰者，所以作戰亦僅敷衍塞責。各級官長每談言誰幾年退伍，以是多無恆心，而為後事是謀。[187]且謂士氣之壞，中央系是由於貪污，非中央系是由於不公。更謂「恐難維持一年」。語多憤慨。[188]

西北軍宿將鹿鍾麟說：現在待遇祇是逼士兵做強盜，被編下軍官都成擾亂軍心者。徐永昌以為軍隊待遇差，即如粮草價不足，彼軍隊亦未見人馬餓斃，還不是擾民。所以令軍隊擾民，是民怨兵、怨官；而兵亦怨政府、怨國家。如不亟努力於軍食辦法改善，恐徒上下交擾而已。[189]

---

184 《轉折年代》，頁一一八。承著者金冲及教授函知「韓練成早同中國共產黨秘密聯繫」事，見陳毅《華東一年來自衛戰爭的初步總結》（一九四七年十二月三十日）。《陳毅軍事文選》，（北京：解放軍出版社，一九九六年）。頁一一八。據《郭汝瑰回憶錄》（北京：中共黨史出版社，二〇〇九年）謂「韓煉成（韓練成）原來是一個共產黨員」。頁一一九。華健忠，〈我軍又獵泰山東〉，《從延安到北京》。頁二一〇至二一二。

185 《徐永昌日記》，民國三十六年三月二日。第八冊，頁三八一。

186 《徐永昌日記》，民國三十六年十二月二十九日。第八冊，頁五一〇。

187 《徐永昌日記》，民國三十六年一月二十六日。第八冊，頁三七一。

188 《徐永昌日託》，民國三十六年三月十五日。第八冊，頁三八七。

189 《徐永昌日記》，民國三十六年六月十四日。第八冊，頁四三二。

第七章
內外夾攻全面崩潰

一、毛澤東估計還有一年可獲成功

民國三十七年（一九四八），是戰後國共戰爭進入第三個年頭。這年九月八日至十三日，毛澤東在西柏坡主持召開的中共中央政治局會議上報告指出：「我們的戰略方針是打倒國民黨，……由游擊戰爭過渡到正規戰爭，建軍五百萬，殲敵正規軍五百個旅，五年左右根本打倒國民黨。」[1]這五年的計算是從一九四六年七月算起，第三年是「今年（一九四八）七月至明年六月」。即是還有兩年的時間。[2]但是到了一九四八年九、十月間，共軍攻下濟南、錦州後，毛氏又把五年的時間提前一年，「大概只需一年左右的時間即可達到了。」亦即到一九四九年十月左右，就可以「從根本上推翻國民黨統治」。[3]毛氏的估計，可謂準確。

1 《毛澤東年譜》，一九四八年九月八日至十三日。下卷，頁三四三。

2 中共〈中央軍委關於實現五年推翻國民黨的指示〉，一九四八年九月二十二日。《中共文件》，第十七冊，頁三三三。

3 〈毛澤東關於再有一年可推翻國民黨的估計〉，一九四八年十一月十一日。《中共文件》，第十七冊，頁四七三。

但蔣介石在元旦文告中說：「消滅匪軍有形力量，終可在一年內完成。至於各地散匪，須待有形的匪軍消滅以後，再加上一年或二年的時間，方能徹底肅清。」[4]蔣之元旦書告，目的顯為鎮定人心也。到了濟南、錦州失陷以後，情況就完全不同了。於十一月二十五日自記其對時局之感想曰：

> 「軍事失利以後，社會、政治、經濟、外交與人心動搖之現象，決非想像所能及也。加之戰地難民及青年逃奔後方，難以安置，沿途傷病官兵無法管理之紛亂情勢，更足令人痛心。」[5]

到了年底，華中「勦匪」總司令白崇禧自漢口電蔣，促與共方言和，實即要蔣下野。電曰：

> 「默察近日民心離散，士氣消沉，遂使軍事失利，主力兵團，損失殆盡，倘無喘息整補之機，整個國軍，雖不辭任何犧牲，亦無救於各個之崩潰。」[6]

要蔣下野與共言和的呼聲，此起彼落。這年最後一天的除夕，蔣集黨內要員座談，首先宣讀明日元旦文告，其中有：「個人進退出處，無所縈懷」之語。有垂涕泣而道者，有慟哭失聲者。[7]蔣讀文告畢，張道藩首先發言，謂文告一發布，黨政及地方必然分裂。王世杰說：這文告不是要和，像是要不和，美駐華公使克拉克（Clark）曾有蔣總統一下

---

4 秦孝儀主編，《總統蔣公思想言論總集》（台北：國民黨黨史會出版，民國七十三年）。卷三十二，頁一九五。《徐永昌日記》，民國三十七年一月一日。第九冊，頁一。

5 《大事長編》，民國三十七年十一月二十五日。卷七，上冊，頁一五八。

6 《大事長編》，民國三十七年十二月二十六日。卷七，上冊，頁二〇三至二〇四。

7 《大事長編》，民國三十六七年十二月三十一日。卷七，上冊，頁二〇六頁。

野、軍政俱立垮之言。谷正綱說：總統一下野，必致樹倒猢猻散。繼續發言者此起彼落，大多數反對總統出處問題一段，以為必須刪除。蔣謂不必改，可照此發出。發言者仍不止。最後蔣囑立即發布，並作色而起曰：「諸位不要我下野，但是盡做令我下野的事。」以手擊桌，拂袖而去。當諸人激辯時，孫科曾謂自奉命組閣後，在滬就醫之時，來談之人，無不希望和平實現。此言亦頗有力。[8]

這是軍事、政治、經濟、社會已臨崩潰情勢。本章是就國民黨方面一九四八年的軍事、財經、黨政與人心的崩潰情形，期作進一步的探討。

二、國方軍事走向崩潰

中共原先估計五年內打倒國民黨，是根據一九四六年和一九四七年兩年的作戰經驗。這兩年計殲滅國民黨正規軍一八九個旅，為數二七〇餘萬人（包括非正規軍）。而共方則由兩年前一二〇餘萬人發展到當時的二八〇萬人。故估計今後三年可以殲敵七百萬人左右，而共方可達擴展到五百萬人之目的。這樣不但能打倒國民黨，且可統治全中國。[9]但在一九四八年九、十月攻下濟南和錦州以後，毛澤東即估計國民黨不可能再動員三百萬人。大約再以一年左右的時間，再殲敵一百個師左右，即可達成目的了。[10]

據國防部次長秦德純稱：去年（一九四七）一年被共軍所毀之國軍計一八七個團，被俘團長以上軍官一四八人，陣亡團長以上五十餘人。[11]

---

8 《徐永昌日記》，民國三十七年十二月三十一日。第九冊，頁一九三。

9 中共〈軍委關於實現五年左右推翻國民黨的指示〉，一九四八年九月二十二日。《中共文件》，第十七冊，頁三三三。

10 〈毛澤東關於再有一年左右即可根本上推翻國民黨統治的估計〉，一九四八年十一月十一日。《中共文件》，第十七冊，頁四七四。

11 《徐永昌日記》，民國三十七年二月十五日。第九冊，頁一九。

至於國民黨方面的軍事情況，繼去年一九四七年連續挫敗之後，今年更為險惡。東北方面，據共方資料，謂自去年十二月中發動冬季攻勢以來，到今年三月中結束，歷時三個月，殲滅國軍八個師，並有一個師的投共，計十五萬六千餘人，攻佔城市十八座，壓縮國軍於長春、瀋陽、錦州三個孤立地區。[12]

在東北共軍發動冬季攻勢之初，參謀總長兼東北行轅主任陳誠於一月七日致蔣的電報說：「我軍目前能使用之兵力，不足四個軍（約八個師），故本會戰之情勢，甚為險惡。」[13]次日，蔣又接王叔銘及陳誠電，知情勢危急。自記曰：

> 「接叔銘電稱，昨（七）日瀋陽前方失利，情勢危急，余（蔣）得此始以為不至如此危急；及接辭修（陳誠）電，乃知公主屯（嶺）附近兩師已被匪消滅，情勢果甚危迫也。」[14]

九日，陳又電蔣：「瀋陽之圍尚未解除，準備困守。」[15]為此，蔣於一月十日飛臨瀋陽，並召華北「勦匪」總司令傅作義至瀋會商，與談增援東北事，傅反而要求增加華北兵力，殊出蔣之意外，察覺傅之態度「適與前相反」。蔣無奈曰：「何耶」？[16]其實華北亦危，傅之要求增兵華北，非無故也。蔣氏多疑，似乎亂了腳陣。

蔣自瀋回京後，認為「辭修因病而發生心理變態，更為可慮」。決定設立東北「勦匪」總部，以衛立煌為總司今，接替陳誠，「或可轉危

---

12 《毛澤東年譜》，一九四八年三月十五日。下卷，頁二九五。

13 何智霖編《陳誠先生書信集……與蔣中正先生往來函電》（台北：國史館，民國九十六年），下冊，頁六九五。《大事長編》，民國三十七年一月八日。卷七，上冊，頁一二。

14 《蔣介石日記》，民國三十七年一月八日。

15 《蔣介石日記》，民國三十七年一月九日。

16 《蔣介石日記》，民國三十七年一月十日。

為安也」。[17]

陳去衛接，東北更是無可救藥矣。王世杰二月九日記曰：

「東北軍事日趨艱危。陳辭修（誠）以病解除其指揮之職返京，衛立煌往代。易將之事，在此艱危情形下舉行，軍隊又頗複雜，前途極可慮。」[18]

衛接任後，以粮彈兩缺，情勢嚴重，參謀總長陳誠據衛之報告，上蔣簽呈，謂因運輸機缺乏，對東北補給困難，擬先謀打通新民至錦州間鐵路交通。蔣則決心將東北國軍主力撤至錦州集中，以保存此僅有之兵力。即手書衛立煌及空軍副總司令王叔銘指示撤退要領，並將手書交國防部羅澤闓廳長帶往瀋陽實施。[19]

此一撤退計劃，不失為集中兵力，鞏固錦州，屏障華北之善策，其後錦州不保，瀋陽、平津皆失，益證錦州鞏固之重要。但衛以瀋陽以南已經解凍，為濫泥季節，道路田野，均沒膝難行，大軍行動困難異常，撤退計劃難以實施。蔣即召見國防部次長林蔚等商討空運撤退問題，決定仍行固守之法。[20]而林彪之東北民主聯軍不因「解凍」問題而進攻不已。至三月中，國軍在東北地區之長春、瀋陽、錦州，乃益陷於孤危中矣。[21]

與此同時，西北戰局亦危。西安綏靖公署主任胡宗南三月一日電陳：

「彭匪德懷率其第一、二、三、四、六縱隊，並會同賀龍、王

---

17 《蔣介石日記》，民國三十七年一月十七日後「上星期反省錄」。

18 《王世杰日記》，民國三十七年二月九日。第六冊，頁一七三。

19 《蔣介石日記》，民國三十七年二月二十二日。《大事長編》，民國三十七年二月二十一至二十三日。卷七，上冊，頁四一至四三。

20 《大事長編》，民國三十七年二月二十九日。卷七，上冊，頁四六至四七。

21 《大事長編》，民國三十七年三月十二日。卷七，上冊，頁五四。

鍔各一部，共約十五個旅（實際為十一個旅），於丑梗（二月二十三日）圍攻宜川，因於感（二十七日）起，與我劉戡軍於宜川以西會戰以還，戰況激烈空前，我匪傷亡均極慘重，刻我軍已陷入極度苦戰中。」[22]

蔣接電自記曰：「審閱戰報，得悉宜川形勢不利，我增援主力又被匪攔阻，損失頗重為慮。此戰如果失敗，則陝西與西北局勢皆危矣。」

是日，宜川陷，軍長（第二十九軍）劉戡、師長（第九十師）嚴明皆殉。蔣記曰：「此一損失，全陝主力幾乎損失三分之一以上，維持關中與延安據點，已甚為困難。」[23]

是役共軍以十一個旅七萬人，包圍殲滅胡軍精銳部隊五個旅（缺一個團），兩個師部，一個軍部，共二萬八千人。為中共西北戰場第一大捷。經此戰役後，共軍向渭北、隴南進軍之門戶，業已洞開。[24]

蔣頗埋怨胡宗南「疏忽粗魯，毫不研究匪情，重蹈覆轍，殊為痛心。」[25]其實胡之親信機要熊向暉乃潛伏共諜。胡之一舉一動，共方瞭如指掌也。

四月二十一日，國軍撤出延安。胡則「撤職留任」。旋即撤銷之。蔣又埋怨胡曰：

「審閱戰報，始知延安我軍今晨（二十一日）已全部向洛川撤退。在此國大期間，宗南擅撤政略要點，可謂無知已極！但令其縮回延安，已不可能，故只有聽之。」[26]

---

22 《大事長編》，民國三十七年三月一日。卷七，上冊，頁四七。

23 《蔣介石日記》，民國三十七年三月一日。《大事長編》，卷七，上冊，頁四八。

24 《毛澤東年譜》，一九四八年三月四日。下卷，頁二九〇。

25 《蔣介石日記》，民國三十七年三月二日。

26 《蔣介石日記》，民國三十七年四月二十一日。

東北、西北既危，華北、華中、華東戰局亦險。華北方面，華北「勦匪」總司令傅作義所部第三十五軍軍長魯英麐率兩師兵力，於一月十三日在河北淶水戰役中，其新編第三十二師被共軍圍攻，師長李鼎銘陣亡，官兵傷亡幾達三分之二。軍長魯英麐突圍痛憤自戕。蔣聞而自記曰：「華北戰局將日益嚴重，前途大難，仍未已也。」[27]

華中方面，河南大部分已為共軍所控制，皖北、鄂東、鄂北亦為共軍所侵入。[28]共軍陳賡部於三月九日圍攻洛陽，守軍第二〇六師與共軍戰，至十四日城陷。[29]殲守軍二萬餘人。旋由國軍第十八、第四十七軍於十七日收復之。[30]

與此同時，華東方面共軍陳毅部向濟南進攻，第二綏靖區司令王耀武報稱：共軍有三個縱隊及三個師於三月十日侵入張店後，繼犯周村、淄川等地，有續犯濟南可能。二十一日，共軍一部迫近濟南，主力則向昌樂、濰縣進攻。[31]四月二十七日，濰縣陷，膠濟路中斷，而濟南、青島危矣。[32]

共軍再度發動濟南戰役，而至攻佔濟南，是從九月十六日起，至二十四日結束，殲滅國軍十萬四千餘人，其中國軍第九十六軍軍長兼整編第八十四師師長吳化文率二萬餘人投共。此對濟南之失，有重大的影響。因為吳的投共，使共軍順利地控制了濟南機場，國軍空運增援的行動，為之停止。且造成濟南城防一大缺口，徹底動搖了守軍防禦的決

---

27 《蔣介石日記》，民國三十七年一月十五日。《大事長編》，民國三十七年一月十五日。卷七，上冊，頁一九。

28 《王世杰日記》，民國三十七年二月十二日。第六冊，頁一七五。

29 《大事長編》，民國三十七年三月十三、十四日。卷七，上冊，頁五四、五七。

30 《毛澤東年譜》，一九四八年三月七日。下卷，頁二九二。

31 《大事長編》，民國三十七年三月十三、二十一日。卷七，上冊，頁五五、五九。

32 《大事長編》，民國三十七年四月二十四日。卷七，上冊，頁七九。

心。共方原計劃要一個月攻下濟南，只用了八天的時間就攻克了。[33]

第二綏靖區司令官兼山東省主席王耀武、副司令官牟中珩等將領二十三人被俘。[34]除兵力損失外，武器的損失亦極慘重，據國防部次長秦德純說：損失槍四萬支，子彈一千五百萬發，輕機槍二千梃，汽油百萬加侖。[35]

吳化文原為韓復榘舊屬，西北軍馮玉祥系統，其投共，實造成蔣之一大震撼。自記曰：

> 「吳化文叛變以後，不僅影響於濟南之失陷，而其關於全國軍心，尤其關於馮玉祥舊部所殘留於國軍者，約十五萬人之不安，更為重大。從此軍心之團結尤難矣。」[36]

事前王耀武報告，謂十六日起，大舉猛犯濟南的共軍有九個縱隊，採用人海戰術，輪番攻擊，晝夜不停，守軍抵抗傷亡甚重。亟望北進兵團早日北上。[37]而北上兵團，迄無應援。蔣於十八日自記曰：

> 「共匪圍攻濟南，祗有一日，東南堅強工事陣地，竟為其突破，西南機場亦遭匪自齊河方面砲擊，致空運軍隊無法繼續實施。……此乃增兵濟南原有之主張，為國防部高級人員（按指顧祝同等）所轉移，未能事先空運，以致臨渴掘井，竟遭此厄。」[38]
>
> 「濟南計劃，明知匪必來攻，且可望其為全局轉危為安樞機，

---

33 楊奎松，《國民黨的聯共與反共》（北京：社會科學文獻出版社，二〇〇八年）。頁六七八。

34 《毛澤東年譜》，一九四八年九月十一日。下卷，頁三四五。

35 《徐永昌日記》，民國三十七年十月十九日。第九冊，頁一四一。

36 《蔣介石日記》，民國三十七年九月二十五日後「上星期反省錄」。

37 《大事長編》，民國三十七年九月十九日。卷七，上冊，頁一三七。

38 《蔣介石日記》，民國三十七年九月十八日。並見《大事長編》，卷七，上冊，頁一三六。

不料僚屬與其所部腐敗拙劣，鑄此大錯，以後局勢艱困更難矣。」[39]

徐州「勦匪」總司令劉峙在共軍圍攻濟南四天後，始下令集中援軍於徐州以北，共方估計尚需數日才能集中完畢，其援軍數目大約有二十個旅左右。認為可能使其打援計劃難於完成，但阻援以爭取攻城所必要的時間，是可能的。[40]但劉之援軍未敢北援，加以吳化文率兩個旅之內應，因此，共軍順利的攻佔了濟南。[41]

蔣以為此次吳化文之變，是因為吳之「眷屬此次在兗州陷落時被擄，而又送還濟南之故，即中共匪陰謀。」[42]按兗州陷落是在這年七月十三日。[43]其實吳化文早在兩年前即暗通中共。[44]而中共決定攻濟計劃中，即將吳列入內應的條件。[45]於此可見國方「防諜」工作之失敗。

濟南之失，使毛澤東「認為舉行淮海戰役，甚為必要。」[46]也對下一步的遼瀋、淮海、平津三大戰役創造了關鍵性的重要條件。[47]

這是國方軍事大崩潰的前奏。對整個國民黨之敗，具有關鍵性。蔣則深悔「不能專心軍事，而幕僚又無定見定識，不勝愧悔之至！」[48]並對是役檢討曰：

---

39 《蔣介石日記》，民國三十七年九月二十五日後「上星期反省錄」。

40 中共〈軍委關於實現五年左右推翻國民黨的指示〉，一九四八年九月二十二日。《中共文件》，第十七冊，頁三三四。

41 《毛澤東年譜》，一九四八年九月十一日。下卷，頁三四五。

42 《蔣介石日記》，民國三十七年九月二十日。

43 《大事長編》，民國三十七年七月十三日。卷七，上冊，頁一一一。

44 《周恩來年譜》，一九四六年六月十七日。頁六七三。

45 中共〈軍委攻佔濟南的指示〉，一九四八年八月二十八日。《中共文件》第十七冊，頁三二一。

46 《毛澤東年譜》，一九四八年九月二十五日。下卷，頁三四七。

47 金沖及，《決戰》，頁〇四七。

48 《蔣介石日記》，民國三十七年九月十八日。

「良以濟南一失，對內對外，關係太大。其有損於政府之威信者，莫此為甚！從此政局、外交、經濟諸端，更為棘手。共匪亦必益形猖獗。軍事如不能再轉優勢，自覺無顏以對世人矣。」[49]

三、毀滅性的遼瀋、淮海、平津三大戰役

（一）遼瀋戰役

遼瀋戰役，是中共東北野戰軍自一九四八年九月十二日至十一月二日，由進行錦州戰役，而至佔據瀋陽的戰役。共殲國軍四十七萬二千餘人。九日，部分國軍從海上撤往關內，中共據有東北全境。[50]十一月九日，國軍由葫蘆島以運輸艦隻四十四艘撤出十三萬七千餘名。原出關之三十萬精銳皆墨。[51]

東北共軍自三月間結束冬季攻勢以後，曾兩次準備攻取長春，最後還是因恐長春城堅難下，放棄攻長計劃。因此也使中共東北全軍獲得了五個月的大休整，野戰軍充實到了六十一萬人，士氣旺盛。[52]

蔣介石於七月間，在南京召集國防部長何應欽、參謀總長顧祝同、東北「剿匪」總司令衛立煌等，研討放棄東北方針與撤退部署問題，衛又藉詞不撤，謂東北我軍巳恢復其戰力與精神，而瀋陽獨立守備計劃，亦已達成，除長春國軍粮煤不濟外，並無其他顧慮。對於試圖打通錦瀋路，衛以為此時士氣與將領心理，絕不可能，若責其固守瀋陽，則有把

---

49 《事略稿本》（七六），民國三十七年九月二十五日。頁六一三。

50 《毛澤東年譜》，一九四八年十月二十七日。下卷，頁三七三。

51 《大事長編》，民國三十七年十一月十日。卷七，上冊，頁一七四。

52 中共〈軍委關於實現五年左右推翻國民黨的指示〉，一九四八年九月二十二日。《中共文件》，第十七冊，頁三三四。

握。於是決定暫時固守瀋陽，限於三個月內積極整頓補充，恢復戰力，待命出擊。而長春守軍，務令其相機撤至瀋陽。[53]

蔣似猶豫不決，搖擺不定，其自記曰：

> 「余（蔣）以為只要瀋陽糧煤可以自給無虞，則不如准其固守待時，而不必急令其出擊，打通錦瀋路也。只要瀋陽能固守不失，整補戰力，則東北主匪決不敢進擾華北，故決令堅守。」[54]

九月十二日，遼瀋戰役開始，衛立煌於二十四日自瀋赴京向蔣面陳，謂共軍林彪部於九月初以五個縱隊置於彰武、新立屯地區，阻我瀋陽守軍出擊，另於十二日以四個縱隊及一個師向義縣、錦西、綏中、榆關北寧路沿線進犯，企圖孤立我兩錦（錦西、錦州），我軍堵擊，已揭開遼西大戰序幕。[55]

國軍方面，東北由衛立煌指揮的五個兵團，共約五十萬人，其中由副總司令兼錦州指揮所主任范漢傑統率的第六兵團盧濬泉第九十三軍（軍長盛家興），沈向奎的新八軍，集中於錦州，闕漢騫的第五十四軍任錦西、葫蘆島地區的的守備。[56]

蔣於九月三十日飛臨北平，與華北「勦匪」總司令傅作義研商，先調獨立第九十五師運葫蘆島，再續運駐秦榆之新五軍（後改番號第八十六軍）兩師，增強錦葫兵力。[57]繼又增調第六十二軍、第九十二軍（一個師）、第三十九軍，加入援錦東進兵團，由第十七兵團司令侯鏡如指揮。是役國方投入的兵力共有五個兵團，十個軍，三十三個師，連同地

---

53 《大事長編》，民國三十七年七月十九日。卷七，上冊，頁一一二。

54 《蔣介石日記》，民國三十七年七月二十二日。

55 《大事長編》，民國三十七年九月二十四日。卷七，上冊，頁一四〇。

56 《遼瀋戰役親歷記》（原國民黨將領的回憶），（北京：文史資料出版社，一九八五年）。戰鬥序列表（二），頁六三七至六四〇。

57 《大事長編》，民國三十七年九月三十日。卷七，上冊，頁一四二。

方團隊共約六十萬人。[58]

時徐永昌隨蔣赴平，向蔣建議長春早撤為宜，蔣云撤歸瀋陽為佳。徐以為甚難；如撤熱河，必有幾分可得，尤其在我自動撤出，軍事物資得以自如處置。並建議此時敵決不虞瀋陽國軍之傾巢而出，逕救錦州。果將錦敵擊潰，再回瀋陽，亦無不可。否則，屯集錦葫之線，以保衛華北，最為上策。蔣是之。[59]

十月二日，蔣到瀋陽，召開軍事會議，聽取各軍、師長作戰意見，彼等以打通營口為目的，而不敢向彰武、新立屯取攻勢之出擊。蔣力斥其非當，謂此一戰略，不合勦匪原則。堅決主張如欲解救遼西，非以主力向彰武、新立屯出擊不可。並告以華北方面已增調四個師至錦葫增援。諸將領始默然而無異議也。[60]

是時義縣、興城、綏中不守，瀋陽、錦州孤危益甚。[61]蔣指示向北之彰武、新立屯出擊，距離錦州益遠，卻給毛澤東以可乘之機，使林彪全力攻錦而無後顧之憂。

共軍林彪鑒於錦葫國軍兵力加強，攻錦猶豫不定，擬先攻長春，因向其中央軍委請示云：⑴估計攻錦時，守敵八個師，雖戰力不強，但亦須相當時間才能解決。錦州能迅速攻下，仍以攻之為宜。⑵長春之敵，數月來經我圍困，我已收容逃兵一萬八千人左右，士氣必甚低。故目前如攻長春，把握大為增加。毛的指示是：你們利用長春之敵尚未出動，瀋陽之敵不敢單獨援錦的目前緊急時機，集中主力迅速打下錦州。林即

---

58 《遼瀋戰役親歷記》，指揮系統表（一），頁六三四至六三五。

59 《徐永昌日記》，民國三十七年九月三十日。第九冊，頁一二八。

60 《蔣介石日記》，民國三十七年十月二日。《事略稿本》（七七），民國三十七年十月二日。頁〇一六。據《郭汝瑰回憶錄》（北京：中共黨史版社出版，二〇〇九年）謂蔣「嚴令非攻新立屯不可」。郭以為「根本不可能解救錦州」。頁二二二。

61 《大事長編》，民國三十七年十月二日。卷七，上冊，頁一四三。

以兩個縱隊和兩個獨立師對付錦西、葫蘆島之敵，以六個縱隊攻錦州，以四個縱隊對付瀋陽援錦之敵，以九個獨立師對付長春之敵。[62]

蔣於十月三日離瀋回平，五日上午赴塘沽，乘重慶號軍艦赴葫蘆島，六日晨抵達。徐永昌及海軍總司令桂永清等隨行。下午蔣至第五十四軍闕漢騫軍部，召集團長以上軍官訓話並合照，且與被圍錦州的范漢傑通電話。回艦又召集師長以上到艦上聚餐，說明此次戰役之重大意義，不僅解錦州之圍，並須會瀋陽之師，聚殲頑敵，故自天津一帶調來第九十二軍、第六十二軍，以及獨立第九十五師，計六個師，悉集此一地帶，即為成功此一攻勢。語多興奮與勗勉。[63]

七日，艦上閒話，桂永清屢言軍無鬥志，葫、錦間不通，僅二十餘公里，敵勢不大，增第六十二軍即可辦，何須再增四個師之眾方可通耶？蓋蔣之意，在接出瀋陽軍隊，桂則認為無望。午近十一時，蔣約徐永昌談話，問曰：日昨你看怎樣？徐知其即指錦瀋軍事也。答曰：照昨日總統（蔣）訓話之懇切勉勵，軍官之精神尚旺，第一步打通錦葫之線，可能達到；若云第二步企圖（按指會瀋陽之師聚殲頑敵），則難言矣。蔣聞言即坐起連謂怎麼講？徐即曰：軍隊無鬥志，在上者經商，其次吃空額，其下離心離德，如此軍隊尚何言戰。蔣問言所由來。徐答言者殊夥；最近艦中桂永清即言之。蔣無言，顧而呼曰：端飯。才十一時半也。又責窗櫺之何啟開，面色殊不豫，飯未竟而去。[64]

蔣對桂永清頗為不悅，見「艦（重慶號）髒非常，……深為痛惜，嚴斥桂永清負責改正。惜乎！所部更無海軍人才，而彼（桂）以陸軍將領來帶海軍，不知負責學習，亦不知海軍之常識，想念國事，不勝憂悶之至。」[65]

---

62 《毛澤東年譜》，一九四八年十日三、四日。下卷，頁三五〇至三五二。

63 《徐永昌日記》，民國三十七年十月五、六日，第九冊，頁一三〇至一三一。徐記蔣云自烟台「調來新八軍」，似有誤。可能為第三十九軍。

64 《徐永昌日記》，民國三十七年十月七日。第九冊，頁一三一。

65 《蔣介石日記》，民國三十七年十月七日。

七日下午回塘沽，乘火車返平，車過廊坊，徐再語蔣，謂早間之言無結果，擬再竟其意，蔣笑詢如何，徐謂總統如謂必有把握，余（徐）為過慮，否則似宜亟謀補救之方。蔣問如何補救，徐即請以李文易侯鏡如（第十七兵團司令，指揮東進援錦），指揮上或較有力。蔣謂李不能離平。徐則請蔣再至瀋陽、葫蘆島督師。蔣謂瀋陽之兵已出。徐謂亦然，或不時於空中視察指導，如此庶收效較宏。蔣曰我上海還有事，那麼我明日便不走了。徐答以此須請總統酌其輕重矣。即辭而出。[66]

有謂蔣去上海，因蔣經國在上海督導經濟「打虎」，嚴辦孔祥熙之子孔令侃投機買賣囤積物資。應夫人之請，而往救之也。蔣抵滬後，蔣經國面陳管制詳情。蓋談孔令侃之事，蔣慨然曰：「孔令侃揚子公司囤積一事，尚無確鑿明證，而反動派即借題發揮，強欲陷之於罪。」[67]顯為孔令侃脫罪而救之也。

未久，蔣氏見到孔令侃囤積各貨清單，為之痛憤不已。其在上海所經營之揚子公司，曾囤積大批物資，匿而不報。旋又潛赴美國，逃避刑責。致引起一般人民之不滿。[68]前次蔣氏救之，顯受蒙蔽也。

瀋陽之師，由廖耀湘第九兵團統率五個軍（新一、新三、新六及第四十九、第七十一軍），組成西進援錦兵團，遲至十月八日始向彰武進攻，行動亦復遲緩。[69]這個漏洞卻被毛澤東抓到了，他指示林彪等說：

> 「瀋敵進佔彰武置於無用之地，表示衛立煌想用取巧方法，引我回援，借此以解錦州之圍，不敢直援錦州，避免遠出被殲之危險。錦州都是雜牌，即使被殲亦不痛心。」[70]

---

66 《徐永昌日記》，民國三十七年十月七日。第九冊，頁一三一至一三二。

67 《事略稿本》（七七），民國三十七年十月九日。頁〇五九。

68 《事略稿本》（七七），民國三十七年十一月四日。頁三六二至三六三。

69 《大事長編》，民國三十七年十月十二日。卷七，上冊，頁一四九。

70 《毛澤東年譜》，一九四八年十月十二日。下卷，頁三五九。

在毛的指示下，林彪加緊攻錦。十月九日至十三日掃清錦州外圍，十四日對錦州總攻擊，經過三十一個小時激戰，於十五日下午全殲守軍，俘東北勦總副總司令范漢杰及兵團司令盧浚泉以下官兵近九萬人。[71]

東進援錦兵團自九日起連日向錦州進攻，被阻於塔山（北距錦州約四十公里，南距錦西約十公里），激戰多日，未能進展，而錦州失陷。[72]

按塔山高橋，為戰略要衝，日軍曾於其地築有永久堅強工事，難攻易守。此次為調整防務，駐軍新舊交替，接防者未至，而原駐防者竟先撤離，共軍乘隙進入塔山高橋防地。蔣至葫蘆島巡視後，定議奪回高橋，以通錦州，調闕漢騫部負進攻之責。終以其地工事強固，損傷七、八千人，而未能克復，演成膠著狀態。[73]

錦州既陷，廖之西進援錦兵團尚留在彰武地區，不即西進，派在瀋陽的參軍羅澤闓向蔣電陳：「廖耀湘部須在一星期後作進攻新立屯（在彰武之南）之準備。」並稱：「衛總司令及廖司令官對增援錦州，均不欲冒險前進，現錦州已電訊中斷，我南北兵團向錦州夾擊計劃，恐難實現。」[74]

蔣氏「深慮錦州戰局已入最後階段，明知其無望，但仍思補救之道，決心親飛瀋陽，督導各軍急進赴援，即使錦州失陷，東西兩兵團援軍仍繼續前進，收復錦州，否則東北主力部隊將無法撤回關內也。」[75]因於十五日飛臨瀋陽，督促各軍急進，杜聿明亦奉召來瀋襄助軍務。十六日，蔣飛臨錦西，聽取司令官闕漢騫報告軍情，蔣責其如此兵力，與共軍兩縱隊作戰，而不能衝破其防線，增援相隔六十華里之錦州，坐視

71 《毛澤東年譜》，一九四八年十月十二日。下卷，頁三五九。

72 光亭等，《國共內戰》（護國與解放）（台北：知兵堂，民國九十五年）。頁五四至七八。（參閱）

73 《事略稿本》（七七），民國三十七年十月十一日。頁一〇〇至一〇一。

74 《事略稿本》（七七），民國三十七年十月十四日。頁一二五。

75 《蔣介石日記》，民國三十七年十月十五日。

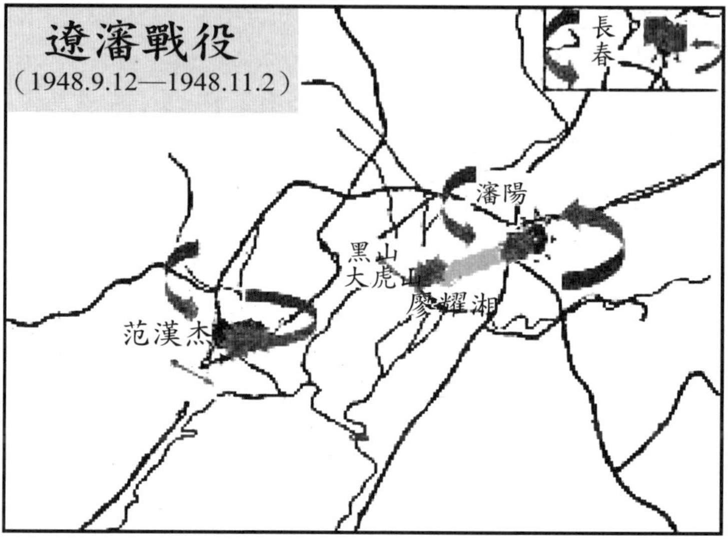

遼瀋戰役作戰圖（一）

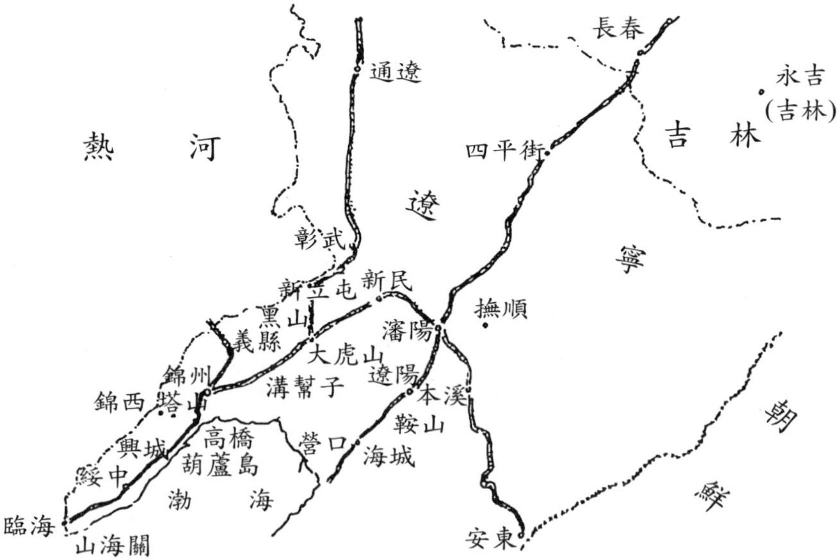

遼瀋戰役作戰圖（二）

孤危，痛心已極！[76]

錦州既失，蔣於十八日三度飛臨瀋陽，與衛立煌、杜聿明檢討規復錦州與東北作戰計劃。而杜之主張，仍以固守瀋陽為本，其見解與衛同。與蔣之意見不合。蔣記之曰：

> 「衛、杜二人，祇求個人英雄主義之成功，而於整個國策與戰略，則全不顧及也。」[77]

二十一日，蔣再召見杜聿明，與談東北剿共問題。杜仍主退守瀋陽，並要求增加十個師。蔣斥其妄：「如汝必欲守瀋陽，則余惟有任汝自行處置耳！中央決不能增益兵糧以接濟之。最後復明示以若果如此，余亦不能視瀋陽之國軍為國軍矣。」[78]

其實杜、衛主張退守瀋陽，不失為求生之路。蔣之逼杜西進，規復錦州，致召覆沒。其後蔣又深悔未能「撤回瀋陽，固守一時。」

時共軍以三倍兵力，截擊廖兵團於彰武、黑山之間。二十五日，兵團指揮部電台被共軍砲火擊毀，與各方聯絡中斷達三小時之久，衛立煌不明前線廖之狀況，逕令各軍突圍，於是爭先脫離戰場，秩序混亂，廖司令無法指揮，兼受湖沼地帶影響，行動困難，於強渡遼河、繞河、柳河三道天險時，所有重武器輜重車輛，損毀殆盡。卒致全軍潰散，而不可收拾矣。二十八日，廖及軍長李濤、向鳳武等被俘，損失精銳七萬，彈機粮秣稱是。[79]

廖兵團迅即崩潰的原因，依毛澤東之說：「東北我軍在遼西打廖兵團之所以能迅速解決，是因為我各縱隊大膽插入敵各軍之間，而敵又指

---

76 《大事長編》，民國三十七年十月十四日。卷七，上冊，頁一五一至一五二。

77 《事略稿本》（七七），民國三十七年十月十九日。頁一七〇。

78 《事略稿本》（七七），民國三十七年十月二十一日。頁一八八。

79 《事略稿本》（七七），民國三十七年十月二十九日。頁二四七。《大事長編》，民國三十七年十月二十九日。卷七，上冊，頁一六四。

揮錯亂（先向西遇挫，又向東南遇挫，又向東北），故能迅速解決。」[80]

長春守軍第六十軍軍長曾澤生（雲南部隊）於十月十七日投共，兩日後，駐守長春第一兵團司令鄭洞國及新七軍軍長李鴻亦放下武器。如此，圍長春之共軍乃得抽調大部分兵力東進南下攻瀋，以「堵塞敵人逃路」，「只要此著成功，敵無逃路」了。[81]

三十日，共軍攻入瀋陽東區，守軍第五十三軍前線部隊通共叛變，在城內的衛立煌神情恍惚，不發一言，似在坐以待斃，蔣電令他移駐錦西（靠近葫蘆島）。[82]

蔣諷之曰：

「若此行伍粗漢，一遇急難，即失其昔日之英勇氣概，害事殊甚。然將才缺乏，大率畏死營私，欲求一如衛者，亦不可多得也，奈何。」[83]

時蔣將離北平，謂華北勦總總司令傅作義曰：「東北軍事恐已絕望，……今後惟有速籌鞏固華北之計劃而已。」[84]

惟青年軍第二〇七師堅守渾河一帶，與共軍戰至三十一日晚，電訊中斷，向營口突圍。十一月二日，瀋陽失陷。[85]

蔣自記所感曰：

「是（十）月十五日錦州失陷，繼之以長春各部叛變，而瀋陽出擊之主力，又全軍覆沒，計達三十二個師之眾。此為余生平最大之恥辱。將領不得其人，遂致軍紀掃地。」[86]

---

80 金沖及，《決戰》。頁一一四。

81 《毛澤東年譜》，一九四八年十月十九日。下卷，頁三六四至三六五。

82 《大事長編》，民國三十七年十日三十日。卷七，上冊，頁一六四至一六五。

83 《事略稿本》（七七），民國三十七年十月三十日，頁二九六。

84 《事略稿本》（七七），民國三十七年十月三十日，頁二九七。

85 《大事長編》，民國三十七年十一月二日。卷七，上冊，頁一六六。

就共方而言：從一九四五年十一月到一九四八年十一月的三年時間，共軍在東北發展到一百餘萬人，並吸引國軍七十萬左右於東北地區，大大減輕了其他地區地共軍的壓力。經過幾次攻勢，在東北的國軍仍有五十五萬人。經過遼瀋戰役，殲滅國軍十一個軍，三十三個師，以及其他國軍，計為四十七萬二千餘人。[87]

國防部次長林蔚論東北失陷之責，是長春不撤，過在中央。錦州不救，則因遊移與分兵，廖耀湘兵團必擬先攻下彰武；彰武既下，不即西進，乃停頓一星期方動。如此救人不得，己亦不免。又既已西救錦州，復分兵攻取營口。衛、廖皆難辭其責也。[88]

國方遼瀋戰役失利的原因，各方有不同的看法，傾向於國方者則認為「東北之失陷，由於瀋陽援兵久而不至。瀋援之不能速達，在於衛立煌不能即時奉行命令」。衛「貽誤戎機達十三日之久」。「古今中外，除非作亂造反；否則，斷未見有此種不受節制之將領。」[89]

傾向於共方的看法，則認為「衛立煌的良苦用心。他在自己力所能及的範圍內，也使蔣介石的戰略計劃化為泡影，從而在中國革命最為關鍵的時刻，配合了人民解放軍的戰略進攻。」[90]

以上兩者不同的看法，相反而適相成。

蔣氏事後檢討，深覺處置失當而自責曰：

> 「以當時情勢而論，錦州既陷，明知反攻兵力不足，地形不

---

86 《事略稿本》（七七）民國三十七年十月三十日「一週反省錄」。頁二九九至三〇〇。

87 李壯，〈論東北在抗戰勝利後的戰略地位〉，《從延安到北京》。頁一八一。

88 《徐永昌日記》，民國三十七年十一月三十日。第九冊，頁一七〇。

89 孫果達、劉斌斌，《遼瀋戰役中的衛立煌》（二〇〇四年十二月二十二日《南方日報》引陳孝威《為什麼失去大陸》，頁四九七至五〇三（網路）。

90 孫果達、劉斌斌，《遼瀋戰役中的衛立煌》。承楊天石告知：據其所見資料，早時衛因彭德懷之介紹，已加入中共。其在瀋陽，與共相通。

利，尤以士氣不振，將心不固為慮。苟能即時由新立屯撤回瀋陽，固守一時，再向營口撤退，轉進葫蘆島，徐圖收復錦州，亦計之得者也。乃不此之圖，囿於各軍既經出發，且已與匪接戰，中途撤返，喪失士氣，復以既定方針，不宜變更為戒，遂擯棄前見，一意銳進。豈知長春部隊叛降，軍心動搖，而遭此挫折，其將何以自贖耶。」[91]

（二）淮海戰役

淮海戰役，或稱徐蚌會戰。始於一九四八年十一月六日，至一九四九年一月十日結束，歷時六十五天。國方動員的兵力約六十餘萬人，共方約為七十萬。戰區以徐州為中心，東起海州，西抵商邱，北自臨城，南達淮河流域。[92]

是役失敗，為國民黨失去大陸政權最大的關鍵。

淮海戰役的發起，距遼瀋戰役結束只有四天，距共軍攻佔濟南後四十天。是役共方作戰的目標為殲滅國軍下列幾個兵團：

黃伯韜第七兵團，於十一月二十二日在江蘇北部邳縣碾莊被殲。黃自戕。

黃維第十二兵團，於十二月十六日在安徽蒙城附近雙堆集被殲。黃被俘。

邱清泉第二兵團，於一九四九年一月十日在河南永城之陳官莊、青龍集被殲。邱自戕。

李彌第十三兵團，與邱兵團同時同地被圍，李突圍，部隊被殲。

---

91 《蔣介石日記》，民國三十七年十月三十日後「上星期反省錄」。《事略稿本》（七七），民國三十七年十月三十日。頁三〇〇至三〇一。兩記略異，從《稿本》。

92 《戰後中國的變局》，頁一六一。

孫元良第十六兵團，與邱兵團同時同地被圍，孫於十二月六日先逃走，部隊被殲。

此外尚有李延年的第六兵團和劉汝明的第八兵團，在安徽宿縣、蚌埠附近。

以上各兵團由徐州「勦匪」總司令劉峙及副總司令杜聿明指揮，實際由杜負責。總計參戰軍數三十個軍，七十五個師。[93]

是役毛澤東和中共中央已下了決心，在原擬淮海戰役計劃基礎上，以徐州為中心，與蔣介石最大戰略集團，進行大規模決戰，準備以三至五個月的時間，各個擊破敵人於淮河以北地區。[94]

共軍方面組織淮海戰役總前委，以劉伯承、陳毅、鄧小平、粟裕、譚震林五人組成之，以劉、陳、鄧三人為常委，鄧為書記，臨機處理一切。指揮中原、華東兩野戰軍。吃飯的人數連同俘虜在內，將達八十萬人左右。[95]

華東野戰軍有十六個縱隊，轄四十二個步兵師。分佈在蘇北、膠東、魯西、魯南地區，由陳毅、粟裕指揮。中原野戰軍有八個縱隊，轄二十個步兵旅，分布在隴海路沿線及豫西，由劉伯承、鄧小平指揮。[96]

從組織上來看，共軍數量較多而組織精簡，分兩個野戰軍。劉、陳、鄧、粟均勇敢善戰，鄧尤精練。而國軍數量較少，組織龐雜，分八個兵團，將領之間，缺乏統一意志，作戰時不能密切配合，總指揮官劉峙平庸無能，杜較有經驗。

---

93 《淮海戰役親歷記》（原國民黨將領回憶錄），（北京：文史資料出版社，一九八三年）。附錄四：淮海戰役國民黨參戰和被殲部隊軍、師番號表，頁六一〇。

94 金沖及，《決戰》，頁一四五。

95 《毛澤東年譜》，一九四八年十一月十六日。下卷，頁三九一。

96 〈軍委關於統一全軍番號的規定〉，一九四八年十一月一日。《中共文件》，第十七冊，頁四四八。

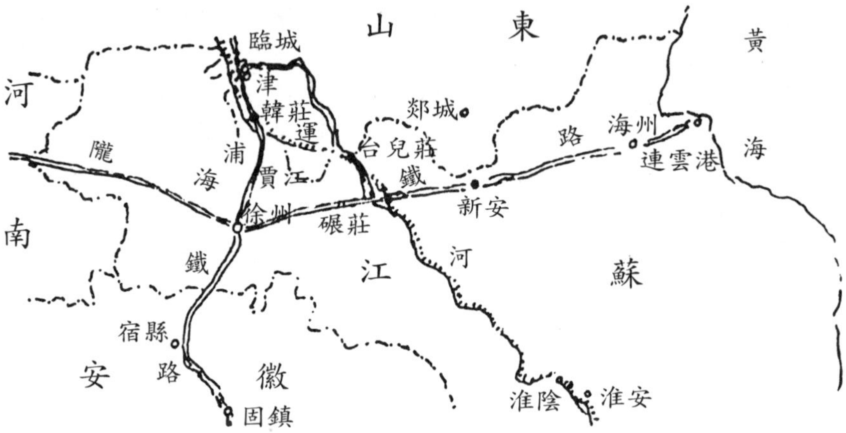

淮海戰役戰略圖（一）

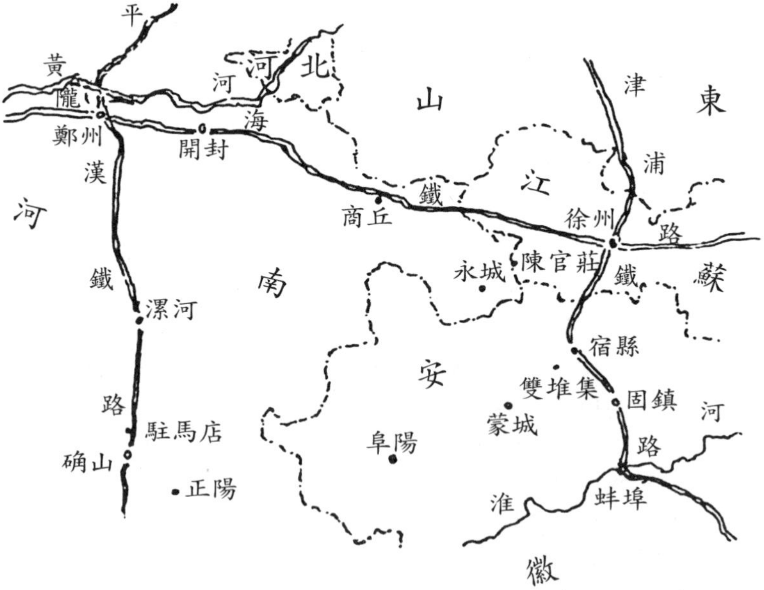

淮海戰役戰略圖（二）

遼瀋戰役結束，華北、華中立即進入緊急狀態。蔣即於十一月四日晚間召開軍事會議，出席將領有何應欽（國防部長）、傅作義、張治中、徐永昌、劉斐、林蔚、鄧文儀等，何報告這天傍晚國防部會議對華中現狀認為危險，擬此時前方僅守徐州，其兩翼有力之邱清泉、黃伯韜、李彌等兵團，應即撤淮河之線，俾作較有力之準備。不然，敵如一面攻徐州，一面攻蚌埠，該線若壞，徐州巳困，南京亦亂。蔣認為可行。當決定立即電話在徐州之參謀總長顧祝同明（五）日開始行動。[97]

共方顯然迅即獲知上項決定，立即提前發動攻勢，圍攻徐州兩翼之黃、邱、李等兵團，截斷徐、蚌之間的交通線，斷國軍撤退之路。

黃百韜兵團之被殲：十一月六日華東野戰軍粟裕等，得知駐海州之國軍第四十四軍撤至新安鎮，併歸黃百韜兵團之訊，即電告中央軍委，為打開戰場，便於主力開展，今晚即以六個縱隊及一個獨立旅，圍攻郯城、碼頭鎮、嶧縣、棗莊、臨城之敵，並向豐縣、碭山前進，掃清外圍。淮海戰役於焉開始。[98]

十一月七日，黃百韜立即放棄新安鎮向運河以西撤退，華東野戰軍猛烈追擊。八日，馮治安兵團之副司令張克俠、何基豐乘機煽動第五十九軍（劉振三）全部，及第七十七軍之一三二師（過家芳），共三個半師在賈莊、台兒莊投共。[99]此不僅為華東野戰軍打開了通往徐州的東北大門，而且切斷了急於西撤的黃百韜兵團之退路。[100]

黃百韜兵團統轄五個軍（第二十五、第四十四、第六十三、第六十四、第一百軍），由新安鎮附近向運河西岸、徐州以東移動，大部分渡過運河，進駐碾莊與八義集陣地，遭共軍圍攻。黃於十三日電蔣報告戰

97 《徐永昌日記》，民國三十七年十一月四日。第九冊，頁一五〇。

98 《毛澤東年譜》，一九四八年十一月六日。下卷，頁三八二。

99 《事略稿本》（七七），民國三十七年十一月九日。頁四〇七。馮治安原呈。《毛澤東年譜》，一九四八年十一月八日。下卷，頁三八四。

100 《國民黨的聯共與反共》，頁六七八。

況曰：

「連日激戰，殲匪四萬餘，我軍亦傷亡四分之一，文（十二日）晚匪向我全面猛攻，守備碾莊各據點之四十四軍被匪突破。」[101]

戰況之慘烈，誠可謂「驚天地而泣鬼神」。據報，戰至十九日「晚七時，匪集中炮火，逕向碾莊猛攻，連續至午夜，國軍核心陣地悉被摧毀，汽車汽油彈葯房屋，均著火燃燒，濃煙蔽空，一片火海。國軍亦用炮火向匪密集還擊，但砲少彈罄，難生威力。俄而砲聲倏止，匪以密集隊形，猛向西南門衝鋒，陣地為之突破，頓成混亂狀態。爭殺之烈，震撼天地。匪後續部隊蜂擁而至，國軍繼續與之巷戰。……北門據點，又為突破，碾莊遂告陷落。其在村落中之兵團部駐地，遙聞殺聲震天，歷久始息。」[102]

據國防部次長秦德純稱：陳毅股以各種火砲多門，轟擊碾莊黃兵團，發砲五千發以上，黃難於支持，二十日撤出碾莊，在碾莊附近一帶重新佈置。邱清泉兵團距黃兵團約二十餘公里，不即往救，參謀部頗為不滿。邱亦有說，謂因徐州總部將其所屬兩師控制在徐州，故無力前進。[103]蔣氏以為「尤以邱清泉司令官指揮無方，所部無能，每一念及，不勝沉痛也。」[104]

二十二日，黃率殘餘之三個團，向西北突圍，除少數脫險外，餘皆犧牲，黃自戕。[105]該兵團五個軍十一個師的高級將領，大部分被俘。[106]

---

[101] 《大事長編》，民國三十七年十一月十二至十三日。卷七，頁一七五至一七六。

[102] 《事略稿本》（七七），民國三十七年十一月二十日。頁五三七至五四二。

[103] 《徐永昌日記》，民國三十七年十一月二十二日。第九冊，頁一六二。

[104] 《事略稿本》（七七），民國三十七年十一月二十一日。頁五七九至五八〇。

[105] 《大事長編》，民國三十七年十一月二十二日。卷七，上冊，頁一八四。

[106] 《國民黨的聯共與反共》，頁六七八。《淮海戰役親歷記》，頁六一〇，附錄四。

黃自戕時，謂其隨行之楊副軍長廷宴曰：「余深受國家重寄，轉戰南北，原冀滅此朝食，平亂救民。今糧盡援絕，身為革命軍人，決以一死報國，以期無負總統（蔣）之培育，無愧死難之兄弟。」言訖，舉槍自戕，此為十一月二十二日十八時事也。[107]

中共軍委總結此役戰果，謂從十一月七日至十一月二十二日的十六天中，華野和中野消滅了黃百韜兵團外，還爭取何基灃、張克俠三個半師的起義，並佔領徐州以南、以東、以北、以西廣大地區，隔斷徐、蚌聯繫，使徐敵處於孤立地位。[108]

黃維兵團之被殲：該兵團轄四個軍（第十、第十四、第十八、第八十五軍），均為中央嫡系部隊，裝備、訓練、作戰，經驗均佳，尤以第十八軍為最，該軍是陳誠的起家部隊。除第八十五軍屬湯恩伯系統外，其餘三個軍是以第十八軍為基幹擴展的。一向擔負戰場重要任務。[109]

該兵團由平漢線駐馬店出發，東進馳援。目標指向安徽之固鎮。惟以行程中所經路線為黃泛區，淮河支流交叉，沼澤遍布，事前缺乏架設橋梁之準備，全賴逐步搭架，逐段跋涉，遂致延誤時日，固鎮先為共軍捷足而得，祇得向東北方向進行，於十一月十八日抵達蒙城東北之雙堆集，為共軍所圍。[110]

在黃維兵團尚未抵達蒙城前，中共軍委即指示劉伯承等，要他們以中野六個縱隊及地方兵團之全力對付之。[111]迨黃維兵團抵達雙堆集後，黃於十二月四日電蔣報告戰況曰：

---

107 《事略稿本》（七七），民國三十七年十一月二十三日。頁五八八。

108 中共〈軍委關於全殲黃百韜後的指示〉，一九四八年十一月二十三日。《中共文件》，第十七冊，頁五一一。

109 《淮海海戰役親歷記》，頁七八。

110 《事略稿本》，民國三十七年十一月二十六日。頁六一五至六一六。

111 中共〈軍委關於殲滅黃百韜兵團的指示〉，一九四八年十一月十四日。《中共文件》，第十七冊，頁四八五。

「連日匪軍掘壕，迫近陣地，縮小包圍圈，入晚向我陣地猛撲，本（支）日發現其炮兵陣地，羅列於我四週，預料本晚起，恐有主要決戰。」[112]

同日，中共中央軍委電稱：「黃維實力被殲已近半數，據黃維自己表示：三十三個團中被殲已達十六個團，尚餘十七個團。」[113]至十六日，黃兵團全部被殲。中共中央於十八日祝賀淮海戰役第二階段大捷電曰：

「自十一月二十三日至十二月十七日止，你們（指中野、華野）解放了戰略要地徐州；全部殲滅了國民黨最精銳兵團之一的黃維匪部第十二兵團四個軍十個師及一個快速縱隊；生俘該兵團正副司令黃維、吳紹周；爭取得了黃維兵團之一一〇師廖運周部起義。」[114]

邱清泉、李彌、孫元良三個兵團之被殲：這三個兵團計統轄十個軍，邱兵團五個軍（第五、第七十、第七十二、第七十四、第十二軍），李兵團三個軍（第八、第九、第六十四軍），孫兵團兩個軍（第四十一、第四十七軍）。[115]

自黃伯韜兵團被殲、黃維兵團被圍於雙堆集後，津浦線南段已斷，徐州已形孤立，後方連絡中斷，補給困難，國方決定放棄徐州，向南突圍，轉守淮河，掩護南京。由杜聿明副總司令率領此三個兵團於十一月

112 《大事長編》，民國三十七年十二月四日。卷七，上冊，頁一九二。

113 中共〈軍委關於殲滅強敵的指示〉，一九四八年十二月四日。《中共文件》，第十七冊，頁五三九。

114 中共〈中央祝賀淮海戰役第二階段大捷電〉，一九四八年十二月十八日。《中共文件》，第十七冊，頁五八六。

115 《淮海戰役親歷記》，附錄四，頁六一〇至六一一。

三十日撤離徐州，向西南挺進，期於永城之線與黃維、李延年兩兵團會師，夾擊共軍。[116]

杜率各兵團撤出徐州之行動，毛澤東瞭如指掌，當即指示劉、陳、鄧說：

> 「本日（十一月三十日）夜晚至次日（十二月一日）凌晨，杜聿明率邱清泉、李彌、孫元良三個兵團撤離徐州，向西南逃跑。從本日夜晚起，華東野戰軍立即以四個縱隊展開平行追擊，以三個縱隊尾追，以集結在宿縣地區的三個縱隊向西北迎頭攔擊，渤海縱隊進入徐州守備。」[117]

杜電蔣報告部隊進行情況：每日夜行軍百里（華里）以上，二日晚以部隊零散，停止整頓一晚。三日繼續攻擊前進，則四面皆敵。[118]至十二月七日，第十三兵團司令李彌電稱：率部自十一月三十日起，已轉戰六晝夜，五日夜起，敵以六個縱隊不斷向我猛撲。六日午後，因孫元良兵團轉移，整個戰局頓行不利。[119]

此時三個兵團被圍於青龍集、陳官莊地區。戰至六日晨，杜召集各兵團司令會商，決定各兵團以軍或師為單位，作幅射式的突圍，於夜間候令行動。議甫定，忽報孫元良兵團被敵突破，已成混亂狀態。此時邱清泉主張拼戰到底，遂罷突圍之議。入晚，孫兵團未與邱、李兵團聯絡，逕自突圍，為共軍所截擊。孫逃走，部隊被殲。[120]

以上各兵團被圍將近一個月，蔣在十二月底自記曰：

> 「黃維兵團被匪消滅以後，杜聿明所部又被圍於永城、宿縣之

---

116 《大事長編》，民國三十七年十一月三十日。卷七，上冊，頁一八八。

117 《毛澤東年譜》，一九四八年十一月三十日。下卷，頁四〇六。

118 《大事長編》，民國三十七年十二月四日。卷七，上冊，頁一九一。

119 《大事長編》，民國三十七年十二月七日。卷七，上冊，頁一九四。

120 《大事長編》，民國三十七年十二月七日。卷七，上冊，頁一九五。

間，迄今幾及一月，尚未脫險。」[121]

被圍之師，饑寒交迫，大批投共。[122]杜聿明三十一日電稱：「三十日晚，第三十二師之九十五團一營長晏子良不堪飢寒，率部投敵。」[123]國防部乃向杜部空投食粮，每日額定四十萬斤，但因氣候關係，最多僅三十餘萬斤，而部隊實得者僅一萬餘斤，餘盡拋歪為共軍所獲。外國人笑我無膽，不敢低飛。[124]

一九四九年一月八日杜聿明電稱：「邱、李兩兵團現僅剩約十團人，敵昨宵以來，攻擊猛烈。」[125]

十日晨，杜率所部已傷亡殆盡，邱清泉自戕，杜被俘，李彌突圍。而孫元良早已逃走。十一日，空軍偵察報告：昨夜我永城、宿縣間突圍部隊，尚在包圍圈外三十里之處戰鬥，今日則蹤跡杳然，不知下落矣。[126]

至此，淮海戰役結束，國軍被殲滅的有二十二個軍，五十六個師（內有四個半師投共）。[127]計五十五萬五千餘人。[128]

淮海戰役的潰敗，促使國民黨的分裂和蔣介石的下野，加速了國民黨政權的崩潰。

（三）平津戰役

平津戰役，起自共軍楊成武兵團於十一月二十九日進攻張家口，至

---

121 《大事長編》，民國三十七年十二月三十一日。卷七，上冊，頁二〇七。

122 中共〈軍委關於淮海前線的指示〉，一九四八年十二月二十八日。《中共文件》，第十七冊，頁六二六。

123 《徐永昌日記》，民國三十八年元旦。第九冊，頁一九四。

124 《徐永昌日記》，民國三十八年一月五日。第九冊，頁一九七。

125 《徐永昌日記》，民國三十八年一月八日。第九冊，頁二〇〇。

126 《大事長編》，民國三十八年一月十、十一日。卷七，下冊，頁二二八。

127 《淮海戰役親歷記》，附錄四，頁六一〇至六一一。

128 《毛澤東年譜》，一九四九年一月二日。下卷，頁四二九。

一九四九年一月三十一日，華北「勦匪」總司令傅作義指揮的部隊撤出北平，接受中共的改編為止，為時六十四天。

遼瀋戰役結束，下一目標便是平津。在遼瀋戰役結束的第三天，即十一月四日晚，蔣召集高級將領會商，到會者有國防部長何應欽，及傅作義、張治中、林蔚、劉斐、鄧文儀、徐永昌等，首先蔣說明共黨巳得東北，蘇聯直接支持下之李立三、林彪等，必先趨熱河，繼而察綏，然後再對平津。蔣氏此一判斷誤矣。

即由何應欽報告傍晚國防部會議情形，關於華北方面之擬議：

> 對華北軍事咸主上計，撤青島與徐州，聯合攻擊陳毅股（在山東）；中計撤海州以助徐戰；下計放棄平津，撤察綏，但希望西北軍隊（按應指傅軍）撤西北，而其他軍隊（按應指中央軍）撤華中。」

何報告畢，傅作義問劉斐意見如何？劉謂如能以天津作根據，南下過黃河，可與徐州、青島合攻陳毅股，亦為勝圖；因吾人船少，大軍無法輸送。但如西去，在大同能與太原打通，亦可持久。且云以彼觀察，可能林彪軍先來平津，聶榮臻股向察綏。鄧文儀謂天津祇有二十日粮，北平亦僅一月粮，此兩地四百萬人口粮食即成問題，所以北平學生巳在主張應宣佈北平為不設防城。最近共方廣播即將以大量空軍轟北平，因之人心更為震動。意即北平難守也。

蔣問徐永昌對將來華北軍事作戰有何意見？徐以為敵人作戰不需後路，我則無此素養，必須保有可恃的後路，官兵心情方安。所以在綏遠包頭及其以西也好；在青島也好，須及早切實計劃而預為之備。軍心既固，作戰自然有力而可持久。至由津指濟，固為勝著，但敵今時交通實較我為便，如為黃河所限，又有大敵據守，後路未見固也。蔣亦以黃河阻礙太大。[129]蔣氏顯然同意徐的最後意見。

---

[129] 《徐永昌日記》，民國三十七年十一月四日。第九冊，頁一五〇至一五一。

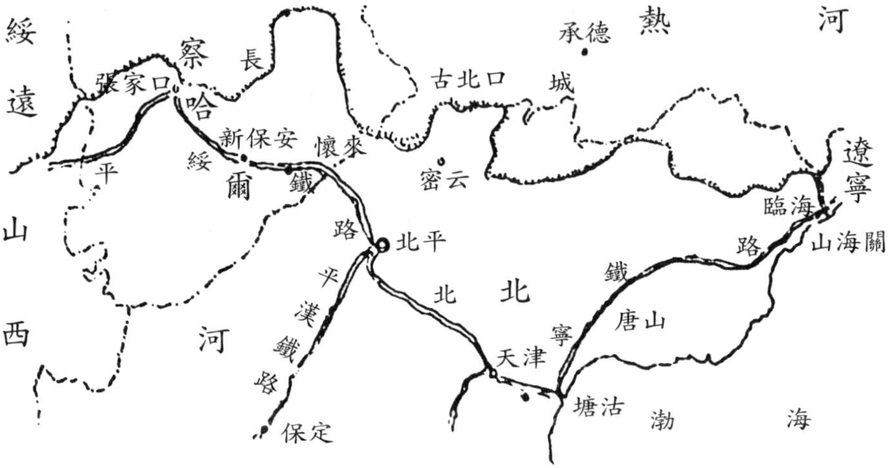

平津戰役作戰圖

會議情形，據張治中回憶：是日晚餐後，談平津問題，主要是何應欽表示主張撤退平津兵力，全部南下，或部分撤到察綏，部分南下。傅緊皺著眉頭，露出不安的神態。蔣問傅的意見，傅連說：「很困難，很困難！」蔣看這情形，只得說：「明天再談」。次日上午，蔣約張治中談話，詢其意見，張說：「這個仗絕對不能再打下去了」，並主張由蔣來倡導和平。蔣謂「要和我就得下野；但是現在不是我下野的時候。」張說：「現在如果不講和，將來我們一定失敗。」蔣云：「革命黨人是不怕失敗的」。並告訴張以後不要再談和平的事。[130]

張治中與共謀和之意，乃為與中共「劃疆而治」。此與馬歇爾之最後計劃相近。蔣以為「此為必不可能之事」。[131]

---

130 《張治中回憶錄》，下冊，頁七七八至七七九。

131 《事略稿本》（七七），民國三十七年十一月五日。頁三七〇。

同日，蔣再約傅商談，告以華北必須固守，非萬不得已不得放棄，並以全權任其決定。蔣於六日召見何應欽、顧祝同商華北軍事方略，決令傅固守，並增加其兵力。繼與傅談，說明華北不能放棄，並以全權交彼，切勿有所顧慮。[132]

以上何應欽報告之國防部所議三計，結果是採取中計，即為兩日後（十一月六日）淮海戰役的開始。劉斐判斷林彪軍先來平津，則至準確，其對華北國軍西撤或南下的意見，則為上、下兩計。而徐氏的意見，對部隊的安全，多所顧慮，顯然不大贊同劉斐的主張。對於上、下兩計，傾向審慎。最後的辦法，是蔣之必須固守華北。[133]

蓋此時共軍提前發動淮海戰役，蔣之決定固守華北，顯為減輕淮海戰役之壓力。可以說是沒有辦法的辦法。其後事實證明這個辦法失敗甚慘，華北全軍覆沒。

是役共方的兵力分兩大部分，一為聶榮臻的華北野戰軍，轄兩個兵團，即楊得志的第二兵團和楊成武的第三兵團，計十一個縱隊，三十一個步兵旅，約二十萬人；一為林彪的東北野戰軍，有十三個縱隊，五十七個步兵師（熱河四個獨立師在內），約八十萬人，兩部共約百萬之眾。由林彪、羅榮桓、聶榮臻三人組成平津前委及司令部，統一指揮平津地區作戰。[134]

國軍在華北「勦匪」總司令傅作義指揮下，分北平、天津兩個地區。

北平方面（含張家口），李文的第四兵團（轄第十六、第九十四軍），石覺的第九兵團（轄第十三軍），孫蘭峰的第十一兵團（第一〇

---

[132] 《蔣介石日記》，民國三十七年十一月四、五、六日。《徐永昌日記》，民國三十七年十一月五日。第九冊，頁一五二。

[133] 《大事長編》，民國三十七年十一月六日。卷七，上冊，頁一六六至一六七。

[134] 中共〈中央軍委關於統一全軍組織及番號的規定〉，一九四八年十一月一日。《中共文件》，第十七冊，頁四四八至四四九。

五軍、獨立第三一八師、三個騎兵旅），不屬兵團的軍隊，有廖慷的第三十一軍，郭景雲的第三十五軍，李士林的第一〇一軍，安春山的第一〇四軍。計八個軍、一個獨立師、三個騎兵旅。[135]

天津地區（含塘沽），陳長捷為警備司令，直轄三個師，一個警備旅。配置有林偉儔的第六十二軍，劉雲瀚的第八十六軍。另有保警、保安總隊、騎兵團等。

塘沽、蘆台方面，第十七兵團司令侯鏡如為防守司令，轄第九十二軍（一個師），段澐第八十七軍，獨立第九十五師，一個交警總隊，及非正規部隊交警等。[136]

至於天津兵力的實際狀況，據國防部次長鄭介民一九四九年一月六日自平回京述稱：天津計有第九十四軍兩個師（僅五個團堪用），第六十二軍三個師（內有一師老兵），第九十三軍之散兵一師（無械），第八十六軍三個師（僅有一師之兵力，而其軍長劉雲瀚不聽命令，此君為陳辭修部下）。此外有東北散兵萬餘，現令其做工。另兩個地方旅。[137]

就以上平津地區國軍部隊的番號估計，人數約在五十萬至六十萬之間。系統複雜、零亂，士氣低落。

作戰地區首在張家口、宣化、懷來一帶，次為天津，北平是最後和平解決。張、宣、懷一帶的國軍為傅作義系統的第三十五軍、第一〇一軍、第一〇四軍、第一〇五軍，計九個步兵師、三個騎兵旅。[138]這個地區的部隊，尤其第三十五軍，是傅作義的基本隊伍，也是華北最能作戰的軍隊。如果垮了，北平也就完了。故為共軍主要攻擊的目標。

十二月六日，張家口的第三十五軍兩個師乘汽車三百餘輛東撤，即

---

135 《平津戰役親歷記》，表。頁五〇七至五一〇。

136 《平津戰役親歷記》，表。頁五〇七至五一〇。

137 《徐永昌日記》，民國三十八年一月八日。第九冊，頁一九九至二〇〇。

138 《毛澤東年譜》，一九四八年十二月四日。下卷，頁四〇九。

被共軍包圍於新保安（宣化、懷來之間）。[139]同時駐張家口、懷來之第一〇四軍、第一〇五軍及兩個騎兵旅亦被包圍。[140]

二十日，東北野戰軍四萬餘人開到張家口附近，與楊成武兵團五萬餘人會合，計近十萬人，形成對張家口傅軍五萬六千餘人的優勢兵力。新保安之第三十五軍於二十二日被殲，軍長郭景雲自戕。張家口兵團司令孫蘭峰於二十三日率領部分騎兵向綏遠商都撤退。[141]

傅作義的基本部隊，已被殲滅，北平所剩餘的部隊，以中央軍系為主，據鄭介民一九四九年一月六日自平回京述稱：北平計有青年軍一師（第二〇五師），第六十二軍之一師（好），第十三軍四個師（好），第十六軍四個師（僅一師為舊人），第九十四軍（兩師在平、兩師在津），第九十二軍四個師（內有一師新兵），第一〇一軍三個師（僅可作一師用），暫三軍之一師。新兵幾個師（兩個月後可打仗）。[142]

以上計為二十個師，至少有四個師不堪使用。面對中共野戰軍百萬之眾，幾如以卵擊石耳。

此時傅作義已準備與共言和，並已致電毛澤東，毛則希望傅派一個有地位的能負責的代表，偕同崔載之（《北平日報》社社長）和張東蓀（燕京大學教授）一道出城秘密談判。[143]但條件一直談不攏。

蔣派鄭介民到北平去會晤傅作義。[144]傅要鄭和北平的各軍師長個別晤談，不必言他本人與鄭的意見，僅詢彼等個人如何見解。大家都表示

---

139 《毛澤東年譜》，一九四八年十二月七日。下卷，頁四一三。《中央文件》，第十七冊，頁五四九。

140 《毛澤東年譜》，一九四八年十二月十日。下卷，頁四一五。《中共文件》，第十七冊，頁五四九。

141 《毛澤東年譜》，一九四八年十二月一五、二十日。下卷，頁四一九、四二二。

142 《徐永昌日記》，民國三十八年一月八日。第九冊，頁一九九。

143 《毛澤東年譜》，一九四九年一月一日。下卷，頁四二八。

144 《平津戰役親歷記》，頁二八六，記蔣派鄭赴平，在徐永昌之後，依徐之日記鄭在先。

信仰傅總司令，並願效忠；且謂就現在兵力論，只要粮不缺乏，打一年也不怕。傅且與鄭研商塘沽機場事，擬空運一個軍去青島，轉船去塘沽開展範圍，修建機場，由此運粮赴平津，或將守北平的軍隊運出去。認為此實上策也。[145]

但在時間上，已不可能。東北林彪共軍自十二月九日向平津、塘沽外圍進攻後，塘沽防守司令侯鏡如即向共方接洽投降，共方答應編為一個軍，仍任侯為該軍軍長。[146]塘沽地區易守難攻，林彪決以五個縱隊包圍天津，待時機成熟，發動總攻。毛指示以和、戰兩手之策奪取天津，如果敵據學校頑抗，非用戰鬥不可，即便有所破壞，亦在所不惜；但如果使用勸降方法亦能解決時，則使用勸降方法。[147]

圍至一九四九年一月十一日，林提出最後通牒，限天津國軍至遲須於十三日十二時以前開出，否則將於十四日進攻。[148]天津警備司令陳長捷召集林偉儔（第六十二軍軍長）、劉雲瀚（第八十六軍軍長）、杜建時（天津市長）商量，沒有一個說應該和可以放下武器的，大家卻也願意談判，以為緩衝。同時請示傅作義，傅的回覆是「堅定守住，就有辦法。」[149]但共軍不允拖延矣，即發起攻擊。十五日下午，「天津解放」。[150]陳、林、劉、杜等被俘。[151]塘沽守軍三萬人則自海上撤出。[152]

天津失陷，對北平之影響，至為嚴重。傅作義函蔣，謂天津情況影響北平士氣民心至為嚴重，社會言論竟明示對守城者之怨懟，士氣消沉，一般幹部至認為已無前途，面對危局，憂心如擣。[153]

---

145 《徐永昌日記》，民國三十八年一月八日，第九冊，頁二〇〇。

146 《毛澤東年譜》，一九四八年十二月二十三日。下卷，頁四二三。

147 《毛澤東年譜》，一九四九年一月六日。下卷，頁四三〇。

148 《毛澤東年譜》一九四九年一月十一日。頁四三三。

149 《平津戰役親歷記》，頁一三二。

150 《毛澤東年譜》，一九四九年一月十四日。下卷，頁四三五。

151 《平津戰役親歷記》，頁二〇二。

152 《徐永昌日記》，民國三十八年一月十七日，第九冊，頁二〇八。

153 《徐永昌日記》，民國三十八年一月十七日，第九冊，頁二〇八。

傅聞蔣即下野，復於一月二十日派參謀廉壯秋自平來京向蔣請示。下午三時半見蔣，言由元旦文告起，北平和談氣氛太濃；又因北方軍官眷屬多居天津，第九十二軍及九十四軍之被俘放歸的軍官，因其本部在平，皆來歸部，而本部中自不能禁其不來，以是士氣益墮，今已無法再戰；但談判可以牽絆敵人，即現要求各守防地，不談改編或繳機；若不如此便打。傅擬得到一定辦法時，將軍隊交李文（第四兵團司令）。傅本人去綏遠。

次（二十一）日，蔣即派國防部長徐永昌飛平，向傅傳達以下意見：⑴謀和希望與中央一致。⑵希望傅南來。⑶大量運出精銳部隊；如能給時間，有限度運出軍隊，可和平交出北平。傅謂第一項原亦擬如此，但限於環境，已由鄧寶珊等出城談判，軍隊原建制原番號開到指定地點，其高級官長去留聽便；唯共方須先派遣政工人員，此層為傅所拒絕，正續商中。第二項傅初意去綏遠，尚有步兵四師、騎兵三旅，仍可整頓效力國家。經徐述蔣之意，以南方必須有幾個忠貞負望之軍官，方可撐持。傅至此遂允俟部署竣事，即去作總統（蔣）一隨員。至於第三項，現正擴修機場，但恐無大效果。

徐於當晚九時許飛回南京，蔣已離京去杭州。[154]

事實上，到了一九四九年一月七日，毛澤東提出較為寬大的條件，同時北平已在四面包圍之中。傅於九日派代表周北峰、張東蓀等與共軍代表林彪、羅榮桓、聶榮臻、劉亞樓正式談判，共方開出的條件，是傅部人員一律不咎既往，所有張家口、新保安、懷來戰役被俘的軍官一律釋放。但為部隊之整編問題，雙方仍有距離，傅準備打，共方於十六日提出最後通牒。傅以鄧寶珊為代表，與共談判。[155]至二十二日，與共方代表蘇靜正式簽訂〈北平和平解放實施辦法〉。次日，傅致電徐永昌說：

---

[154] 《徐永昌日記》，民國三十八年一月二十、二十一日，。第九冊，頁二一一至二一三。

[155] 《戰後中國的變局》，頁一五九至一六〇。

「自津陷落後，北平戰局即萬分困難，士氣民心消沉浮動，迫不得已，於養（二十二）日上午十時雙方訂定軍隊保持原建制原番號，一個月後實行整編。在此期間，成立聯合辦事機構。希望中央全面和平早日實現。」[156]

最後華北勦總所屬第四、第九兩個兵團八個軍二十五個師，完全改編為人民解放軍，並宣稱其五項優待條例。[157]連同天津被殲和被改編的國軍，計五十二萬餘人。[158]

傅之「局部和平」的經過，在一些當事人事後的回憶中，頗多分歧，但就當時的文獻來看，較之一般見風轉舵者，顯有不同。

在此之前，蔣曾歸咎於「宜生（傅）又為政治與虛榮所牽制，不願放棄北平而企圖固守，是無異自滅也。」[159]

對照蔣曾指示華北必須固守，而且授予全權。蔣氏所言，似乎有欠公允也。

（四）三大戰役致敗原因之檢討

國共三大戰役統計表

三大戰役名稱	起訖時間	經歷天數	估計損失兵力
遼瀋戰役	1948.9.12～1948.11.2	52 天	47.2 萬
淮海戰役	1948.11.6～1949.1.10	65 天	55.5 萬
平津戰役	1948.11.29～1949.1.31	64 天	52 萬

156 《徐永昌日記》，民國三十八年一月二十四日。第九冊，頁二一七。

157 《徐永昌日記》，民國三十八年三月二日，第九冊，二四七頁。

158 《周恩來年譜》，一九四九年一月三十一日。頁八一〇。

159 《蔣介石日記》，民國三十七年十二月十二日。《大事長編》，民國三十七年十二月十二日。卷七，上冊，頁一九七。

以上遼瀋、淮海、平津三大戰役，國軍之潰敗，固因兵力、士氣不及共軍，尚有其他諸多致敗之因素，較為重要者，有如共諜之滲入與軍事機密之洩露，不同軍系之互相猜忌，以及前線將領之通共與投共等。

國方察覺共諜之滲入與軍事機密之洩露，是十一月四日軍事會議關於徐州之撤退事，僅隔二、三日，東京即有廣播。徐永昌向秦德純言，國防部及徐州總部之機要幹部中，似有敵諜潛伏。秦謂如郭汝瑰廳長與何基灃、張克俠等極莫逆一事以觀，即頗須注意之人物也。[160]何基灃、張克俠是駐徐州外圍的第三綏靖區副司令，是中共地下黨員，一週前率三個半師投共。郭為國防部第三廳廳長，主管作戰，早年加入中共，一度脫黨再思歸隊，與中共取得聯繫，被安排提供情報。[161]十一月四日國防部會議的內容，顯然為郭所提供。所以共方迅即知之，立即提前發動淮海戰役。

例如蔣電召杜聿明由徐州來京研商前線作戰計劃時，杜甚懷疑參謀部有間諜洩露機密；而尤懷疑參謀次長劉斐為不可靠。故不敢公開向蔣陳述其腹案，而要求與蔣單獨談話。蔣允之。[162]

又如濟南之失，蔣說王耀武過去表現都好，惟此次之表現，最使人慚愧而恥辱，其失敗乃由人事，其司令部第一處長為其外甥，第三處長為其親信，但當最後乃兩處長首先領導叛變。[163]再如東北「勦匪」總司令衛立煌的副秘書長兼辦公廳主任汪德昭，胡宗南身邊的親信機要人員熊向暉等，均為中共地下黨員。[164]諸如此類事例，不勝枚舉。

---

160 《徐永昌曰記》，民國三十七年十一月十七日。第九冊，頁一六〇。

161 《國民黨的聯共與反共》，頁六七五。《郭汝瑰回憶錄》，頁一七三。

162 《事略稿本》（七七），民國三十七年十一月二十八日。頁六三三。據記杜之腹案為「主張由鐵路西側，直衝劉伯承匪部之側背，此與公（蔣）所見相符也。」

163 《徐永昌日記》，民國三十七年十月十一日。第九冊，頁一三七。

164 《國民黨的聯共與反共》，頁六七四。

不同軍系之相互猜忌，是一九二〇年代北伐統一以來，久已存在的問題。大的區分有中央系與非中央系（雜牌）之分，後者總是認為受到歧視。前者自視「正牌」，不免驕橫。且各系之內，亦非團結，而難以合作。其間最大的矛盾為桂系李宗仁、白崇禧與蔣介石之間的猜忌。蔣、李之積怨，早在北伐時期即有之，蔣在一九二七年八月第一次下野，即由於李之「逼宮」。行憲後李為競選副總統，與蔣幾致決裂。白為李之同系，足智多謀，在蔣、李鬥爭中，常為李之有力支時者，故蔣對白忌恨至深。一九四七、四八年的軍事潰敗，白謂一切軍事失利，由於蔣直接指揮之所致，而歸咎於蔣。蔣對白亦有所感曰：

> 「近日何（應欽）、白（崇禧）之言行態度，謂一切軍事失利由於余（蔣）直接指揮之所致，而歸咎於余一人，……惟因前方將領逕電請示，余身為統帥不得不批露督導責任。」[165]

> 「戰局逆轉，情勢不利之際，一般高級將領往往乘機爭權，挾匪要脅，往往如此。白（崇禧）則乃以每月要令武漢私籌一千萬金元為其個人支配，且不令中央知道也，可痛。時局稍變，則不測之徒，即起異心。」[166]

淮海戰役失利，蔣更認為白崇禧與共黨「勾結」，別有「企圖」。其自記曰：

> 「陳毅股匪之主力集結於固鎮附近，對蚌埠作監視脅制之形態，而不加進犯，此其與桂（系）白（崇禧）互約，……留作聯合政府組織之地點。」[167]

---

165 林桶法，《戰後中國的變局》，頁二八〇。

166 《蔣介石日記》，民國三十七年九月二十六日。

167 《蔣介石日記》，民國三十七年十二月三十一日後「上月反省錄」。

其次如晉綏系之傅作義，蔣雖賦以重責，彼此似非完全信任，如徐永昌所記：

「多時來每為宜生（傅字）悚懼，何以蔣先生對之不似過去，亦有人忌而讒之歟？其如國事何？如此下去，責任日重，兵力日損，以宜生之血性，恐有不諱之一日。蔣先生或以為中央若干師歸其指揮，不知中央軍多數已至無人能指揮，雖蔣先生亦然。」[168]

廖耀湘兵團為黃埔嫡系，瀋陽警備司令楚溪春說：廖至驕横，任何人不能指揮，參謀總長兼東北行轅主任陳誠於四平街戰役後之檢討會議，原擬對廖有所懲戒，乃廖率黃埔軍師長若干人向蔣跪懇，卒以暫置勿議，以觀後效了事。因之，陳亦不能久任。[169]

蔣為打通瀋陽和錦州的交通，命熱遼邊區司令范漢傑進駐錦州，督訓錦州部隊，東北「勦匪」總司令衛立煌不滿范駐錦州，表示不同意，廖耀湘另派其副司令舒適存至錦州負督訓部隊之責，范不能指揮。凡作戰、訓練、裝備諸事，衛逕下令給兵團司令孫渡，甚至各軍長，但不通知范。勦總參謀長趙家驤及廖等表面擁衛，暗中各處活動，不惜以造謠手段，期使杜聿明回東北。范也採取各種辦法拉攏駐錦部隊。[170]

前線國軍將領之暗通中共或投共，無論是雜牌或中央嫡系，可謂比比皆是，如濟南戰役吳化文之變，而為濟南失守之關鍵。淮海戰役之何基灃、張克俠之投共，李彌兵團不得不調，而致徐州之敗。[171]黃維兵團第八十五軍一一〇師師長廖運周之叛，使黃維兵團陷入混亂，且使第八十五軍第二十三師失去黃之信任，致黃兵團很快被殲。[172]凡此皆由暗通

168《徐永昌日記》，民國三十七年三月二十四日。第九冊，頁三四。

169《徐永昌日記》，民國三十七年十月三十日。第九冊，頁一四八。

170《國民黨的聯共與反共》，頁六七〇。原據「王叔銘呈蔣校長電」，民國三十七年六月十五日。國史館蔣中正檔，特交檔案勦匪 003 卷 51074。

171《徐永昌日記》，民國三十八年一月十日。第九冊，頁二〇二。

172《國民黨的聯共與反共》，頁六七八。

中共而投共者。由中共策反而投共者，有如駐守長春之第六十軍軍長曾澤生（滇系）等。

總計遼瀋、淮海、平津三大戰役，國軍損失共約一百五十萬人，其中被俘的約八十六萬人，降共者約十七萬人。[173]

四、金融的崩潰

持續的內戰，不斷的消耗，龐大軍費的開支，物資匱乏，收入短缺，物價飆漲，通貨膨漲，終致金融崩潰。幣制改革，以金圓券取代法幣而失敗，更是火上加油，一發而不可收拾。

一九四五年八月抗戰勝利時，法幣的發行額為 5,569 億元，到了這年十二月即達 10,320 億，一九四六年十二月達 37,280 億，一九四七年十二月達 331,890 億，一九四八年八月十九日幣制改革時猛達 6,045,340 億。

抗戰前（一九三七年六月）為 14 億元。[174]抗戰八年，法幣發行增 397 倍多（5569÷14＝397.7），戰後內戰三年，則增 1,085 倍多（6,045,340÷5,569＝1,085.5）。較戰前則增加 431,810 倍了（6,045,340÷14＝431,810）。

法幣的發行額，在一九四七年的一年，較上年增加八點九倍。到一九四八年八月十九日幣制改革前，僅八個多月時間，就較上年增加十八倍以上。

---

173 林桶法，《戰後中國的變局》，頁一七〇。三大戰役國軍損失一五〇萬人，為估計數字。按遼瀋戰役損失估計為四十七萬二千餘人，淮海戰役損失估計為五十五萬五千餘人，平津戰役國軍數估計為五十至六十萬之間，僅自塘沽撤出三萬餘人，餘皆被殲或被共方改編。故三大戰役估計損失為一五〇萬人，大致不差。

174 《戰後中國的變局》，頁一八九。原據中國人民銀行參事室編《中華民國貨幣史料》（上海：人民出版社，一九九一年），第二輯，頁五九五至五九六。

支出增加，收入減少，赤字龐大。國府一九四七年度至一九四八年一至七月財政收支與赤字比較如下表（單位：法幣百萬）：[175]

年度	支出	收入	赤字
1947	43,393,805	14,064,383	29,329,512
1948.1～7	655,471,108	220,905,475	434,565,612

入不敷出，赤字加大，端賴印發鈔票，小面額不足以應付，一九四七年十二月九日發行二萬、四萬、十萬面額的大鈔。物價立即波動。郵資加價三倍（平信二千元），電報二倍（每字二千元）。[176]七月十八日，發行關金券，票面一萬至二十五萬元（每元合法幣四元）。[177]

茲將一九四八年各月份米價波動的情況，整理表列如下[178]：

月日	米價（單位：石）
二月六日	160（單位：法幣萬元、下同）
二月十六日	190
二月二十日	220
二月二十一日	300
三月二十日	440
六月十日	1,000
七月十二日	3,000

175 《戰後中國的變局》，頁一八七。原據孫震等，《中華民國經濟發展史》（台北：近代中國出版社，民國七十二年）。第二輯，頁一四六。

176 郭廷以，《中華民國史事日誌》（台北：中央研究院近代史研究所，民國七十四年）。民國三十六年十二月九日、十一日，頁七〇八。（以下簡稱《史事日誌》）

177 《史事日誌》，民國三十七年七月十八日，頁七七三。

178 本表資料據《史事日誌》有關月日，頁七二七、七二九至七三〇、七三八、七六三、七七二。

一年前的六月底，每石米為二十萬元。[179]一年之間，漲了一五〇倍。

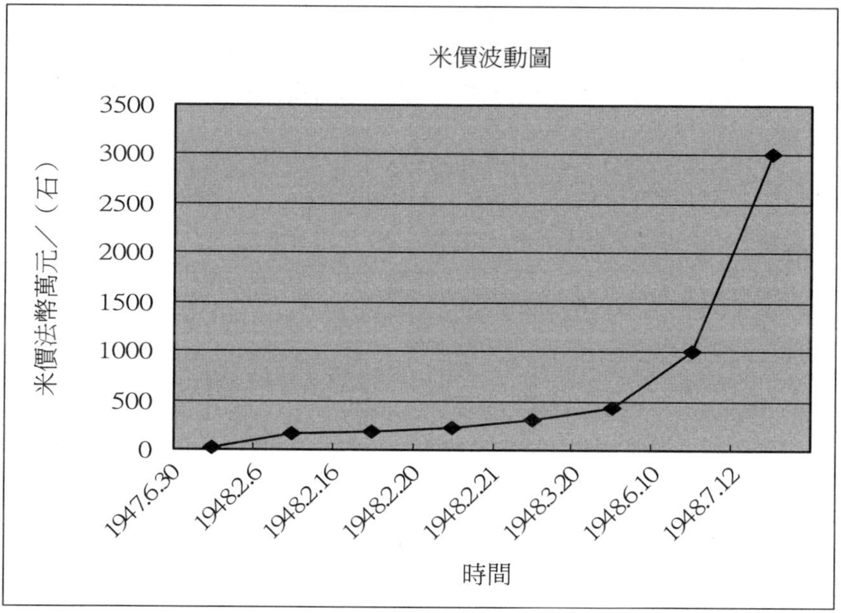

一九四八年各月份黃金波動情況整理表列如下：

年月	黃金價（單位：兩）
二月	2,200 [180]（單位：法幣萬元、下同）
六月二十五日	20,000 [181]
八月十三日	60,000 [182]

[179]《戰後中國的變局》，頁一九四。

[180] 郭廷以《近代中國史綱》（香港：中文大學出版社，一九七九年），頁七七九。

[181]《史事日誌》，民國三十七年六月二十五日，頁七六六。

[182]《史事日誌》，民國三十七年八月十三日，頁七八〇。

上年一九四七年二月黃金每兩九十萬元，[183]一年半（從一九四七年二月到一九四八年八月）之間，黃金漲了六六六倍多。小民不得一飽。公職人員三餐不繼，軍中高級軍官得到軍餉後，多先購黃金，再行出售。等到法幣到了士兵之手，已不及原值的十分之二、三了。[184]

這裏所說的高級軍官得到軍餉先購黃金，並不是為了保值，而是從中侔取暴利，例如某一軍長一次領得全軍軍餉可購得黃金數千兩，再出售其中一部分，可收回成本，轉發所屬，其餘部分則據為已有。中間或再如法泡製，最後轉至基層，士兵或基層軍官所得，錢數依舊，而其實質，較之原值就大打折扣了。如此也加速了黃金的飛漲。

法幣形同廢紙，國府乃於一九四八年八月十九日頒布財政經濟緊急處分令，廢法幣，發行金圓券。收兌法幣及金銀外幣，法幣三百萬元折合金圓一圓，金圓二元折銀幣一元，金圓四元折合美金一元，發行總額以二十億元為限。自即日起，黃金、白銀、外幣，禁止流通或持有，限十一月二十日以前，無限制兌換金圓券。所有物價以八月十九日為準。為加強經濟管制，特於上海、天津、廣州設置經濟管制委員會，其中尤以上海為重要，以俞鴻鈞為督導員，蔣經國協助督導。[185]實際負責者為蔣經國。蔣介石自記曰：

> 「此舉實為國家存亡成敗所關，明知此於其個人（按指蔣經國）將為怨府與犧牲之事，但除經兒外，無人能任其事，故不能不令其負責耳。」[186]

幣制改革實施後，人民至國家銀行以金銀外幣兌換金圓券者，亦頗踴躍，十日之間，收兌現金約合美金二千七百萬元。蔣以為「民心猶

---

183 《王世杰日記》，民國三十六年二月日，第六冊，頁二三。

184 《近代中國史綱》，頁七七九。

185 《近代中國史綱》，頁七七九至七八〇。

186 《大事長編》，民國三十七年八月二十一日。卷七，上冊，頁一二八。

在」。[187]

長期以來，法幣不斷大肆貶值，人民以及軍公教人員，無不身受其苦，一旦改制，大有「脫離苦海」之感。人民踴躍兌換金圓，亦此故也。徐永昌記曰：「改革幣制公佈後，大多人民無不慶幸已獲生路。」其子元明很興奮的問徐：「新幣制實行後，是否從此物價就不漲，生活就可安定了。」徐以不掃其子元明之興，乃以他語岔之。實則徐閱當日公佈幣制改革全案，以及財政當局之解釋，認為在今日內亂之下，生產事業不能增進，交通破壞不已，稅收難以激增，尤其軍費不易限制，以過去失信到極點的政府，僅僅為此而欲改革幣制達成願望，真有令人不敢置信者。徐且認為「當局此時所岌岌者，完全在於奪獲國人外匯與金銀，但此而愈亟，則補救上愈難。」徐甚盼其言「未能合於事實也」。[188]然而未久，徐氏之言，竟見諸事實也。

八月十九日施行的幣制改革，財政狀況並未好轉，仍舊每況愈下。根據中央銀行的記錄數字，該年最後四個月的收支，情況如下（單位：金圓券元）：[189]

月份	收入	支出	赤字佔支出的百分比
九月	108,854,000	343,414,000	69%
十月	145,090,000	282,833,000	49%
十一月	172,410,000	674,944,000	75%
十二月	446,747,000	2,649,609,000	83%

發行金圓券後，原規定的二十億元發行限額，不到三個月就被突破，改為「發行總額，另以命令行之。」致其發行數額如脫韁之馬，至一九四九年六月，發行額高達一三〇萬三萬三千億元以上（1,303,046

187 《大事長編》，民國三十七年八月三十一日。卷七，上冊，頁一二九。

188 《徐永昌日記》，民國三十七年八月二十日。第九冊，頁一一三至一一四。

189 孫宅巍，〈抗戰勝利後國民政府財政狀況剖析〉，《民國史論叢》。頁五七〇。

億），為原定發行限額的六萬五千一百五十二倍多。[190]

物價又起波動。粮食因限價而不運入市場，上海、南京搶米，搶購之風愈熾。一九四八年十月三十一日，政府放棄限價政策，都市仍難買到米粮。十一月十一日，准許人民持有金銀外幣，黃金每兩兌換金圓券一千元，美鈔一元兌換三十元（發行時原為四元）。發行不到三個月的金圓券，完全失敗。前此以金銀外幣兌換金圓券的守法良民，為之破產，怨聲載道，加速了大局的崩潰。[191]

蔣自記曰：

> 「自金圓券發行以來，中下級人民皆以其金銀外幣依法兌換，以示愛國擁護政府之真誠。不意於數月間，軍事節節失敗，經濟每況愈下，物資枯竭，物價飛騰，金圓券之貶值，人民遂怨聲載道，而政府之信用全失矣。」[192]

政府高級官員悉認國事不可葯救，台灣省主席魏道明痛恨新幣制之害事害人，台灣固然受損失極大，尚不似內地之勢如燎原。日來京滬縱依議價，亦難於購到物品，尤其是米麵，一日數漲，公教人員苦不可言，滬上搶粮不得，變亂堪虞，京滬交通阻斷，誰敢保證何時發生變亂。[193]

徐永昌記曰：

> 「搶米已至第四天，漂亮西服的中年市長（似指上海市長吳國楨）、警察局長、衛戍司令、行政院、內政部，不聞有所救正。外人日言我政治無能，今日表現的更十足。」

---

[190] 孫宅巍《民國史論叢》。頁五八〇。

[191] 《近代中國史綱》，頁七八〇。

[192] 《事略稿本》（七七），民國三十七年十一月三日。頁三五五。

[193] 《徐永昌日記》，民國三十七年十一日七日。第九冊，頁一五三。

「白下路（南京）萬人搶麵粉踏死三人，全城搶米，巳死五人。……據聞街市隨便議論，叫詈總統夫婦，警察付以同情之笑。」[194]

五、國民黨內訌蔣氏下野

軍事潰敗，物價高漲，人心惶惶，怨聲載道。一九四八年三月底至五月初，國民大會集會南京期間，代表以國民黨籍居多，借此發泄怨氣，表示不滿。蔣為安定人心，向國大代表作施政報告時，謂經濟軍事誠有若干危機，但不如外傳之甚，其所以傳說紛紜，完全由我們自己造成恐懼，完全由共黨造謠而動搖。截至現在，法幣發發行未超過七十萬億，國有之黃金、白銀、外匯及國營事業出售（按：共可折合約美金七億元），均為穩定經濟主要力量。現在問題不是經濟軍事問題，而是物價高漲，人心不安。共黨與外國人皆傳六個月可以擊潰政府。蔣則斷言三個月至六個月以內，必定肅清黃河以南匪之主力。[195]

稍後，蔣在國民大會堂紀念週中，向中央委員及國民黨籍代表（仍二千數百人）致詞，略謂同志信心動搖，受人宣傳，自失立場，即是毀滅自己。日前施政報告絕對確實，絕對負責，絕無欺騙。從前赤手空拳，尚能革命，今日有如此大力，為什麼害怕！下午即有代表發言，云如總裁（蔣）報告之經濟，國家銀行可作基金者當有七、八億美金；既如此，何必懇美借債；又何必不以一億美金收回濫發法幣，而盡使國家社會如此受罪。又有若干代表在休息時說：總裁講我們當初赤手空拳打倒滿清，今日有此大力決可消滅共匪云云。不知當初是以新銳打腐化，今日是以腐化打新銳，前後恰是相反，國民黨永不知革新，國民黨從此

---

194 《徐永昌日記》，民國三十七年十一月十日。第九冊，頁一五五至一五六。

195 《徐永昌日記》，民國三十七年四月九日。第九冊，頁四四。

已矣。[196]

大會期間發生一驚人事件，即東北代表孔憲榮在寓所之自縊。孔為東北抗日游擊名將之一，勝利後隸屬杜聿明，任松江支隊司令，陳誠整編時，將其所部萬人撥歸吉林省主席梁華盛指揮，孔即閒散。在永吉國軍撤退時，其一子一媳於中途失散，其妻與幼子尚在長春。大會中，東北代表攻擊陳誠尤激烈。在勵志社晚宴中，蔣致詞為陳解釋，謂陳總長去東北，為東北人士歡迎去的，勝敗無常，誰能保險不敗，謂張代表請斬馬稷（喻陳），未免過當。是晚之會，一般情緒，均極不佳。[197]

國民黨內訌之升高，為總統與副總統之選舉問題而起紛爭。四月四日，國民黨中央臨時全體會議，討論總統、副總統候選人提名問題，蔣表示不出任總統候選人，願居公職地位，擔任勦匪戡亂，保障行憲之責任。並主張提出一黨外人士（按：已徵得胡適的同意）為總統候選人。[198]

黨內人士為此爭論，有兩派不同意見，一派認為蔣不任總統，對於軍事經濟立即會發生不良影響；一派認為此一退讓果能實現，凡不滿政府與蔣者，其印像必能立即轉好，寄予同情，且轉生信賴，謂之為國民黨復生，亦無不可。但前者聲浪至高，大有斯人不出，如蒼生何！曉曉不休。蔣頗不耐，乃決定交國民黨中常會研究。

中常會開會時，蔣未出席，與會者賀衷寒、黃宇仁等三青團人士主張接受蔣之意見；陳果夫、立夫等黨中幹部以為蔣必須出任第一屆總統。黨之元老戴季陶發言由開天闢地至原子力量，證明斯人不出如蒼生何。會議建議仍請蔣為第一屆總統候選人。劉公武起立發言，以為應尊重蔣所指示，不計名位，為國家作有效之服務。潘公展即作斥責聲調，謂已決議通過，劉之所言殊屬不當。戴季陶發言，除指責劉之所言不當外，言論越出範圍。時間既久，吳忠信送一紙片給戴，戴似不勝其惡

196 《徐永昌日記》，民國三十七年五月三日。第九冊，頁五九。

197 《徐永昌日記》，民國三十七年四月十六、十九日。第九冊，頁四九、五二。

198 《大事長編》，民國三十七年四月四日。卷七，上冊，頁七〇。

煩，仍講若干乃止。散會後，戴即質詢並責吳。吳謂非盡己意（谷正綱覺戴言太多，書一請少言紙片，請吳轉遞，以吳長者，戴或不之責也）。戴遂大發其神精病。[199]

四月五日，國民黨中常會仍推蔣為總統候選人，蔣接受，對胡適深感歉疚。胡則有「如釋重負」之感。王世杰是日《日記》記曰：

> 「今午蔣先生與五院院長等商談後，約予（王）往談。意謂彼之計劃將無法實現，一因黨中同志不贊成，二因彼如本人拒絕為總統候選人，則李宗仁必競選總統，其結果必甚壞。……予退出後，往晤胡適之先生，告以實情，彼（胡）甚愉快，如釋重負。」[200]

惟總統、副總統之選舉，黨不提名，蔣與居正由國大代表聯署提名為總統候選人。聯署提名為副總統候選人者，則有孫科、于右任、李宗仁、程潛、莫德惠、徐傅霖六人。[201]

蔣之「讓賢選能」為黨內保守勢力所阻礙而改變初衷，事後認為這是一大失策。他於六月二十七日在西安曾對張治中說：「從四月到現在，是最黑暗的局面。癥結就在我（蔣）當了總統，我在廬山已經決定不當總統，希望胡適之出來當選。這是一種轉機，一個重大的關鍵，能夠照我的願望做到便好了！但是大家不贊成這樣做，這是最大的失敗！這個失敗是一時挽轉不過來的。」[202]

副總統之選舉，蔣支持孫科而反對李宗仁，但一向親蔣之徐永昌則逕投李票。其原因，徐以為：

---

[199] 《徐永昌日記》，民國三十七年四月四日。第九冊，頁。四〇至四三。

[200] 《王世杰日記》（排印本），（台北：中央研究院近代史研究所出版，民國一〇一年）。民國三十七年四月五日。上冊，頁八九五。按《王世杰日記》手稿本從一九四八年三月二十九日到四月六日之間的十頁內容漏印。排印本發現列入。

[201] 《大事長編》，民國三十七年四月五日二十日。卷七，上冊，頁七二、七七至七八。

⑴年來時局江河日下，若不即有改革，必至於崩潰無救。

⑵孫、于、程諸氏，數年來身居中樞要職，迄無匡救建議與言論，任何人均不能信賴其今後能有所振作。

⑶李競選宣言曰：肅清貪污，改革政治，清算豪門資本。此皆總統立場之言，在副總統似無發表上項宣言權利。但水深火熱的今日，卻獨能抓獲人心；然彼固亦接近豪門資本者，而任用李品仙（安徽省主席）有貪污之稱，與其夫人之干涉政治等等，其疵點亦多，不過彼倔強有信譽。在無可如何之今日，多數人士總冀其能以去就匡救蔣先生之失，較其他諸氏所宣佈者，既不能痛下針砭，恐仍依附其間，不得已而求其次，此亦多數代表之意見也。[203]

蔣對李宗仁不服勸告，至為憤慨，四月十二日，在紀念週中援引民國二年黨員不聽孫中山之命而致黨之分裂，作為鑒戒，矛頭指向李宗仁，並自記曰：

> 「競選副總統之黨員，至今仍不相上下，而李（宗仁）之行態更為卑劣」。[204]

根據保防單位之密報：李「利用人民厭戰心理，散布其能調和李濟深反蔣健將與政府關係，團結國民黨陣營，並透過李濟深與中共洽商和平等空氣，爭取思想左傾代表同情。」[205]

是以副總統之選舉，暗潮洶湧，投票三次，各候選人皆未超過半數，第四次以得票較多之二名李宗仁、孫科競選，李以較多票當選。[206]

---

[202] 《張治中回憶錄》，下冊，頁七七六至七七七。

[203] 《徐永昌日記》，民國三十七年四月二十三日。第九冊，頁五三至五四。

[204] 《戰後中國的變局》，頁二九八。原據國史館《事略稿本》，民國三十七年四月十七日。

[205] 《戰後中國的變局》，頁二九六。

[206] 《大事長編》，民國三十七年四月二十九日。卷七。上冊，頁七九。

孫敗李勝主要原因，為桂系結合對中央不滿的派系，與蔣對抗。李之同系程思遠認為：「當時對現狀不滿和反對CC這兩股主流，恰巧為李宗仁用上。」[207]

國民黨之內訌，隨戰局之逆轉而加劇，對共和平之幻想，亦相對的提升。當淮海、平津戰役失利之際，謠諑繁興，大家「以為蔣先生一走，和平立現；尤其美國人以為出現了聯合政府，即是和平。所以一般人民聞蔣先生出國，多有放炮竹以誌欣慶者。」一向支持蔣氏的徐永昌，此時對蔣亦頗有微詞，認為蔣「自欺乃驕」，有勸蔣「罪己下野」之意。[208]

張群謂蔣曰：「本（國民）黨幹部及立法委員中，對公（蔣）皆有不滿之表示，且聞已有二百餘人簽名，要求公下野之消息。」蔣曰：「若輩之意，欲使余心灰氣餒，翩然引去，以遂其對匪求和之願望。可慨也夫！」[209]

蔣即約見國民黨中常委代表及高級幹部，商討時局及應付方針。邵力子發言時，謂此時雖欲與共黨言和，而已不可得矣。蔣測邵意，以為「似舍投降一途，已無路可走矣。」聞之「至為痛心」。

談及政府遷徙事，有以此舉將使人心渙散，不啻分崩離析，其將何以再樹重心為言者。蔣曰：「所謂重心也者，不在乎首都之在何地，而繫我一人之所在也；如我在世一日，即反共之一日，以底於成而後已。故我在何地，即其重心所在。」

最後蔣告以勦共作戰到底之決心。並謂「萬一南京將來不守，我亦必於其他地區繼續勦共。須知今日共匪所欲得者，非南京也，而為我一人也。」[210]

---

207 《戰後中國的變局》，頁二九九。

208 《徐永昌日記》，民國三十七年十二月十八日。第九冊，頁一八二。

209 《事略稿本》（七七），民國三十七年十一月十九日。頁五一六。

210 《事略稿本》（七七），民國三十七年十一月十九日。頁五一七。

蔣氏之自信如此，未必能信於人也。

華中勦共總司令白崇禧統率三十萬大軍，保持完整，鎮守武漢，有舉足輕重之勢，在其推動下，乃發起「和平運動」。長期致力「反蔣運動」與桂系關係密切的李濟深，也從香港密電勸李宗仁、白崇禧、黃紹竑（桂省主席）等，要他們共同攜手反蔣，配合中共，「贊成開新政治協商會議，組織聯合政府」。[211]

在李濟深密電後的第三天，白崇禧即於十二月二十四日自漢口致電蔣氏，促與中共言和，實即要蔣下野。同時提出與共談和建議三項如下：

⑴先將謀和誠意轉知美國，請其出而調處，正式徵其同意，約同蘇聯共同斡旋和平。

⑵由民意機關向雙方呼籲和平，恢復和談。

⑶雙方軍隊應在原地停止行動，聽候和平解決。[212]

白氏之電，由張羣、吳忠信呈蔣，蔣即表示苟利國家，出處進退，絕不縈懷。當由張、吳與李宗仁商談，希李代理總統職權。李亦希蔣早日引退。李對徐永昌說：「吳禮卿（忠信）昨（二十五日）銜命來訪，謂渠（吳）曾勸蔣先生暫卸仔肩。蔣先生曰：交與何人？自然是德隣（李字）了。即令渠來見告此意，並屬預作準備。李語竟曰：此何事；我如何作此準備耶？」[214]

李之表態，似對蔣之「暫卸仔肩」有所疑慮，乃要張羣、張治中、吳忠信等轉達彼之建議，勸蔣下野。謂此已成定局，且須從速，即於年前有所表示，否則恐不及矣。如此激情，蔣云：余去不成問題，惟對共方須有把握，究否有無接談之人，斷難片面言和；軍隊亦須安排，且須

211 《國民黨的聯共與反共》，頁六八六。

212 《大事長編》，民國三十七年十二月二十六日。卷七，上冊，頁二〇三至二〇四。

213 《大事長編》，民國三十七年十二月二十七日。頁二〇四。

214 《徐永昌日記》，民國三十七年十二月二十五日。第九冊，頁一八七。

得到把握，斷無丟下即走之理；須顧全法統。[215]

李之左右力勸李應旗幟鮮明，表明立場。乃草擬條件，經李同意交蔣。要點是：蔣主動下野；李繼任，宣佈和平主張；和談以內閣為主，總統授權；和談前改組內閣；撤銷戡亂令，部隊主動撤離戰場，釋放政治犯等。蔣對李之草案亦有修改，其中主要之點有「李先生依法代行總統職權」，及「為保證和平談判之順利，軍事應有嚴密之部署，尤須鞏固軍心，團結一致。」白崇禧堅決反對，主張「蔣下野必須辭職，由德公正式就任總統，不能用代理名義。」[216]

十二月三十日，白再通電「言和」，其真正目的，是為藉此逼蔣下野。只靠本身力量不行，非用共黨的壓力不可。他找來與中共有關係的劉仲容，[217]去聯絡中共，共同反蔣。劉到上海會見中共秘密聯絡人吳克堅，遲未獲復。黃紹竑即到香港，急找李濟深，李已去大連，參加中共新政協籌備工作。但找到民革另一負責人黃琪翔，乃交給他一封信，謂白早有反蔣決心，只因時機未熟，不敢發動。上（十二）月二十四日致蔣之電，實際就是為了倒蔣。蔣不會輕易下野，須以武力解決，必須有軍事行動之準備，尤應與中共方面取得諒解與合作。請任公（李字任潮）向中共中央通告：⑴武漢反蔣經過及以後決心與與行動；⑵請中共中央轉知華中當局，與武漢方面達成軍事諒解；⑶商定以後作戰計劃。經黃琪翔聯絡，兩人與中共駐香港代表潘漢年見面，說明聯合反蔣必要，且謂桂系反蔣決無美國背景。[218]

潘報告中共中央，得到的指示是：同意和白崇禧聯合對蔣，要白立即派代表到鄭州與中共前線負責人聯絡。黃更向潘要求，願以私人身份

---

215 《徐永昌日記》，民國三十七年十二月二十九日。第九冊，頁一九一。

216 《國民黨的聯共與反共》，頁六八七至六八八。

217 劉仲容，當時是白崇禧華中剿總的參議。

218 《國民黨的聯共與反共》，頁六九一至六九二。原據《潘漢年致周（恩來）、李（克農）並中央電》，一九四九年一月十八日。

奔走和平，請潘派人同他一起去同中共中央負責人商談，作出一個和平基本協議的草案，給李、白考慮。潘表示拒絕，謂李宗仁如能效法傅作義，明確接受毛澤東的八項條件作為先決條件，就好商談和平解決方案。黃至武漢向白報告接洽結果，據黃回憶，因蔣下台，李上台，白的態度有了很大的變化。[219]

原先白崇禧派到上海的劉仲容，與中共方面吳克堅的聯絡，此時有了答話。毛澤東在中共中央給吳的電報上，加寫一段話說：

> 「望要劉仲容即去告李、白，絕不要相信蔣介石的一套，桂系應準備實行和蔣決裂，和我方為配合解決蔣系，才能在人民面前和蔣系有所區別。」[220]

一九四九年一月二十八日，劉仲容和黃啟漢到了北平，會見中共北平市長葉劍英，說李宗仁交待：第一是局部和平，並與中共併肩作戰；第二是切實在八項條件下裏應外合，推動全面和平。在西柏坡的周恩來看到葉的簡報後，在起草中央復電中，指出「加深李、白與蔣系的分裂」方針，十分重要。要劉仲容立即返回南京，告訴李宗仁：「即應迅速與蔣分裂，逮捕蔣之嫡系將領如顧祝同、湯恩伯、俞濟時、陳大慶及特務頭子毛人鳳……等人，方能站穩腳跟，進行和談。」但劉估計，李在南京既無力量，也無膽量逮捕中共所提到的那些人。[221]李也頗感為難，說：「不要說逮捕他們，今天我不被他們捉去已算很好了。」[222]

蔣下野後，李、白努力之和談，終無所成，共軍於四月二十一日渡江，政府遷往廣州，蔣、李鬥爭仍繼續不斷。五月二十二日，蔣指示秘

---

219 《國民黨的聯共與反共》，頁六九七。

220 《毛澤東年譜》，一九四九年一月二十八日。下卷，頁四四七至四四八。

221 《國民黨的聯共與反共》，頁六九八至六九九。

222 《國民黨的聯共與反共》，頁七〇一。《周恩來年譜》，一九四九年二月一日，頁八一一，均書為「劉仲華」，應即劉仲容。

書周宏濤致電在美國的俞國華，要他將李、白的罪惡廣為告知其部屬。此電稍長，但可從中了解李、白聯共反蔣的一些梗概。此電由楊奎松《國民黨的聯共與反共》書中引自國史館的檔案。特轉引一段如下：

「去年（一九四八）杪，桂系勾結共匪以要求總統下野，作為和平條件，於是有所謂和平運動。在李、白主持策動之下，在華中發動。當時徐州會戰正酣，華中方面不但按兵不動，甚且阻止中央調遣援軍，卒致會戰歸於失敗。此役以後，桂系主和益亟，倡言總統如不下野，則共黨不願言和。總統乃向李德鄰（宗仁）、孫哲生（科）、吳禮卿（忠信）諸同志指明：中（正）可尊重大家之主張，潔身引退；惟個人引退後，共黨將不但不與政府謀和，並將要求政府無條件投降。自本年（一九四九）一月二十二日，總統毅然引退，由李宗仁代理總統職務後，共匪行徑果如所言，初則遲遲不與李、白談判和平，繼則提八條二十四款，迫使政府無條件投降。至是方忍無可忍，羣起反對，使李、白無法簽降。因之有四月二十二日總統與李、白等在杭州之會商。當時議定，如李、白決心反共到底，則本黨當予全力支持，以貫徹戡亂政策。惟此後李、白仍繼續與共匪暗通聲氣，放言如欲再戰，必須總統出國。事之不合理者，實無逾於此。蓋其意欲逼使總統出國，俾能遂其任意處分國家財產，背叛反共國策，達其所以勾結共匪之目的。」[223]

六、結論

遼瀋、淮海、平津三大戰役，為蔣、毛二氏最後之決戰，是蔣氏失去大陸政權的直接原因。但此三大戰役並非孤立事件，蔣氏之敗，與毛

223 《國民黨的聯共與反共》，頁七三四。原據「周宏濤致華盛頓俞國華兄電」，一九四九年五月二十二日。國史館蔣中正檔案特交一〇卷。

氏之勝，是果而不是因。明其因果關係，須從全盤考量。套用自古以來成敗得失之常例，不外天時、地利、人和三大要素。

天時即時機，蔣在有利時機而不能利用之。例如一九四六年五月東北四平街之戰，擊敗林彪共軍，進據長春後，因馬歇爾之勸阻，未能乘勝追擊，致遺後患。負責指揮四平戰役的白崇禧將軍，始終引以為憾。而毛則相反，一九四八年九月濟南戰役後，乘勝追擊，接連發動遼瀋、淮海、平津三大戰役，不使國方有喘息之時機。

毛在劣勢時期，則能爭取時間，例如四平戰役之敗，指示林彪：「爭取時間，休整補充，恢復元氣，再行作戰。」周恩來即利用馬歇爾對蔣施加壓力，爭取到二十三天的戰休時間，只是談而不和。蔣之目的，則是以戰逼和，雖然戰勝，並未獲得和之目的，故勝亦非勝也。

戰爭時間的拖延，對國方最為不利。王世杰於一九四五年十一月初向蔣建言：「我國（如）于對日戰爭結束以後，續有一個五年至十年戰爭，則一切建國之業，勢將無期擱置，前途不堪設想。」實際上，從一九四六年打到一九四七年的兩年戰爭，即支持不住了。

周恩來一九四六年十一月回到延安後，對蔣氏在時間上的評詁，認為蔣之一切計劃，均以半年為期。半年後，即無打算。蔣對長期作戰計劃，亦無任何把握。美式彈藥，只夠半年。兵員補充，困難更多。財政上，宋子文實在拿不出錢。周氏這個評詁，至為正確。半年以後，即是一九四七年的下半年，即是本著第七章所謂「挫折頻仍」的現象。

至於國共和解之時機，曾有五次：一為重慶會談，是和解最佳時機；二為蔣之先安關內再圖關外之際，俄及中共均有和解之願意；三為政治協商決議之實施，國共雙方均有明確之承諾；四為四平街戰役前，中立長春，和解非無可能；五為屆至一九四六年六月的談判，周恩來認為「已解決了問題百分之九十」。觀其六月二十七日所提之方案，並非不可接受。以上五次時機，未能適時掌握，而致失之，其後雖欲求之，而不可得矣。

就地利言，共方戰略，以廣大鄉村，包圍國方有限空間的城市。大事破壞交通，陷國軍於分割孤立據點，便於各個擊破。東北國方最後剩下長春、瀋陽、錦州三個孤立據點。華北剩下北平、天津、張家口三個孤立據點。華東剩下青島、徐州孤點。交通隔絕，除港口外，進退不得，困守挨打，終被殲滅。茲舉二例如下：

例一，為東北撤退問題，一九四八年一月，衛立煌接任東北剿總總司令後，以糧彈兩缺，運輸補給困難。蔣於二月間，決定將東北國軍主力撤至錦州集中，以保存此僅有之兵力。即手書令衛立煌實施。但衛以瀋陽以南已經解凍，為濫泥季節，道路田野，均沒膝難行，大軍行動，異常困難。蔣只得放棄此一撤退計劃。而林彪之共軍，不因解凍問題而進攻不已。至三月中，國軍在東北地區之長春、瀋陽、錦州，乃益陷於孤危中矣。

例二，淮海、平津戰役之前，蔣介石於一九四六年十一月四日晚召集會議，商討戰守問題，國防部長何應欽報告國防部傍晚會議，議定三計，供蔣裁決，其中咸主上計，撤青島與徐州，聯合攻擊陳毅股，中計撤海州以助徐戰，下計放棄平津，西撤與南下。會中華北勦總總司令傅作義問參謀次長劉斐意見，劉謂如能以天津作根據，南下過黃河，與徐州、青島合擊陳毅，亦為勝圖。蔣問係永昌意見，徐以為敵人作戰，不需後路，我則無此素養，必須保有可恃的後路，官兵心情方安。至由津指濟，固為勝著；但敵今時交通，實較我為便利，如為黃河所限，又有大敵據守，後路未見固也。這是說地利不如共軍，雖有勝圖，亦難實施也。蔣氏亦以黃河阻礙太大，決令傅固守華北。這是沒有辦法的辦法；但此辦法最慘，結果全軍覆沒。

就人和言，中共的統戰機構，即為專做人和的工作。毛澤東、周恩來，皆為統戰的能手。統計重慶會談期間，毛氏自一九四五年八月二十八日至十月七日，在重慶會晤的人士，除國民黨的要人不計外，會晤的民主人士，有姓名者，約六十人次之多，其中著名者有如張瀾、宋慶齡、柳亞子、沈鈞儒、侯外廬、黃炎培、章伯鈞等。張瀾為民主同盟主席，毛尊之為朱德的老師，吳玉章的老友，以拉攏關係。張亦向毛「交心」，要毛不要相信蔣介石。重慶會談中，中共提出三大原則中的政治民主化、黨派平等合作（後改合法），均為拉攏民主人士，人和的工作也。

周恩來的人和工作，最為杰出。西安事變時，曾把蔣的親信張學良統戰過去。國共和戰時期，國方的雜牌高級將領如孫良誠、張克俠等，都曾請周派人去做他們的工作。更為重要的，周在一九四七年二月一日中共政治局會議上作了國民黨統治區人民運動的報告，首次把這一運動，特別是學生運動，稱作「第二戰場」，同「第一戰場」人民解放戰爭相配合。其所造成全國性的澎湃洶湧之學潮，對國方之威脅，不下於軍事攻勢之嚴重。蔣記其所感云：

> 「共匪在我後方各大都市，發動其各階層宣傳之威脅攻勢，一面擾亂社會秩序，由大學而中學、而工廠，運動全國罷課、罷工、罷市，企圖前後方響應，推翻政府，奪取政權。而一般自由知識分子之校長、教授，皆由中立而附和共匪之可能。」

蔣之失人和、失人心，以一九四八年八月金圖券發行後之貶值，最為嚴重。如蔣所記：

> 「自金圓券發行以來，中下級人民，皆以其金銀外幣依法兑換，以示愛國與擁護政府之真誠。不意竟於數月間，軍事節節失敗，經濟每況愈下，物資枯竭，物價飛騰，金圓因之貶值。人民遂怨聲載道，而政府之信用全失矣。……尤以一般知識階級，與立法、監察委員，及公教人員等，現為生計所迫，又為匪謠所惑，遂使失敗主義，瀰漫於全國。其情況實為以前所未有也。」

徐永昌日記亦記：「街道隨便詈總統（蔣）夫婦，警察付以同情之笑。」「一般人民聞蔣先生出國，多有放炮竹以志欣慶者。」一向親蔣之徐永昌，認為人心已失，蔣應「罪己下野」。

張羣向蔣反映，說國民黨幹部及立法委員中對蔣有不滿之表示，且聞已有二百餘人簽名，要求蔣下野之消息。蔣曰：「若輩之意，欲使余心灰氣餒，翻然引去，以遂其對匪求和之願望。可慨也夫！」

所以華中剿總總司令白崇禧要蔣下野之電，說「默察近日民心離散，士氣消沉，遂使軍事失利」等情，亦事實也。

總之，戰後國共之戰，無論天時、地利、人和，國方皆不具備，其敗固然也，非偶然也。

附錄

從「抗日反蔣」到「擁蔣抗日」

一、前言

中共從一九三五年八月提出〈為抗日救國告全體同胞書〉（〈八一宣言〉），到一九三七年九月公佈〈國共合作宣言〉（〈共赴國難宣言〉），是中共抗日民族統一戰線由提出到建立的時期。為達成此一戰線，曾先後提出三個口號：「抗日反蔣」、「逼蔣抗日」、「聯蔣抗日」。顯示策略方針運用的轉變。

此一統一戰線的建立，共方稱之為「第二次國共合作」。第一次的國共合作，是指一九二四年到一九二七年的合作，國民黨稱之為「聯俄容共」，共方曰實行孫中山的「三大政策」，聯俄、聯共、扶助農工。從第一次合作的決裂，到第二次合作的形成，為期十年。此兩次之分合，共方皆以蔣介石為中心目標。第一次的分合，則由「聯蔣」而「倒蔣」。第二次的分合，則由「反蔣」、「逼蔣」、「聯蔣」，而至「擁蔣」。四者皆以「抗日」為訴求，突破蔣之「安內攘外」政策，獲得獨立發展的機會。

關於「反蔣」、「逼蔣」、「聯蔣」，以至「擁蔣」口號、方針的提出及其轉變的時期及原因，就共方資料及其相關研究顯示，頗多紛歧。國方較早注意此項問題者，則為張沖一九三七年五月初與周恩來的談話，對此方針轉變的「真因」及「過程」，向蔣之侍從室主任陳布雷報告，留有〈張沖與周恩來談話概要〉，有如下之記述：

「抗日的民族革命方針，代替了土地革命政策之後，共產黨對於國民政府與蔣先生，仍持絕對反對的態度，而以『反蔣抗日』為一切活動之中心。其後周恩來與張學良在膚施會見（按即一九四六年四月九日周、張延安會談），張對蔣氏之抗日態度與抗日準備，言之甚詳，使周深受感動，曾與共黨高級幹部再三討論，嗣並決定『逼蔣抗日』方針。迨二十五年（一九三六）秋季以後，紅軍與外間之接觸益多，同時華北情勢亦日緊，特別是綏遠方面情勢，萬分緊張。共黨乃進而提出『聯蔣抗日』，甚至『擁蔣抗日』之口號。」[1]

《談話概要》所記，是周恩來的談話，雖至重要，但亦不免避重就輕，有替張學良開脫「通共」之嫌。甚至有的著作，認為由於張學良延安會談的影響，使中共放棄了「抗日反蔣」，而直接轉向「聯蔣抗日」者，認為：

「張學良的聯蔣抗日主張，促進了中共中央的決策。周恩來向中共中央反映了張學良的意見後，大多數人感到：如果反蔣口號，連張學良這樣熱心聯共抗日的人，都不能接受，其他的人，就更難了。因此，聯蔣抗日的問題，終於定了下來。」[2]

有的著作認為：「中國共產黨從『抗日反蔣』到『逼蔣抗日』方針

---

1 〈陳布雷主任上蔣委員長轉呈張沖自西安來電報告洽談改編共軍情形電〉，民國二十五年五月八日。附件一：〈張沖與周恩來談話概要〉。中國國民黨中央委員會黨史會編，《中華民國重要史料初編》——對日抗戰時期，第五編，中共活動真相（一）。（台北：國民黨黨史會出版，民國七十四年），頁二六七。（以下簡稱《中共活動》）

2 張魁堂，《張學良傳》（北京：東方出版社出版，一九九一年）。頁一五六。

的轉變，不是一朝一夕完成的，它歷經了一個過程，大致從一九三六年五月開始，到一九三六年八月結束。所以『逼蔣抗日』方針最後形成的時間，應是一九三六年八月。」[3]

由於共產國際與中共之間對於統戰的具體目標，未盡一致。國民黨與中共之間，或戰或談的持續。地方反蔣實力派的變化莫測，以及中共本身處境等因素的影響，顯然也造成了中共對蔣方針的矛盾和轉變。在反、逼、聯、擁的方針下，不免呈現重疊和矛盾的現象。即反中有逼，逼中有聯，聯中有擁的情況。反過來看，擁中、聯中，何嘗又沒有逼與反的情況。因此，要想嚴格的釐清它們的界限，是比較不容易的。

惟就上述因素影響和實際情況來看，其「抗日反蔣」的活動，應從一九三五年底中共中央到達陝北後，與張學良、楊虎城的結合，形成西北大聯合，而以配合兩廣事件，到達一個轉捩點。

中共「逼蔣抗日」的活動，應自一九三六年八月共產國際的指示，必須以蔣為聯合的對象，而以發生西安事變，到達一個轉捩點。

「聯蔣抗日」的活動，應自一九三七年二月國民黨五屆二中全會，接受中共的要求和保證，而通過的《根絕赤禍案》，至同年七月抗戰發生。

「擁蔣抗日」的宣誓，則是一九三七年七月盧溝橋事變以後的事了。

二、「抗日反蔣」的意義與目的

「抗日反蔣」方針是否來自〈八一宣言〉，或與共產國際「七大」精神相符合，史家曾有不同的意見。有的認為此一宣言，實際是向國民黨呼籲「共同救國」；其中對於國民黨及蔣氏雖仍然詆毀，只是「表面

---

3 李義彬，〈關於「逼蔣抗日」方針形成問題〉，《近代史研究》，一九八九年第二期（北京：中國社會科學出版社出版）。頁二一八。

文章」。[4]

有的認為中共駐共產國際代表王明等公開發表該宣言，在促使國內反蔣勢力的聯合，並使動搖力量改變對蔣的態度，以便掀起大規模的反蔣運動。據此，中共駐共產國際代表團進一步明確地提出了「抗日反蔣」的策略主張。該宣言於一九三五年十月一日在巴黎《救國報》正式發表。同時刊出由王明等起草的〈中國人民之曙光〉的社論，宣稱「要救國必須抗日，要抗日必須討蔣，要抗日討蔣必須有全國反蔣力量的大團結」[5]

也有的認為〈八一宣言〉發表時，以王明為首的中共代表團，都在設想方法，沖淡其反蔣色彩。刊登〈八一宣言〉的《救國報》，不僅在〈中國人民之曙光〉的社論中，取消了反蔣口號，而且專門發表了所謂〈中國共產黨中央委員會啟事〉，斥責有人「散布有一種用中共中央所發表之宣言，宣布蔣介石死刑」，說「這完全是敵人偽造的文件」。[6]

以上各說，頗有令人困惑之感。以下則就實際情況，來進行了解。

一九三五年十月，中共中央毛澤東、周恩來、張聞天等一行率領約四千人的紅軍，「長征」到達陝北，與稍早到達陝北的紅軍徐海東部會合，編為第一方面軍，兵力合約萬餘人。[7]中共中央總部旋設瓦窰堡。奉派回國負責向中共中央傳達共產國際「七大」決策和〈八一宣言〉的

---

4 郭廷以，《近代中國史綱》（香港：中文大學出版社出版，一九七九年）。頁六六四。

5 楊奎松，〈王明在抗日民族統一戰線策略方針形成過程中的作用〉。《近代史研究》，一九八九年第一期，頁二一一。原引據一九三五年十月一日《救國報》。

6 盧培青，〈中國共產黨的「抗日反蔣」主張與共產國際的關係〉，《中共黨史研究》，一九八八年第三期，頁五一。

7 姜任耕，〈關於長征結束後的紅軍人數問題〉，《中國現代史》，一九八三年第九期，頁一二九。謂在一九三五年十二月時，合計一萬二千九百餘人。

張浩（林育英），約於這年十一月十八日左右由莫斯科到達陝北蘇區。[8]

在張浩到達陝北之前，中共中央所發布的文件，實已充滿強烈的「抗日反蔣」詞句，例如中共中央在十月間的〈為目前反日討蔣的秘密指示信〉中標題之一，即有「統一戰線是反蔣的總的策略」。[9]又如十一月十三日頒布的文件，要全中國的民眾們來擁護和參加中共領導的「抗日反蔣」的戰爭。[10]

以上所指的「抗日反蔣」，顯為一九三三年及一九三四年的有關「反蔣」文件而來，與〈八一宣言〉或共產國際「七大」精神，似無關係。[11]至於張浩到陝北以後，中共所作出的重要決策，仍與〈八一宣言〉有別，特別以「反蔣」為中心。其在這年十二月二十五日「瓦窰堡會議」所制訂的「策略路線」中，更把日本和蔣介石列為「當前主要的敵人」，並認為兩者是「全國人民的公敵」。[12]

中共中央的態度，顯然仍不脫離「左」的積習。蘇聯史家認為中共中央決議中，「還存在一些嚴重的錯誤」；「妨礙了建立廣泛的反對日本帝國的共同戰線。」[13]

中共之熱衷於「抗日反蔣」，當然有其實際的需求。套用中共的話

---

8 楊奎松，〈蘇聯大規模援助中國紅軍的一次嘗試〉，《近代史研究》，一九九五年第一期，頁二六二。

9 中共〈中央為目前反日討蔣的秘密指示信〉，一九三五年十月。中共中央檔案館編，《中共中央文件選集》（北京：中共中央黨校出版社出版，一九九一年）。第十冊，頁五六四。（以下簡稱《中共文件》）

10 〈中國共產黨中央委員會為日本帝國主義併吞華北及蔣介石出賣中國宣言〉，一九三五年十一月十三日。《中共文件》，第十冊，頁五八一。

11 趙舒，〈張聞天與瓦窰堡會議〉，《中共黨史研究》，一九九〇年第五期，頁二三。

12 中共〈中央關於目前政治形勢與黨的任務決議〉，一九三五年十二月二十五日。《中共文件》，第十冊，頁六〇四至六〇五。

13 盧培青前文，頁四九。

說：「削弱蔣賊的勢力，以增加革命的力量。」[14]就是「要利用一切反蔣力量，即是軍閥國民黨內部的一切反蔣力量，我們都必須盡量利用。」根據中共的評估：「在中國現在條件之下，每一個真正嚴重的反日武裝行動，早遲不免轉變為反蔣武裝鬥爭（例如第十九路軍的行動）。同時，每一個大的反蔣武裝行動，也有可能變成與日本帝國主義底公開戰爭（如吉鴻昌、方振武、馮玉祥等在北方行動）。因此，我們的黨，不應當對反蔣派別底反蔣軍事行動，採取旁觀態度，而應當盡力企圖把這些反蔣軍事行動，轉變成為中國人民反對日本強盜和本國賣國賊底一般民族解放鬥爭之某種組成部分。」[15]這是中共要結合國民黨的地方實力派，來共同反蔣。

在中共與地方實力派早期關係的發展中，已累積有成功的經驗。其發現實力派對紅軍的態度，除了普遍的「養敵自重」外，更逐漸出現了「化敵為友」的傾向。例如一九三四年秋，廣東地方實力派陳濟棠為了保存實力，不願與紅軍兩敗俱傷，使蔣坐收漁利，採取了「外打內通」、「明打暗和」的方針，與紅軍達成就地停戰，互通情報，解除封鎖，互相通商，互相借道等協議。使紅軍得以突圍成功。隨著蔣之「安內攘外」政策的進展，對地方實力派的威脅也越來越大，促使彼等將尋找同盟者的目光，由黨內轉向黨外。[16]

在此傾向下，西北兩大實力派的張學良和楊虎城，便很順利地與中共「化敵為友」，形成一個西北大聯合的局面。

14 中共〈中央為目前反日討蔣的秘密指示信〉，《中共文件》，第十冊，頁五六五。

15 楊奎松，〈王明在抗日民族統一戰線策略方針形成過程中的作用〉，《近代史研究》一九八九年第一期，頁二〇五至二〇六。

16 顧關林，〈簡述地方實力派與中共早期的關係〉。《中共黨史研究》，一九八八年第一期頁四三。

三、中共與張楊的西北大聯合

中共一九三五年十一月十三日的宣言中，尚把張學良列為「不抵抗將軍賣國賊」和「日本帝國主義忠實走狗」。[17]但兩個月後，便與中共開始「化敵為友」了。

張學良與蔣之關係，自一九三〇年「九一八」命其東北軍入關，助蔣取得中原大戰勝利後，即被視為蔣之「親密戰友」，亦為「反蔣」各派之「共同敵人」。一九三一年「九一八」事變，兩人共負「不抵抗」之責，蔣去而張留。一九三二年上海「一二八」戰役發生，蔣氏重掌軍權，與汪精衛合作，實行「一面抵抗、一面交涉」及「安內攘外」政策，以外交掩護軍事，以勦共掃除軍事障礙。[18]汪精衛以行政院長負外交對日交涉之責，蔣以軍事委員會委員長負勦共之責。即所謂「蔣汪合作」政策。

一九三三年三月初，戍守熱河之東北軍，再度未經抵抗而喪失國土，張在輿論指責下，離開華北赴歐考察。於一九三四年一月回國後任豫鄂皖「勦匪」副司令代行總司令（蔣）職權。次年三月，任武昌行營主任，所部東北軍經過改編，計有二十個師，屬四個軍，即第五十一軍（于學忠）、第五十三軍（萬福麟）、第五十七軍（何柱國）、第六十七軍（王以哲）。另劉多荃之獨立師。[19]兵力約計二十萬。[20]

張自海外歸來之初，頗慕墨索里尼之治意大利，擁護蔣為領袖之口號，幾為張所首倡。其所部在豫鄂勦共，屢受損失。一九三五年七月

---

17 〈中國共產黨中央委員會為日本帝國主義併吞華北及蔣介石出賣中國宣言〉，《中共文件》，第十一冊，頁五七四至五七五。

18 汪精衛，〈兩年來關於救亡圖存之工作〉，民國二十三年一月二十三日在國民黨四屆四中全會之政治報告。（國民黨黨史會藏檔）

19 司馬桑敦，《張學良評傳》（版本未詳）。頁一九五。

20 張魁堂，《張學良傳》。頁一二五。

間，所部調往西北，張於是月下旬自漢口到西安，召集各將領開會商討整頓隊伍，參謀長晏道剛（蔣派任）以為不如先開勦共會議，俟勦共會議畢，留一部分將領作一整軍計劃。會議甫畢，蔣即來電，嚴令即日進勦。東北軍整頓會議未能開成。張頗疑中央有意阻撓其集會。[21]

此時因「華北事件」，地方軍人如山西閻錫山，及西南軍人陳濟棠、李宗仁等，有「倒蔣」密謀，張亦參與其間。[22]

蔣於九月二十六日在西安成立西北「勦匪」司令部，自兼總司令，張為副總司令代行總司令職權，統一指揮陝、甘、寧、青、晉五省軍事。[23]其大部分東北軍，已先後調入陝甘地區，擔任勦共工作。

一九三五年十及十一月，東北軍在陝北與紅軍的三次交鋒中，連遭挫敗，損失兵力達兩師之眾，數千名官兵被俘。張受此衝擊，觸動對中共「和平」的意念。[24]同時，中共對其俘虜的東北軍官兵的工作重點，曉以「抗日反蔣」後，大都釋放。[25]

張學良與中共之「化敵為友」，即是經過被中共釋放的一名團長高福源的聯絡，而於一九三六年一月二十日，與中共代表李克農在洛川東北軍第六十七軍王以哲軍部，與張學良進行首次會談。毛澤東對其代表李克農的指示是：「向彼方（張）表示在抗日反蔣基礎上，我方願與東北軍聯合之誠意。」會談結果，張學良表示：願為成立國防政府奔走，東北軍中同情中共抗日主張者，不乏其人。對勦共態度消沉，願意目前各守原防，恢復通商。[26]

據李克農返回紅一方面軍司令部說：張學良較「滑頭」，王以哲較

---

21 《徐永昌日記》，民國二十四年八月四日。第三冊，頁二九七。

22 《徐永昌日記》，民國二十四年八月三日。第三冊，頁二九六。

23 《周恩來年譜》，一九三五年九月二十六日。頁二九三。

24 張學良，〈西安事變懺悔錄〉，收入《張學良評傳》，附錄二，頁三八三。

25 趙舒前文，頁二九。

26 《毛澤東年譜》，一九三六年一月二十日。上卷，頁五〇七；《周恩來年譜》，同年月日。頁二九九至三〇〇。

「誠懇」。[27]關於「抗日反蔣」問題，張學良同意抗日，願意同中共訂立互不侵犯協定，但不同意討蔣。不反對國防政府、抗日聯軍口號，但不同意馬上實行。因此，共方的策略是：把張學良和蔣介石分開，求得互不侵犯協定的訂立。但為遷就張學良，把「討蔣」改為「討伐賣國賊」。[28]

為了誘張「上鉤」，毛澤東指示李克農說：

> 「暗示彼方如誠意抗日反蔣，則我方可助其在西北建立鞏固局面，肅清蔣系勢力，進一步助其回平津、東三省，軍餉械彈我方亦有辦法助其解決。並暗示彼方如有抗日反蔣誠意，國防政府首席及抗日聯軍總司令，可推漢卿（張字）擔任。」[29]

根據張學良的要求，中共中央決定派周恩來為全權代表，與張會談。四月九日，周、張兩人在延安見面。據周會後向其中央的報告，說張學良完全同意「停止內戰，一致抗日」；張也贊同中共的「國防政府，抗日聯軍」；同意與共方各派代表赴蘇聯接洽；可與中共蘇區經濟通商，保持交通；為中共代辦無線電及葯品，並送彈葯；由中共派人在張處活動；在川康地區的紅四方面軍如北上，他可讓路等等。[30]

關於對蔣問題，張表示：「他（張）的問題部下確有分化問題，現在歧路上，他現在反蔣做不到」；蔣如降日，他決離開他（蔣）。[31]

---

27 楊奎松，《西安事變新探》（台北：東大公司發行，民國八十四年）。頁三七。

28 《周恩來年譜》，一九三六年二月二十日。頁三〇一。

29 《西安事變新探》，頁三八。據注引自《毛澤東年譜》，一九三六年一月二十日毛之電報（上卷，頁五〇七）。經對證《毛譜》該頁，並無此電。詢原著者，復係未曾公開發表之文件，故未註明來源。

30 〈周恩來關於張學良商談各項問題致張聞天毛澤東彭德懷電〉，一九三六年四月十日。《中其黨史資料》，第三三輯（北京中共黨史資料出版社出版，一九九〇年）。頁三至四。

31 《西安事變新探》，頁六五。著者楊奎松就原檔查證，認為周之電文，經過《中共黨史資料》編者整理，明顯有誤。予以更正。（見頁七六至七七註文）

如此，張對「反蔣」問題，非不為也，勢不能也。事實上，張、周所達成的協議，已完全背離了蔣之「安內攘外」政策。只要依此協議進行下去，必致造成蔣、張的決裂。

中共與楊虎城之間的關係，在一九三五年以前，即有聯繫。主要是地方組織或黨員個人與楊共事。[32]

楊原屬陝西之西北軍，北伐時期，加入馮玉祥的集團軍，蔣、馮內戰，離馮歸蔣，編為第十七路軍，兩個師及三個旅，有三十個團，計約五萬人。任陝西綏靖主任兼第十七路軍總指揮。楊之「養敵自重」與中共「化敵為友」的歷史，當為共方所深知。毛澤東於一九三五年十二月五日派地下黨員汪鋒送信給楊，要他加入「抗日反蔣」行列，進行「抗日討蔣」大計。[33]惟楊與中共的交往，較有經驗，曾吃過虧，上過當。經汪鋒之說明並認錯，取得楊之諒解，允與共方合作。[34]與共方達成協定：各守原防，互不侵犯，互派代表，建立交通等。[35]

周恩來在四月五日的中共中央常委會中，介紹東北軍、第十七路軍的情況，說楊虎城過去和我們有關係，這兩支軍隊不僅有可能聯合反蔣，而且可能聯合陝甘其他部隊，及孫殿英、宋哲元等部。會議認為楊虎城是可靠的同盟者，應真誠地同他談判。會後北方局負責人王世英到西安，將中共中央意見轉告楊虎城，並請楊搞好和東北軍的關係。[36]

至此，陝甘地區兩大實力派，都與中共有了同盟之約，西北大聯合的計劃，有了規模。

西北大聯合計劃起於何時？應在一九三六年五月中旬。據駐張部中共代表劉鼎五月四日給中共中央的電報，說此間悉紅軍西渡（由山西回

---

32 王功安、毛磊，《國共關係史》（武漢：武漢出版社出版，一九八九年）。頁三六九。

33 《毛澤東年譜》，一九三六年十二月五日。上卷，頁四九四至四九五。

34 王功安、毛磊，《國共關係史》，頁三六九至三七〇。

35 《周恩來年譜》，一九三六年三月中旬。頁三〇三。

36 《周恩來年譜》，一九三六年四月五日。頁三〇五。

陝北），張學良要求早日與周恩來見面商談。毛澤東等電復認為必要。討論東北軍與紅軍今後行動方針，同楊虎城、閻錫山、馬鴻逵等部建立聯合戰線問題。隨後周恩來即和張學良會商。[37]

周恩來與張學良再次會談，是五月十二日在延安。這次會談內容，尚未見諸直接文獻。但就會後中共所發出的文件來看，肯定在定這次會談中，確定了西北大聯合的計劃。據中共中央五月二十日給紅二、四方面軍的電報，有如下之說明：

> 「西北國防政府的計劃，在目前僅能使黨內高級幹部知道，對外應守秘密。關於紅軍與東北軍密切合作，以進到西北大聯合，建立西北國防政府，打通蘇聯。同蘇聯及外蒙訂立抗日互助條約的計劃，我們正在進行全國性與國際性的政治、軍事、經濟、外交各方面布置。」[38]

五月二十八日，周恩來在中共中央政治局會議發言指出：張學良、楊虎城，現在已不完全接受蔣介石的指揮。為了擴大西北局面，現在要創造以甘肅洪德為中心的新蘇區，迎接紅二、四方面軍北上。[39]

在張學良的合作下，洪德新蘇區在八、九月已告完成。紅二、四方面軍於十月七日，與紅一方面軍在甘肅會寧會合。[40]

四、配合兩廣事件效果未彰

一九三六年六月初，兩廣軍政首領陳濟棠、李宗仁、白崇禧等藉口

---

37 《周恩來年譜》，一九三六年五月七日。頁三〇八。

38 〈林育英、張聞天、毛澤東等同志給朱、劉、徐等電〉，一九三六年五月二十日。（中共中央，《抗日民族統一戰線文件選編》（北京：檔案出版社出版，一九八五年）。中冊，頁一四七至一四八。

39 《周恩來年譜》，一九三六年五月二十八日。頁三一一。

40 《周恩來年譜》，一九三六年十月七日。頁三二五。

抗日出兵進入湖南，是為兩廣事件。[41]名為「抗日」，實即「反蔣」。與中共之「抗日反蔣」活動，頗有南北呼應之勢。共方迅即作了支援的反應。六月八日，毛澤東答《紅色中華》記者問，對西南軍事將領的行動，表示讚賞。號召「全國人民及一切真正愛國的黨派團體與軍隊，一致起來響應西南的抗日救國行動，推翻漢奸頭子蔣介石。」[42]

毛氏這種強烈的表態，顯然認為大好機會已經來到，決定利用此一事件，提早發動西北新局面。即於六月十六日致電中共駐國際代表王明說：

> 「為了策應兩廣及華北局面，西北發動決定提早，發動的時機，擬在兩個月內，發動的部署，以接近蘇聯與解決西北蔣介石力量為原則。大體以一方面軍經於甘北，二、四方面軍經於甘南，以東北軍一部入蘭州，解決朱紹良（甘肅綏靖主任第一路軍總指揮），並控制蘭州到哈密要道。」[43]

此時張學良和楊虎城之間，對兩廣事件似有不同意見。楊在兩廣事件發生後，曾主動向張提議，由他和張分別通電，要求和平解決。倘蔣同意，即開救國會議；否則，即出兵援助兩廣。張之部屬第六十七軍軍長王以哲向張進言，對兩廣事件，不妨先觀察一下，不必立即表示態度。因此，張決定去南京看看形勢。[44]

事實上，張所顧慮的，是其東北軍內部的分化問題，老派與少壯派之間，為聯共與反蔣問題，已存在嚴重的矛盾。一旦反蔣，可能發生分裂。根據中共對東北軍的分析，認為：「東北軍內部轉變的速度，是不

---

41 《大事長編》，民國二十五年六月七日。卷三，頁三〇〇。

42 李良志，〈關於王明對建立抗日民族統一戰線的作用〉，《史學月刊》，一九八九年第二期，頁七一。

43 楊奎松，〈中國紅軍打通國際戰略方針演變〉，《中共黨史研究》，一九八八年增刊。

44 張魁堂，《張學良傳》，頁一七七。

平衡的，有的部分則處於最先進的地位，有的則轉變的異常遲緩，有的則尚未開始轉變。」[45]例如何柱國（第五十七軍軍長）、于學忠（第五十一軍軍長）兩部，一直到九月間，尚少受到中共的影響。何與蔣且有聯繫，張不能以聯共事告訴他。」[46]

蔣介石為解決兩廣事件，於七月十日到十四日召開國民黨五屆二中全會，張學良、于學忠等七月七日去南京出席全會，張直到七月二十八日始回西安。這段期間，除在南京參加會議外，其他時間多在上海，顯為觀望時局的變化。為在西北自成局面，也在延攬人才，拉攏救國會人士，並提供經濟支持。惟此時兩廣事件，已有變化，廣東內部發生分化，多數將領及空軍歸向南京中央，陳濟棠被迫離粵（七月十八日）。廣西勢孤，願聽命中央（七月二十二日）。[47]

與此同時，蔣在南京中央全會上，明確宣示對日禦侮之「最低限度」，表示抗日的決心。毛澤東也承認「南京已開始了切實轉變」。[48]

同時，張在南京時，蔣向他表示要聯俄；但俄態度不明。張向蔣提出要抗日，又要打紅軍是不行，問蔣有無辦法。蔣說不用著急，將來有辦法。不久，國府發表蔣廷黻為駐蘇大使。張認為南京中央對外政策，是有新變動，可能與中共妥協。[49]

基於上述情況，張回西安後，心情顯得有些矛盾。其時潘漢年自莫斯科回國經香港至南京，與國民黨方面代表張沖接洽，於八月初經西

---

45 中共〈中央關於東北軍工作的指導原則〉，一九三六年六月二十日。《抗日民族統一戰線文件選編》，頁一七一。

46 張聞天等，〈抗日反蔣不能並提電〉，一九三六年九月八日。《文獻和研究》，一九八五年第三期，頁四。

47 郭廷以，《中華民國史事日誌》（台北：中央研究院近代史研究所印行，民國七十三年）。第三冊，頁六〇九至六一〇。

48 《毛澤東年譜》，一九三六年八月二十六日。上卷，頁五七四。

49 張魁堂，《張學良傳》，頁一七八至一七九。楊奎松，《西安事變新探》，頁一五四。

安，將轉往陝北保安，向中共中央報告經過。潘在西安也見到張學良，進行商談。據潘的報告，關於張的意見，其中說到「打通蘇聯的實現，暫以紅軍為主，東北軍目前暫做隱蔽的配合。」而「目前西北發動的最大問題，是東北軍自身的統率與改造問題。依目前條件，必須盡快物色和訓練一批可靠軍官。為此，請派有力幹部前來協助。」[50]

從潘的報告中，可以看到張的態度，似有動搖。而中共中央政治局在八月十日開會討論戰略方針時，決定打通蘇聯，應放在第一位，對此不應有任何動搖。[51]

潘於十日離開保安回到西安，帶來中共中央給張的信，要東北軍「須立即準備配合紅軍，選定九、十月間有利時機，決心發動抗日局面，而以佔領蘭州、打通蘇聯、鞏固內部、出兵綏遠，為基本戰略方針。」[52]

此時蘭州駐軍為東北軍于學忠之第五十一軍，擬由紅二、四方面軍攻城外之中央軍毛炳文部。成功後，紅軍即由寧夏與東北軍出綏遠。必要時把陝西交給楊虎城。[53]

當潘漢年要將上述信件面交張學良時，張卻稱病拒見。同時潘也發現王以哲和王之參謀長趙鎮藩態度不佳，聲言東北軍反蔣無出路。趙且表示，如俄援無把握，決不能輕動。經過多方的努力，潘於八月二十一日、二十四日和三十日，始與張見面三次。張對王以哲的動搖，亦坦承不諱；對於聯共事，張始終不願向其部屬公開；對於蘭州，張願單獨控制，紅軍切勿進城。[54]

---

50 楊奎松，《西安事變新探》，頁一四二至一四三。原據資料為一九三六年八月七日的〈潘漢年報告〉。

51 《西安事變新探》，頁一四三。

52 《毛澤東年譜》，一九三六年八月九日。上卷，頁五六七。

53 《西安事變新探》，頁一四四至一四五。

54 《西安事變新探》，頁一四九至一五〇。

看來，張對「反蔣」與其西北大計劃問題，顯得猶豫和動搖。

至於楊虎城的態度，此時也有了變化。當毛澤東派其親信張文彬於八月二十六日到西安，持毛之函見楊時，楊亦托病拒見。其原因，據張文彬向毛報告，是楊害怕與共合作後，其部隊將為共黨所爭取，並怕蔣之發覺。經過多方努力，張於九月六、七日，始得與楊見面兩次，雙方僅作了一些口頭協定。楊表示：因部隊基礎的關係，不能立即與紅軍走一條路，願走「人」字路。對於俄援，表示懷疑。楊怕紅軍奪其陝西地盤。其內部共黨分子，多是右派張慕陶的幹部。楊打算離開西安幾個月，藉養病離開難關，暫觀形勢。[55]

看來，西北張、楊兩大實力派有了動搖，中共之「抗日反蔣」方針，似乎難以為繼了。

五、張學良幫中共「逼蔣抗日」

正當中共積極進行大西北聯合，及張、楊態度有所動搖猶豫之際，共產國際忽來指示，要中共拋棄張學良，而與蔣介石聯合。這個指示，是共產國際一九三六年八月十五日的發出電報。要點是：

⑴批評中共「抗日反蔣」的錯誤，說是「把蔣介石與日寇等量齊觀，是不對的，這個方針在政治上是錯誤的。」

⑵要和蔣介石共同抗日，中共「必須正式向國民黨和蔣介石提出建議，立即就停止軍事行動，和簽訂共同抗日具體協議，進行談判。」

⑶拋棄張學良，「不能把張學良本人看成是可靠的盟友，特別是在西南失敗以後，張學良有可能再次動搖，甚至直接出賣我們。」[56]

共產國際為何有此轉變？不難想像，這與蘇聯外交政策有關，可能

---

55 張文彬，〈給毛澤東的報告〉，一九三六年九月八日。《中共黨史資料》，第三三輯，頁一一至一六。

56 楊奎松，《西安事變新探》，頁一六五至一六六。

原因之一，由於汪精衛此時在歐洲活動，擬參加日德義三國防共協定有關。這不過僅是一種推測而已。[57]

中共接得共產國際上項指示時，似乎難以立即適應。其所作出的反應，好像是「陽奉陽違」，對蔣的方針，一再改變，八月二十六日是用「聯蔣抗日」，三十日則用「迫蔣抗日」。九月一日才確定為「逼蔣抗日」。重複共產國際的指示，說日本是中國的主要敵人，把日本與蔣同等看待是錯誤的；但在「逼蔣抗日」的方針下，卻不放棄同各派反蔣軍閥進行抗日的聯合。[58]

這個「逼蔣抗日」的工作，後來卻由張學良發動西安事變達成之。依此推論，張則成為「反蔣軍閥」了。

針對張學良的猶豫態度和怕蔣之心理，潘漢年恫嚇張說：

> 「據我（潘）的觀察，蔣對你（張）與紅軍妥協，實已洞悉。如你希望做到蔣完全不知你的真相，這是不可能的事。何況過去許多事情，據你說：材料蔣已完全知道。
>
> 如桂事被他解決，回頭來對付你，你早已預備妥當，已無可虞。如為著要欺騙他，而真的不動手做準備工作，那麼你的危險很難克服。」[59]

潘言可謂擊中張之內心要害，必欲使張走上不歸之路。而張亦再下決心，仍照原定計劃，作軍事的準備工作。但中共卻於此時把「抗日反

---

57 據汪精衛一九四二年在南京之〈十年和平運動之經過〉講稿（國民黨黨史會藏檔）。謂其被刺後，藉養病為由，赴歐洲進行加入日德義三國防共協定的活動，是獲得蔣之同意。然正在進行時，蔣忽來電要他停止。後來方知蔣派陳立夫赴歐與俄方「勾結」云云。

58 《毛澤東年譜》，一九三六年九月一日。上卷，頁五七四至五七五。確定「逼蔣抗日」口號及方針的正式文件，見中共中央〈關於逼蔣抗日問題的指示〉，一九三六年九月一日。《中共文件》，第十一冊，頁九〇至九一。

59 《西安事變新探》，頁一五二至一五三。

蔣」，變為「逼蔣抗日」，又要張來扮演後一角色。

八月二十五日，中共發出〈致中國國民黨書〉，呼籲「停止內戰，一致抗日，實現國共兩黨重新合作。」準備派出全權代表，談判訂立「抗日救國」協定。[60]即致電在西安的潘漢年，說政策重心在「聯蔣抗日」，要張學良「繼續保持與南京的統一」。[61]潘在八月三十日與張談話時，要張「對蔣在表面上仍擁護他」，利用「擁蔣」旗號，在幹部提出「聯俄聯共」的口號，把藍衣社特務當做「漢奸」，說他們「違反蔣要抗日」，和破壞蔣之「威信」，藉此來打擊他們，驅逐他們。[62]

如此，不但解決了張之公開反蔣的猶豫，也可使用「外逼內勸」、「內外夾攻」之法，和中共表演「雙簧」之戲。

同時，毛澤東即制定一項「逼蔣」方針：(1)迫蔣抗日，造成各種條件，使國民黨及蔣軍，不能不與共黨妥協。(2)緊密聯合東北軍及西北其他各部，造成西北新局面。(3)準備冬季打通蘇聯。(4)發展甘南根據地，使與陝北、甘北相呼應。(5)迫使胡宗南中央軍停止於甘東。[63]

潘回保安後，毛澤東得知張學良願從中斡旋國共談判。[64]亦即要為中共承擔「逼蔣抗日」的工作了。

十月二日，潘漢年和紅軍參謀長葉劍英來到西安，帶來中共與南京方面談判的條件。張說：蔣恐難接受，最好由毛等寫一封信給他，先談停戰，由他將此信轉蔣。毛即照辦。[65]張擬飛南京向蔣面陳，請允他先入中共蘇區調停。蔣復電日內來陝，商討對共問題。蔣打算十月十六日到西安。中共亦交涉由蔣派飛機到延安，接周恩來來西安，與蔣直接談

---

60 《毛澤東年譜》，一九三六年八月二十五日。上卷，頁五七二至五七三。

61 《毛澤東年譜》，一九三六年八月二十六日。上卷，頁五七四。

62 《西安事變新探》，頁一五二至一五三。

63 《毛澤東年譜》，一九三六年八月三十日。上卷，頁五七四至五七五。

64 《毛澤東年譜》，一九三六年九月二十三日。頁五八五。

65 張魁堂，《張學良傳》頁一八六。

判。[66]但其間有了變化，這是蔣在杭州先召徐永昌商談，可能接受徐之建議，而於十月二十二日始到西安，對張進行安撫工作，並未與周見面談判。

這時紅二、四方面軍已抵隴東，和紅一方面軍會師會寧，集中陝甘地區的紅軍，已達七萬之眾，聲勢大振。其談判的籌碼，亦為之大增，「逼蔣」的條件，更為具備。據毛澤東致朱德等之電文：

> 「李毅（張學良化名）與我益加接近，楊虎城與我們實行停戰，李（宗仁）、白（崇禧）有代表來，求訂抗日協定。華北宋哲元、傅作義、韓復榘，均接洽中。馬步芳亦有妥協線索。」[67]

張學良與中共的關係，已引起蔣的憂慮，其《日記》記曰：「東北軍之隱患，所謂『聯共抗日，自由行動』之企圖，乃因桂事和平解決而消乎？」[68]同時陳誠亦有電致蔣，說張「名為抗日，實脫離中央，而走聯俄投共之途徑。」認為「漢卿（張字）此舉，較之兩廣問題，更為嚴重。」[69]

蔣解決桂事後，於十月十七日在杭州，和徐永昌（山西省主席）談東北軍「通共」事，認為問題嚴重。這天徐之《日記》記云：

> 「渠（蔣）云：東北軍通共事，已為不可掩事實。然在張漢卿指揮下，尚不至為國家害，否則不堪想。余（徐）以為閻（錫山）

---

66 毛澤東等致朱德等電，一九三六年十月十七、十八日。《文獻和研究》，一九八五年第四期，頁七。

67 毛澤東等致朱德等電，一九三六年九月二十七日。《文獻和研究》，一九八五年第四期，頁三。

68 蔣中正《日記》，民國二十五年九月二十一日。《革命文獻》（國民黨黨史會編印），第九四輯，頁五七。

69 陳誠，〈上蔣委員長申述馮庸所言非虛電〉，民國二十五年九月二十一日。《革命文獻》，第九四輯，頁五八。

> 先生擬請東北軍守綏，（蔣）謂不妥。余因詳論東北軍之未必通共；有之，亦幾個人的單獨行動。本無其事，疑而激成事實，甚可畏也。渠（蔣）云：共決不能容，俄非不可聯，但須我們清共後。」[70]

在兩人的談話中，對張是否「通共」，都避而不談。仍寄望張去收拾，顯有「投鼠忌器」之嫌。蔣接受徐之建議，先去西安，督飭剿共，撫慰東北軍，使與中央一德一心，尤為緊要之事。[71]

十月二十二日，蔣到西安，駐節臨潼華清池，為紓解張之不安情緒，培養融恰氣氛，首先和張、楊、邵力子（陝西省主席）同遊華山兩天。[72]

蔣介石為適應張之抗日願望，准張設立東北軍整編委員會，以張為主任委員，何柱國副之。重立預算編制，由南京中央補助。[73]這原是張之願望，今予彌補之，志在安撫。然已非其時矣。此時張之唯一要求，乃為「聯共抗日」。蔣來西安，正其進諫機會。蔣在十月二十八日的《日記》中，感歎「漢卿乃如此無識，可為痛心！」[74]顯然拒絕了張之進諫。兩天後，徐永昌來到西安，張對徐說，他勸蔣與共妥協，蔣說：即使共黨當面以手槍擬之，亦不與之談妥協。蔣又云：共黨能無條件的交槍受編乎？否則不論矣。張說將再請於蔣。[75]

---

70 《徐永昌日記》，民國二十五年十月十七日。第三冊，頁四八〇至四八一。

71 《徐永昌日記》，民國二十五年十月二十三日。第三冊，頁四八二。

72 孫銘九，〈西安事變前張學良的幾件事〉，吳福章編，《西安事變親歷記》（北京：中國文史出版社出版，一六八六年）。頁八六。（以下簡稱《親歷記》）。

73 何柱國，〈西安事變前的張學良〉，《親歷記》，頁四。

74 李雲漢，《西安事變始末之研究》，（台北：近代中國出版社出版，民國七十一年）頁二二。

75 《徐永昌日記》，民國二十五年十月三十日。第三冊，頁四八五至四八六。

張也將他諫蔣情形告知葉劍英，說他向蔣說明首先應當抗日，抗日必須聯俄，要聯俄不能不容共時，蔣斷然說：匪日皆應打，共產國際要中共和國民黨合作，他要中共投降，匪如不降，決不抗日，如俄要他容共，他決不聯俄。因此，葉向中共中央報告說：「蔣、張會談結果亟（極）惡。蔣表示匪不勦完，決不抗日」；「此路已絕，張將無能作為」；「此間人士對蔣之主張，大為不滿，正醞釀反對言論」；「有主駐蔣說」。所謂「駐蔣」，有解讀為「捉蔣」者。[76]

此時綏遠發生戰役，日本組織的偽蒙軍，供以軍火，進犯綏東。蔣駐洛陽指揮綏遠抗戰。十一月二十四日，國軍傅作義部攻佔百靈廟，蔣派陳誠赴晉指揮，意在擴大綏遠抗戰，得到傅作義的支持。張則連續電蔣，請往洛陽面陳意見。[77]並上書「請纓抗敵」，請調東北軍北上作戰，否則，彼之「統率馭使，必增困難。」[78]似有要脅之意。蔣不同意，仍要他勦共。說「張學良要求帶兵抗日，而不願勦共，此其作事無最後五分鐘之堅力也。」[79]

但張之急於要求調東北軍赴綏作戰，是為實現晉軍、東北軍、紅軍三方面合力抗戰的前議。為此，張要中共駐其總部代表劉鼎轉告中共中央，設法在軍事上遷延一、二個月，屆時各方力量，會有變動。[80]

毛澤東根據張的告知，致其紅一方面軍總司令彭德懷說：張學良承認盡力使全線停戰，但又無法長停，似蔣尚不願取長期守勢。一、二月後，綏遠、西北、全國，有起較大變化可能。張建議我軍熬過一、二個

76 《西安事變新探》，頁二六四至二六五。

77 郭廷以，《中華民國史事日誌》，民國二十五年十一月二十四日。第三冊，頁六四五。

78 張學良，〈請纓抗敵書〉民國二十五年十一月二十七日。畢萬聞編，《張學良文集》（北京：新華出版社出版，一九九二年），第二冊，頁一〇四四。

79 李雲漢，《西安事變始末之研究》，頁二五。

80 張魁堂，《張學良傳》，頁一九一。

月。[81]

毛並兩次致電北方負責人劉少奇，要他急須同晉綏當局成立友好關係，以便紅軍行動。其條件：為晉綏容許紅軍參加抗日，劃定一定防地，幫助解決給養、彈藥。紅軍願服從閻之統一指揮等。[82]

張學良於十二月一日得到毛澤東電，得知葉劍英再來西安，協調兩軍行動「新步驟」。[83]張於次日自駕飛機飛洛陽，向蔣聲稱西安將有變亂情勢，已迫不及待。[84]因而使蔣改變了綏遠抗戰計劃，決定去西安處理「危局」。據蔣這天《日記》所記：

> 「東北軍之兵心，為察綏戰事而動搖，則勦赤之舉，或將功虧一簣。此實為國家安危最後之關鍵。故余（蔣）不可不進駐西安，以資鎮懾，而挽危局。」[85]

即在張學良到洛陽的第二天（十二月三日），陳誠告知晉方；「已不主動攻商都矣」。[86]這是取銷了擴大綏遠抗戰計劃。

蔣原計劃攻取綏東商都，擴大綏遠抗戰，閻錫山與徐永昌均不以為然，蔣不因此而停止。[87]未嘗不是欲藉攘外以安內，轉移目標對外，消彌內部的矛盾和衝突。如今張學良來到洛陽，說是因綏戰而兵心動搖。在蔣聽來，認為後方出了問題，前方何能抗戰！因於四日進駐西安，全力勦共。這又回到「安內攘外」的原點了。逼張勦共，而不允其出兵綏遠抗日。蔣、張之間的矛盾更為尖銳了。值此難以化解的情勢下，口諫

---

81 《毛澤東年譜》，一九三六年十二月一、二日。上卷，頁六一七。《西安事變新探》，頁二七四。

82 《毛澤東年譜》，一九三六年十二月二日。上卷，頁六一七至六一八。

83 《西安事變新探》，頁二七七。

84 李雲漢，《西安事變始末之研究》，頁二六。

85 李雲漢，《西安事變始末之研究》，頁四一。

86 《徐永昌日記》，民國二十五年十二月三日。第三冊，頁五〇二。

87 《徐永昌日記》，民國二十五年十月二十七日。第三冊，頁四八四。

既告失效，唯有採取兵諫，以求一逞。

一九三六年十二月十二日，轟動中外的西安事變終於爆發了，張學良終於幫助中共達成了「逼蔣抗日」的目的。張發動西安事變的首通電報，即是向中共中央「報功」說：

「吾等（張、楊）為中華民族及抗日前途利益計，不顧一切，今已將蔣及其重要將領陳誠、朱紹良、蔣鼎文、衛立煌等扣留，迫其釋放愛國分子，改組聯合政府。」[88]

張、楊當日並向各方公開通電，除強烈指責蔣之「誤國」政策外，並提出以下八項主張：

⑴改組南京政府，容納各黨各派，共同負責救國。
⑵停止一切內戰。
⑶立即釋放上海被捕之愛國領袖。
⑷釋放全國一切政治犯。
⑸開放民眾愛國運動。
⑹保障人民集會結社一切政治自由。
⑺確實遵行總理（孫中山）遺教。
⑻立即召開救國會議。[89]

以張、楊的本身背景來看，上項主張的提出，似乎有些滑稽。中共方面的反應是：

「立即宣布西北抗日援綏聯軍之組成，以張學良為西北抗日援綏聯軍總司令；東北軍編為西北抗日援綏聯軍第一集團軍，張學良兼第一集團軍總司令；十七路軍編為第二集團軍，楊虎城為總司令；紅軍編為第三集團軍，朱德為總司令。設立西北抗日援綏軍事政治委員會，以三個集團軍高級將領為委員，每集團軍三至五人。

88 《西安事變新探》，頁二八九。
89 《西安事變新探》，頁三一九。引自《張學良文集》第二冊，頁一〇五五。

以張學良、楊虎城、朱德三人為主席團，張為主席，楊、朱為副，統一軍事政治領導。」[90]

中共中央同時提出：揭發蔣介石對外投降，對內鎮壓民眾之罪狀，號召人民要求罷免蔣介石，並交人民審判。[91]中共中央政治局於十三日的擴大會議中，毛澤東肯定此一事變，「是有革命意義的，是抗日反賣國賊的」。既然事變已經發生，「把蔣除掉，無論在那一方面，都有好處。」[92]這是中共完全支持張學良的行動。

出乎意料之外的，西安事變爆發後，全國形成聲勢浩大的擁蔣潮流。國外如蘇聯之輿論，也極呼籲保障蔣介石的安全。[93]莫斯科方面並公開譴責張學良利用抗日製造分裂。中共中央又於十五日改變了態度。決定保持第三者的姿態，由支持者的角色，變為調停者的角色。南京方面，亦有鷹、鴿兩派。鷹派何應欽等主張討伐，鴿派宋子文、宋美齡以救蔣為先，主張妥協。因與來到西安的周恩來和張學良等進行談判，於十二月二十五日達成釋放蔣之條件。條件中有：孔（祥熙）、宋（子文）組行政院；釋放政治犯；三個月後抗戰發動，紅軍再改番號，統一指揮，聯合行動；抗戰發動，共產黨公開；外交政策，聯俄，與美、英、法聯絡。[94]

---

90 《西安事變新探》，頁三〇二。原引〈毛澤東等致張學良、楊虎城電〉，一九三六年十二月十四 日。

91 《西安事變新探》，頁二九八至二九九。原引中共〈中央書記處致胡服（劉少奇）電〉，一九三六年十二月十二日。

92 《西安事變新探》，頁二九九。

93 陳鐵健，《書香人多姿》（北京：社會科學文獻出版社出版，二〇一二年）。頁一六六。

94 周恩來，〈關於西安事變的三個電報〉，〈與宋子文、宋美齡談判結果〉，一九三六年十二月二十五日。《周恩來選集》（北京：人民出版社出版，一九八〇年）。頁七二。

當日下午，蔣首次接見了周恩來。據周報告，蔣表示：

⑴停止勦共，聯紅抗日，統一中國，受他指揮。

⑵由宋（子文）、宋（美齡）、張（學良）全權代表他（蔣）與我（周）解決一切（所談如前）。

⑶他（蔣）回南京後，我可直接去談判。

（「蔣臨行時對張、楊說：今天以前發生內戰，你們負責；今天以後發生內戰，我負責。」）[95]

西安事變到此，可謂落幕，也可說是張學良幫中共的「逼蔣抗日」工作的完成。

六、從「聯蔣抗日」到「擁蔣抗日」

中共「聯蔣抗日」工作的進展，而以一九三七年二月十日中共中央的通電，向國民黨提出的五項要求和四項保證，以及國民黨三中全會通過的《根絕赤禍案》為交結點。中共的四項保證是：

⑴在全國範圍內，停止推翻國民政府之武裝暴動方針。

⑵蘇維埃政府改名為中華民國特區政府，紅軍改名為國民革命軍，直接受南京中央政府與軍事委員會之指導。

⑶在特區政府區域內，實施普選的徹底的民主制度。

⑷停止沒收地主土地之政策，堅決執行抗日民族統一戰線之共同綱領。[96]

國民黨三中全會根據蔣介石的提議，針對中共的四項保證，於二月二十一日通過《根絕赤禍案》，大要為：

⑴取消紅軍名義。

---

95 周恩來，〈與宋子文、宋美齡談判結果〉。《周恩來選集》，頁七三。

96 〈中共中央給中國國民黨三中全會電〉，一九三七年二月十日。《中共文件》，第十一冊，頁一五七至一五八。

⑵取消蘇維埃政府組織。

⑶停止赤化宣傳。

⑷停止階級鬥爭。[97]

對於共方所提五項要求，共方認為國民黨中全會上，確認和平統一的形式；對民主方面表示相當的擴大；承認開放言論和釋放政治犯。即是接受了他們的要求。對於四項保證，共方認為：「與我們給三中全會的通電原則上，是相當接近的。因此，國共合作的原則，是已確定。」[98]

此時共方雖曰「聯蔣」，以示「對等」，但蔣不以為然，要求「擁蔣」。三月二十六日，蔣在杭州接見周恩來、潘漢年時，蔣要中共檢討過去的決定，不必談國共合作，只是與他（蔣）合作，擁他為領袖。[99]周恩來聞之，甚表意外。[100]但為了換取代價，似乎遷就一下，也是值得的。因於四月二十日由其中央政治局擴大會議決議：只要蔣承認《民族統一綱領》，可以承認他為領袖。[101]可謂各取所需。

盧溝橋事變之次日，即七月八日，中共所有的要員毛澤東、朱德、周恩來、彭德懷、賀龍、林彪、劉伯承、徐向前、葉劍英等九人聯名致電蔣委員長，表示「紅軍將士咸願在委員長領導之下，為國家效命與敵周旋。」[102]至其公開喊出「擁蔣」，則是蔣放寬了對中共的條件。八月二十二日，國府軍事委員會以中共宣稱服從國民政府指揮，參加對日作戰，遂改編共軍為國民革命軍第八路軍，任命朱德為總指揮，彭德懷為副總指揮，轄林彪之一一五師，賀龍之一二〇師，劉伯承之一二九師，

97 《大事長編》，民國二十六年二月二十一日。卷四，上冊，頁一九。

98 〈國民黨三中全會後我們的任務〉，一九三七年四月三日。《中共文件》，第十一冊，頁一六九。

99 《周恩來年譜》，一九三七年三月下旬，頁三五九。

100 《大事長編》，民國二十六年三月二十六日。卷四，上冊，頁二四。

101 《周恩來年譜》，一九四七年四月二十日。頁三六二。

102 〈紅軍將領為日寇進攻華北上蔣委員長電〉，民國二十六年七月八日。《中共活動》（一），頁二六九。

令赴晉北作戰，受第二戰區司令長官閻錫山之指揮。[103]這是雙方爭執已久而未能談攏的問題，今因抗戰爆發，迅獲解決。朱、彭即於八月二十五日通電就職。其電曰：

「部隊現已改編完畢，東進殺敵。德等願竭至誠，擁護蔣委員長，追隨全國友軍之後，效命疆場。」[104]

這是中共首次公開「擁蔣」。從「擁蔣」開始，經過八年抗戰，中共大獲豐收。其軍隊由抗戰開始的四萬餘人，到抗戰結束，擴充到一二〇餘萬人；其活動範圍，由陝北一隅之地，進展到全國各地。

七、結論

中共聲稱放棄「關門主義」，實行廣泛的抗日民族統一戰線，大開善門，不計品流，廣交朋友，化敵為友；卻以「抗日反蔣」為口號，獨排蔣氏於門外，以孤立蔣氏，確已助長了國民黨內的分化。其「西北大聯合」，對於蔣之「安內攘外」政策，顯已造成嚴重的威脅，此亦超出蔣氏所能容忍的限度。即如蔣致楊虎城書中所云：

「中央無論如如何決不能放棄西北。中央確認西北；尤其陝西，為北方國防之根據。關於開發西北，與建設西北之事業，無不本於國防之見地，按照計劃，盡力進行。

中央放棄西北，即無異放棄國防，亦即無異於自棄其職責。故無論任何困難犧牲，勢不能不確實掌握此重要之國防根據。」[105]

---

[103]〈共軍之改編〉，《中共活動》（一），頁二九一。

[104]〈第八路軍總指揮朱德副總指揮彭德懷通電就職〉，民國二十六年八月二十五日。《中共活動》（一），頁三〇三。

[105]〈蔣介石致楊虎城書〉，民國二十六年一月十九日。《民國檔案》〈季刊〉一九八六年第四期（南京：中國第二檔案館）。頁一四至一五。

至於中共宣傳蔣「不抗日」而「反」之；而日本侵略者則又認為「蔣介石及其一黨」的反日而要打倒之。何者合乎事實？當時曾有自由派的學者作出評論。胡適指出：「我們的強鄰，都早已認清蔣介石先生領導下的政府，是最可怕的力量。所以他們處心積慮要打倒那個力量。」[106]

蔣廷黻也指出：日本華北駐屯軍司令官多田駿宣言中說：「蔣及其一黨與日本帝國之關係，帝國屈伏乎？抑帝國打倒彼黨乎？」意思是說日本與蔣勢不兩立。此足反證「蔣介石及其一黨」是反日的，全體中國人也是反日的，反蔣者如想他們事業成功，就能有抗日的力量，這是欺人之談。[107]

中共為求生存，高唱「抗日反蔣」口號，顯已不符國情，其逆勢而行，勢難持久，不得不改變方針，由「逼蔣」、「聯蔣」而「擁蔣」，終能獲致由生存而壯大的機會，亦足見其策略之靈活也。

至於蔣介石的收穫，更是無限的，由被說是「不抗日」而「反」之，提升到「抗日」而「擁」之，從而完成歷史性的任務——取得抗戰勝利。這種歷史上的成就，精神上的收穫，實非任何實質的收穫，所能取代的。

---

106 胡頌平，《胡適之先生年譜長編初稿》（台北：聯經出版社出版，民國七十三年）。第四冊，頁一五四八。原引《大公報》民國二十五年十二月二十日〈星期論文〉。

107 李雲漢，《中國國民黨史述》（台北：國民黨黨史會出版，民國七十二年）。第三冊，頁二九二。原引《獨立評論》第一七六號。民國二十四年十月二十七日。

後記

著者與劉維開教授合著《蔣介石與國共和戰》（一九四五～一九四九）及其修訂本，先後由臺灣商務印書館出版後，商務有三版之議，適著者就原著大幅度的修正和補充；一至五章大事調整，六至七章亦有變動，與原著內容，大異其趣，擬供三版之需。

劉維開教授以為一修再修，易增讀者的困擾。建議作為新著，較為恰當。著者是之。乃將本著定名為《蔣介石、毛澤東的談打與決戰》，另增附錄〈從「抗日反蔣」到「擁蔣抗日」〉一篇。此篇由拙撰的三篇舊作（註）揉合及修訂而成。是探討抗戰前到抗戰發生時，中共統戰方針的變化，亦即蔣介石和毛澤東由戰而和，與本著所探討的蔣介石和毛澤東由和而戰，恰恰相反。前者兩得其利，後者雖然一勝一負，但其後果，卻造成兩岸長期的分裂。且當年中共所提出的政治民主化，軍隊國家化，黨派平等合法三大原則，早在台灣實現了，中共方面尚待兌現。究竟誰輸誰贏，甚難言也。惟當年毛氏所強調的「中國只有一條路：就是和，和為貴。其他一切打算，都是錯的。」雖「自食」之，仍有其永恒之價值也。

本著一如《蔣介石與國共和戰》，除充分利用蔣氏及其相關當事人的《日記》外，並以國、共兩方已刊布的大量檔案資料為基礎，以及參考有關著述而成。疏漏之處，仍所不免。尚祈讀者的指正。

蔣永敬，二〇一三年十一月于新北市淡水

註：拙撰三篇舊作為：

⑴〈西安事變前張學良與中共之關係〉，國父建黨一〇〇週年學術討論會論文，民國八十三年十一月，台北。

⑵〈論中共抗日統戰初期的「抗日反蔣」方針〉，慶祝抗戰勝利五〇週年兩岸學術討論會論文，民國八十四年八月，台北。

⑶〈西安事變前張學良諫蔣的背景與經過〉，西安事變六〇週年學術研討會論文，民國八十五年十二月十二日，台北。

蔣介石、毛澤東的談打與決戰

作者◆蔣永敬
發行人◆施嘉明
總編輯◆方鵬程
責任編輯◆李俊男
美術設計◆黃馨慧

出版發行：臺灣商務印書館股份有限公司
編輯部：10046 台北市中正區重慶南路一段三十七號
電話：(02)2371-3712 傳真：(02)2375-2201
營業部：10660 台北市大安區新生南路三段十九巷三號
電話：(02)2368-3616 傳真：(02)2368-3626
讀者服務專線：0800056196
郵撥：0000165-1 E-mail：ecptw@cptw.com.tw
網路書店網址：www.cptw.com.tw
網路書店臉書：facebook.com.tw/ecptwdoing
臉書：facebook.com.tw/ecptw 部落格：blog.yam.com/ecptw

局版北市業字第 993 號
初版一刷：2014 年 1 月
定價：新台幣 320 元

ISBN 978-957-05-2899-2

國家圖書館出版品預行編目（CIP）資料

蔣介石、毛澤東的談打與決戰 / 蔣永敬著.
-- 初版. -- 臺北市 ： 臺灣商務, 2014.01
面 ； 公分
ISBN 978-957-05-2899-2（平裝）

1.國共和談 2.國共內戰 3.文集

628.607 102023537